Peter H. Blaschke / Harald Oberhem

Militärseelsorge
– *Grundlagen, Aufgaben, Probleme* –

Peter H. Blaschke / Harald Oberhem

Militärseelsorge

– Grundlagen, Aufgaben, Probleme –

WALHALLA U. PRAETORIA VERLAG

Die Verfasser: Militärpfarrer PETER H. BLASCHKE
war nach Vikariat und Tätigkeit in der Evangelischen Akademie Loccum Gemeindepfarrer und Redakteur von 1971 bis 1978 in der Evangelisch-lutherischen Landeskirche Hannovers. Seit 1978 ist er im Evangelischen Kirchenamt für die Bundeswehr tätig als Referent, zuständig für das Schrifttum der Evangelischen Militärseelsorge und die Presse- und Öffentlichkeitsarbeit.

DIPL.-THEOL. HARALD OBERHEM, M.A.
war nach einer Tätigkeit im kirchlichen Schuldienst von 1977 bis 1981 Wissenschaftlicher Mitarbeiter bei der Professur für Katholische Theologie an der Hochschule der Bundeswehr Hamburg. Seit 1981 leitet er das Referat „Militärseelsorge und Öffentlichtkeit“ im Katholischen Militärbischofsamt.

Gesamtherstellung:
Walhalla u. Praetoria Verlag
Dolomitenstraße 1, 8400 Regensburg
Telefon (09 41) 6 20 21 / 6 20 22

ISBN 3-8029-6418-7

Vorwort der Verfasser

Es ist fast dreißig Jahre her, daß mit der Ernennung des Evangelischen und Katholischen Militärbischofs und der Einrichtung des Evangelischen Kirchenamtes für die Bundeswehr und des Katholischen Militärbischofsamtes die Arbeit der beiden Zweige der Militärseelsorge in der Deutschen Bundeswehr begann. Es war ein Neuanfang, mit dem Staat und Kirchen versuchten, Lehren aus Erfahrungen der Vergangenheit zu ziehen. Entscheidend für diesen Neuanfang war: Militärseelsorge ist Teil der kirchlichen Arbeit und wird im Auftrag und unter Aufsicht der Kirchen ausgeübt. Der Staat sorgt lediglich für den organisatorischen Aufbau der Militärseelsorge und trägt ihre Kosten.

Dieses neue Konzept hat sich bewährt. Die Bundeswehr hat die Pastoren und Priester „in Zivil" akzeptiert. Ihr seelsorgerlicher Dienst bis hinein in die kleinen alltäglichen Sorgen der Soldaten, die Feier von Gottesdiensten und die Spendung der Sakramente, Rüstzeiten, Exerzitien, Werkwochen und nicht zuletzt der Lebenskundliche Unterricht sind selbstverständliche Orte der Begegnung mit Gott, seiner Kirche und den Fragen, die Menschen von heute – mit und ohne Uniform – an ihr Christsein stellen. Evangelische Militärpfarrer sehen außerdem eine besondere Aufgabe in der kritischen Begleitung und Schärfung des Gewissens der Soldaten. Die katholische Militärseelsorge trägt vor allem dadurch zur Gewissensbildung der Soldaten bei, daß sie die Friedenslehre der Kirche vermittelt.

Beide Kirchen haben immer wieder sowohl den Soldaten als auch den Militärgeistlichen Respekt und Achtung vor dem geleisteten Dienst bezeugt und Dank ausgesprochen. Die evangelische Kirche hat gegen alle im Bereich des Protestantismus erhobenen Forderungen und anderslautenden Äußerungen daran festgehalten, daß Militärseelsorge Teil des kirchlichen Auftrages ist, daß der Dienst der Soldaten Friedensdienst ist und dem Soldaten sein Platz in der Kirche Jesu Christi von niemandem bestritten werden kann. Im Raum der katholischen Kirche blieb Kritik dieser Art marginal.

Das vorliegende Buch ist der erste Versuch einer Gesamtdarstellung beider Zweige der Militärseelsorge. Es unternimmt den Versuch, das in der evangelischen und katholischen Militärseelsorge Gemeinsame auch gemeinsam darzustellen, ohne Unterschiede zu verwischen. Auch sie werden deutlich und klar an- und ausgesprochen.

Das Buch beschäftigt sich mit den Anfängen der Militärseelsorge in den 50er Jahren und mit einigen Schwerpunkten aus ihrer fast dreißigjährigen Geschichte. Es versucht sodann, Militärseelsorge in ihren gegenwärtigen Strukturen, Arbeitsfeldern und Aufgaben darzustellen. Hier wird die unterschiedliche Einbindung der evangelischen und der katholischen Militärseelsorge in ihre jeweilige Kirche besonders deutlich.

Und schließlich stellt das Buch Militärseelsorge dar, wie sie sich in militärischen Vorschriften spiegelt. Diese Vorschriften sind an Vorgesetzte in der Bundeswehr, in erster Linie Kommandeure und Einheitsführer, gerichtet. Ihnen gegenüber unterstreichen diese Vorschriften die Bedeutung, die der Militärseelsorge von der politischen Leitung und der militärischen Führung der Bundeswehr beigemessen wird. Und ihnen gegenüber geben sie Anweisungen und Hinweise, die die Zuordnung auf Zusammenarbeit zwischen militärischen Führern und Militärpfarrern ermöglicht. Schließlich sind in diesem Buch einige grundlegende Dokumente beider Zweige der Militärseelsorge zur Information des interessierten Lesers abgedruckt.

Die Autoren gehen mit diesem Buch ein gewisses Wagnis ein. Sie arbeiten zwar seit längerer Zeit im Bereich ihrer Militärseelsorge. Trotzdem mußte der größte Teil dessen, was in diesem Buch zusammengetragen wurde, den zugänglichen Veröffentlichungen, Akten und Protokollen entnommen werden. Und so mag es wohl Zeitzeugen geben, die aus eigenem Erleben in manchen Punkten eine andere Darstellung abgäben.

Wir danken an dieser Stelle allen, die mit ihrem Rat und ihrer Erfahrung und mit Informationen zum Zustandekommen der vorliegenden Darstellung beigetragen haben. Es ist zu hoffen, daß diese Veröffentlichung dazu beiträgt, sowohl die Kenntnisse als auch das Verständnis der Arbeit beider Zweige der Militärseelsorge zu vertiefen. Damit wäre zugleich ein Beitrag geleistet für das weitere sachliche Gespräch zwischen Christen mit und ohne Uniform, für das brüderliche Miteinander zwischen den Kirchen und ihren Mitgliedern, die Dienst in der Militärseelsorge leisten.

Bonn, Juli 1985 *Die Verfasser*

Inhaltsübersicht

* Für die in der Inhaltsübersicht mit (Bl) = Blaschke und (Ob) = Oberhem gekennzeichneten Abschnitten zeichnen die jeweiligen Autoren allein verantwortlich.

Seite

* Für die in der Inhaltsübersicht mit (Bl) = Blaschke und (Ob) = Oberhem gekennzeichneten Abschnitten zeichnen die jeweiligen Autoren allein verantwortlich.

Seite

* Für die in der Inhaltsübersicht mit (Bl) = Blaschke und (Ob) = Oberhem gekennzeichneten Abschnitten zeichnen die jeweiligen Autoren allein verantwortlich.

Seite

* Für die in der Inhaltsübersicht mit (Bl) = Blaschke und (Ob) = Oberhem gekennzeichneten Abschnitten zeichnen die jeweiligen Autoren allein verantwortlich.

Seite

* Für die in der Inhaltsübersicht mit (Bl) = Blaschke und (Ob) = Oberhem gekennzeichneten Abschnitten zeichnen die jeweiligen Autoren allein verantwortlich.

Seite

Abkürzungsverzeichnis

ACCTS	=	Association for Christian Conferences, Teaching and Services
AMCF	=	Association of Military Christian Fellowship
AMI	=	Apostolat Militaire International
Art.	=	Artikel
BMVg	=	Bundesministerium der Verteidigung
CIC	=	Codex Iuris Canonici (Gesetzbuch der Kath. Kirche)
CoV	=	Cornelius-Bruderschaft
D.	=	Doctor theologiae (Ehrendoktor der ev. Theologie)
EAS	=	Evangelische Arbeitsgemeinschaft für Soldatenbetreuung
EKD	=	Evangelische Kirche in Deutschland
Fü B	=	Führungsstab der Bundeswehr (Begriff durch Fü S abgelöst)
Fü S	=	Führungsstab der Streitkräfte
GKS	=	Gemeinschaft Katholischer Soldaten
GS	=	Pastoralkonstitution „Über die Kirche in der Welt von heute"
IThF	=	Institut für Theologie und Frieden
KAEF	=	Katholischer Arbeitskreis Entwicklung und Frieden
KAS	=	Katholische Arbeitsgemeinschaft für Soldatenbetreuung
KMBA	=	Katholisches Militärbischofsamt
MDv	=	Marinedienstvorschrift
USAREUR	=	US-Army Europe
VOBl	=	Verordnungsblatt des Katholischen Militärbischofs für die Deutsche Bundeswehr
VR	=	Verwaltung und Recht (Abteilung im BMVg)
ZDv	=	Zentrale Dienstvorschrift (der Bundeswehr)
ZV	=	Zentrale Versammlung

1 Die evangelische Militärseelsorge nach dem Zweiten Weltkrieg

1.1 Entstehung der evangelischen Militärseelsorge

1.1.1 Vorgeschichte: Die evangelische Kirche nach 1945 und ihre Stellung zum Krieg

Auf der Sitzung des vorläufigen Rates der Evangelischen Kirche in Deutschland am 18. und 19. Oktober 1945 in Stuttgart übergaben die Mitglieder des Rates einer Abordnung des Weltkirchenrates eine Erklärung, deren entscheidender Passus lautete: „Durch uns ist unendliches Leid über viele Völker und Länder gebracht worden. Was wir in unseren Gemeinden oft bezeugt haben, das sprechen wir jetzt im Namen der ganzen Kirche aus: Wohl haben wir lange Zeit hindurch im Namen Jesu Christi gegen den Geist gekämpft, der im nationalsozialistischen Gewaltregiment seinen furchtbaren Ausdruck gefunden hat; aber wir klagen uns an, daß wir nicht mutiger bekannt, nicht treuer gebetet, nicht fröhlicher geglaubt und nicht brennender geliebt haben.“ [1])

Diese Stuttgarter Schulderklärung war nicht nur ein Geständnis des Versagens der evangelischen Kirche gegenüber dem Nationalsozialismus, sondern zugleich der Anfang dafür, daß die evangelische Kirche für sich ein politisches Mandat in Anspruch nahm und wahrnehmen wollte. Dabei stand das Bekenntnis zum Frieden im Mittelpunkt, vor allem in den folgenden Jahren der Zuspitzung des „Kalten Krieges“. Dieses Bekenntnis fand seinen öffentlichen Ausdruck etwa in der Friedenskundgebung des Rates der Evangelischen Kirche in Deutschland zu Ostern 1949. Einer der Redner, Martin Niemöller, berief sich in seiner Ansprache auf den Beschluß der Weltkirchenkonferenz von Amsterdam im Jahre 1948: „Krieg soll nach Gottes Willen nicht sein.“ Dieser Beschluß, gemacht nach den bitteren Erfahrungen des Zweiten Weltkrieges und den verheerenden Auswirkungen, die für Sieger und Besiegte gleichermaßen galten, war aus evangelischer Sicht gleichsam das Ende der Lehre vom gerechten Krieg. Der totale Krieg hatte diese Lehre überholt. Allerdings hatte sich die Weltkirchenkonferenz nicht dazu durchringen können zu erklären, daß unter den Voraussetzungen des totalen Krieges Krieg unter keinen Umständen ein Akt der Gerechtigkeit sein könne. Man kam nicht umhin festzustellen, daß angesichts des Fehlens entsprechender Instanzen unter bestimmten Umständen Krieg das letzte Mittel sein könnte, dem Recht Geltung zu verschaffen.

Einig war man sich allerdings darin, daß alles getan werden müsse, Kriegsursachen zu bekämpfen, das Rüstungsniveau zu vermindern, den imperialistischen Mächten Widerstand entgegenzusetzen und in der Feststellung, daß die im modernen Krieg angewendete Gewalt jede Rechtgrundlage zu zerstören droht.

---

[1]) Zit. nach Johanna Vogel, Kirche und Wiederbewaffnung, Göttingen 1978, S. 20

Dem Beschluß der Weltkirchenkonferenz, „Krieg soll nach Gottes Willen nicht sein“, konnte auch die Evangelische Kirche in Deutschland voll zustimmen. Auf dem Höhepunkt des „Kalten Krieges“, nachdem im Herbst 1949 zwei deutsche Staaten gegründet waren und die Evangelische Kirche in Deutschland die einzige Institution geblieben war, die noch Gesamtdeutschland repräsentierte, verabschiedete die EKD-Synode in Berlin-Weißensee im April 1950 ein Wort zum Frieden, indem es unter anderem heißt: „... Kriege entstehen nicht von selbst. Menschen sind es, die den Krieg beginnen, weil sie nicht Gott die Ehre geben und weil sie sich gegen sein Gebot auflehnen.“ [2])

Ganz konkret wendet sich die Synode an die Menschen im geteilten Deutschland: „Wir rufen allen Gliedern unseres Volkes im Westen und im Osten zu: Werdet eindringlich und unermüdlich vorstellig bei allen, die in politischer Verantwortung stehen, daß sie nicht in einen Krieg willigen, in dem Deutsche gegen Deutsche kämpfen. Wir legen es jedem auf, das Gewissen zu prüfen, ob er im Falle eines solchen Krieges eine Waffe in die Hand nehmen darf.“ [3]) Und an die politisch Verantwortlichen: „Wir beschwören die Regierungen und Vertretungen unseres Volkes, sich durch keine Macht der Welt in den Wahn treiben zu lassen, als ob ein Krieg eine Lösung und Wende unserer Not bringen könnte.“ [4])

Konkret wurde die Kriegsgefahr, als am 25. Juni 1950 der Korea-Krieg begann. Korea war wie Deutschland ein geteiltes Land. Am 27. August 1950 erklärte der Rat der Evangelischen Kirche in Deutschland zur Frage einer deutschen Wiederaufrüstung, die in der Öffentlichkeit heftig diskutiert wurde: „Einer Remilitarisierung Deutschlands können wir das Wort nicht reden, weder was den Westen noch was den Osten anlangt. Die Pflicht der Kirche kann es immer nur sein, die schwergerüsteten Mächte der Welt wieder und wieder zu bitten, dem heillosen Wettrüsten ein Ende zu machen und friedliche Wege zur Lösung der politischen Probleme zu suchen. In jedem Falle aber muß derjenige, der um seines christlichen Gewissens willen den Dienst mit der Waffe verweigert, die Freiheit haben, sein Gewissen unverletzt zu erhalten.“ [5])

Zur Ursache des bedrohten Friedens stellte der Rat fest: „Die Vorgänge im Fernen Osten haben gezeigt, daß der Frieden durch nichts so sehr bedroht wird, als wenn man ein Land durch willkürliche Grenzziehung in zwei Teile gespalten hält.“ [6]) Dieser Feststellung folgt der Appell an die politischen Mächte und die Vereinten Nationen, alles zu tun, um die Teilung Deutschlands zu überwinden.

---

[2]) Kirchliches Jahrbuch für die Evangelische Kirche in Deutschland 1950, Gütersloh 1951, S. 7
[3]) Kirchliches Jahrbuch 1950, a.a.O., S. 9
[4]) Kirchliches Jahrbuch 1950, a.a.O., S. 9
[5]) Kirchliches Jahrbuch 1950, a.a.O., S. 166
[6]) Kirchliches Jahrbuch 1950, a.a.O., S. 165

Im Zusammenhang mit dem Rücktritt von Adenauers Minister Gustav Heinemann aus Protest gegen dessen Sicherheits- und Wiederbewaffnungspolitik entstand eine starke kirchliche Opposition gegen jede Form der Wiederbewaffnung, die die Einheit der Evangelischen Kirche in Deutschland auf eine harte Probe stellen mußte. Jedoch war das Bestreben, die Einheit der Evangelischen Kirche in Deutschland zu retten, so groß, auch aus nationaler Verantwortung, daß alle anderen Fragen dem untergeordnet wurden. In einer gemeinsamen Entschließung des Rates der EKD und der Kirchenkonferenz vom November 1950 wird die Wiederbewaffnungsfrage ausdrücklich zu einer politischen Ermessensfrage erklärt, die im Glauben verschieden beantwortet werden könne. Auch die Synode der Evangelischen Kirche in Deutschland in Hamburg Anfang April 1951 ließ einen Grundkonsens darin erkennen, daß man sich im grundsätzlichen Willen zum Frieden einig war. In den Äußerungen der Synode der Evangelischen Kirche in Deutschland in Elbingerode vom 6. – 10. Oktober 1952 wird erneut deutlich, daß die Bedrohung des Friedens für die Evangelische Kirche in Deutschland nicht zuerst an die Frage der Wiederbewaffnung gebunden ist, sondern an die Teilung Deutschlands. Darum mißt die Synode der Wiedervereinigung oberste Priorität zu. Dies kommt auch in einem Telegramm zum Ausdruck, das die Synode an die vier Besatzungsmächte schickte.

1.1.2 Die Verhandlungen zwischen Staat und Kirche zum Militärseelsorgevertrag

1.1.2.1 Der Anfang

Ab Mitte 1950 wurden erste inoffizielle Gespräche zwischen der Evangelischen Kirche in Deutschland, der Arbeitsgemeinschaft Christlicher Kirchen in Deutschland und der Fuldaer Bischofskonferenz auf der einen und dem Bundesinnenministerium, später der Dienststelle Blank, auf der anderen Seite geführt. Dabei ging es zuerst um die Frage der Kriegsdienstverweigerung aus Gewissensgründen im Zusammenhang mit einem deutschen Verteidigungsbeitrag im Rahmen einer geplanten Europa-Armee. In diesen Gesprächen und ab Herbst 1951 unabhängig davon wurde auch die Frage inoffiziell erörtert, ob die Kirchen überhaupt schon bereit wären, über eine zukünftige Militärseelsorge und deren Gestaltung zu sprechen und ob sie in dieser Richtung schon Vorstellungen hätten. In beiden großen Kirchen gab es zur Wiederbewaffnung unterschiedliche Standpunkte. In der evangelischen Kirche verbanden sich damit erhebliche Bedenken gegen eine Militärseelsorge, die noch dadurch verstärkt wurden, daß man ungünstige Auswirkungen auf die Kirchen in der DDR und die Einheit der Evangelischen Kirche in Deutschland befürchtete. Dennoch zeichnete sich schon in diesen ersten Gesprächen die Grundproblematik ab: Für die Kirche war klar, daß, wenn überhaupt, Militärseelsorge nicht wie früher Teil des militärischen Apparates sein dürfe, sondern Teil der kirchlichen Arbeit bleiben müsse. Für den Staat war klar, daß die Militärseelsorge kaum im Rahmen der Ortsgemeindestruktur durchgeführt werden konnte.

1.1.2.2 Der Beginn der offiziellen Gespräche

Am 31. Januar 1952 trat die Dienststelle Blank offiziell an den Präsidenten der Kirchenkanzlei der EKD und an den Vorsitzenden der Fuldaer Bischofskonferenz mit dem Wunsch heran, „die Fragen der Militärseelsorge und der eventuellen Zurückstellung Geistlicher vom Wehrdienst bald zu klären".[7]) Für die kommenden Gespräche wurde am 22. Februar 1952 Oberkirchenrat Osterloh als Vertreter des Rates der EKD benannt. In diesen Gesprächen wurde auch die Frage erörtert, wie denn die sonstigen Religionsgemeinschaften im Blick auf die Militärseelsorge behandelt werden sollten. Offizielle Anfragen bei der jüdischen Religionsgemeinschaft und den Freikirchen ergaben, daß diese keine gesetzlichen Regelungen für sich wünschten.

Nachdem der Rat der Evangelischen Kirche in Deutschland den Bericht über das erste Gespräch mit der Dienststelle Blank am 22. Februar 1952 entgegengenommen hatte, faßte er am 13. März 1952 den folgenden Beschluß: „Der Rat stimmt grundsätzlich dem Plan zu, den Aufbau der evangelischen Seelsorge in etwaigen deutschen Einheiten durch einen Vertrag zwischen Staat und Evangelischer Kirche in Deutschland zu regeln... Es soll aber kein Stand sogenannter „aktiver Wehrmachtsgeistlicher" wieder entstehen." [8]) Dieser Beschluß des Rates der Evangelischen Kirche in Deutschland enthält weiter schon eine Fülle einzelner Vorstellungen über die zukünftige Militärseelsorge.

1.1.2.3 Die Beteiligung der Landeskirchen

In weiteren Gesprächen zwischen der Evangelischen Kirche in Deutschland und Vertretern der Dienststelle Blank wurden die Grundsätze einer künftigen Militärseelsorge erarbeitet. Dabei stellte sich heraus, daß diese Grundsätze auch mit den Landeskirchen erörtert werden mußten, da von Anfang an daran gedacht war, daß die Militärgeistlichen nach einer bestimmten Zeit in ihre Heimatkirchen zurückkehren sollten. Eine solche Regelung war ohne Mitwirkung der Landeskirchen nicht möglich. Im Mai 1953 beschloß der Rat der Evangelischen Kirche in Deutschland daher, einen Ausschuß zu bestellen, der diese grundsätzlichen und personellen Fragen klären sollte. Dieser Ausschuß, nach seinem Vorsitzenden, dem Bischof der Badischen Kirche, Landesbischof D. Bender, Karlsruhe, benannt, trat am 13. Oktober 1953 zu seiner ersten Sitzung zusammen. Er wurde als ein innerkirchlicher Ausschuß verstanden. Die Gespräche zwischen Kirchenkanzlei und Dienststelle Blank gingen daneben weiter.

Am 13. November 1953 wurde der Dienststelle Blank von den Beratungsergebnissen des Bender-Ausschusses berichtet. Dieser Bericht führte zur Frage nach der Legiti-

[7]) Annelie Cremers, Staat und Evangelische Kirche im Militärseelsorgevertrag von 1957, Dissertation der Rechts- und Staatswissenschaftlichen Fakultät Freiburg, Freiburg 1973, S. 2 (Anhang)

[8]) Klaus Steuber, Militärseelsorge in der Bundesrepublik Deutschland, Mainz 1972, S. 14f.

mation der Evangelischen Kirche in Deutschland überhaupt und außerdem zu der Frage, ob sie einen Vertrag abzuschließen in der Lage sei. Daraufhin beschloß der Bender-Ausschuß, die Fragen nach der Legitimation der Evangelischen Kirche in Deutschland durch ein Gutachten des Kirchenrechtlichen Instituts der Evangelischen Kirche in Deutschland entscheiden zu lassen. Mit den weiteren Bedenken der Dienststelle Blank beschäftigte sich der Bender-Ausschuß auf seinen Sitzungen am 17. Dezember 1953 in Hannover, am 3. und 4. Februar 1954 in Bad Herrenalb und am 10. Mai 1954 in Bonn.

Am 24. Juni 1954 berichtete der Vorsitzende des Bender-Ausschusses, Landesbischof D. Bender, dem Rat der Evangelischen Kirche in Deutschland über die bisherigen Arbeitsergebnisse. Hauptanliegen des Ausschusses war, auf die Gefahren hinzuweisen, die eine eigenständige Wehrmachtskirche habe. Deshalb müsse alles getan werden, die Verbindung zwischen Militärseelsorge und Landeskirchen so eng wie möglich zu gestalten. Der Angelpunkt dieser Verbindung sollte die Regelung sein, daß die Militärgeistlichen schon nach fünf Jahren in ihre Heimatkirchen zurückkehren und in Bekenntnisstand und Ordinationsgelübde an ihre Landeskirchen gebunden bleiben sollten.

Die weiteren Verhandlungen der Dienststelle Blank wurden mit dem zwischenzeitlich vom Rat der Evangelischen Kirche in Deutschland beauftragten Bevollmächtigten der Evangelischen Kirche in Deutschland am Sitz der Bundesregierung, Prälat Kunst, geführt. Dabei ging es hier schon um Einzelfragen: Beamtenstatus der Militärgeistlichen, Ausstattungskosten, Militärgemeinden.

Die Grundzüge der Militärseelsorge, wie sie später im Vertrag geregelt wurden, finden sich in einer Skizze der Dienststelle Blank vom 29. September 1954. Sie entstand im Referat dieser Dienststelle für kirchliche Angelegenheiten (VR I 4). Interessant ist der folgende Absatz aus dieser Skizze: „Die Rechtspflicht des Staates, eine Militärseelsorge einzurichten, wird verstärkt durch die ihm gegenüber den Angehörigen der Streitkräfte obliegende allgemeine Fürsorgepflicht, die auch die religiösen Bedürfnisse umschließt. In diesem Sinne ist Militärseelsorge eine Bringeschuld des Staates, die ergänzend zum Seelsorgeauftrag hinzutritt.“ [9])

Zwischen der Dienststelle Blank, der Kirchenkanzlei und dem Bender-Ausschuß wurden in den folgenden Monaten die Einzelfragen geklärt. Offen blieb schließlich die Frage nach der Stellung des Militärbischofs, eine Entscheidung, die der Rat der Evangelischen Kirche in Deutschland treffen sollte, da eine einhellige Meinung im Bereich der Kirchen nicht zu erreichen war.

---

[9]) Klaus Steuber, s. o. a.a.O., S. 17

1.1.2.4 Der Beitritt der Bundesrepublik Deutschland zur NATO

Am 20. April 1954 hatte die französische Nationalversammlung die Europäische Verteidigungsgemeinschaft abgelehnt. Am 23. Oktober 1954 wurden die Pariser Verträge unterzeichnet. Am 6. Mai 1955 trat die Bundesrepublik Deutschland offiziell der NATO bei.

Das Scheitern der Europäischen Verteidigungsgemeinschaft ließ die öffentliche Diskussion um die Wiederbewaffnung noch einmal aufleben. Dabei ging es nach der Meinung vieler um die letzte Chance, die Wiedervereinigung zu erreichen, wenn man ihr vor der militärischen Blockbildung Priorität gab. Dies brachte eine breite Opposition aus der evangelischen Kirche, Gewerkschaften, Parteien und Parlament gegen die anstehenden Pariser Verträge zusammen. Mit der Wiederbewaffnung, so sah es diese Opposition, wäre die Wiedervereinigung in weite Ferne gerückt. Öffentlicher Höhepunkt dieser Opposition war eine Kundgebung in der Paulskirche am 29. Januar 1955, zwei Tage nach der Ratifizierung der Pariser Verträge durch den Deutschen Bundestag, bei der auch Helmut Gollwitzer zu den Rednern gehörte.

Die Synode der Evangelischen Kirche in Deutschland erklärte in einem Wort an die Gemeinden in Ost und West am 11. März 1955 in Espelkamp: „Wir sind nicht in der Lage, in der Vollmacht der Kirche den politischen Weg aufzuzeigen, der die Erreichung dieses Ziels (der Wiedervereinigung) verbürgte. Es bereitet uns auf dieser Synode große Not, daß unsere Absichten über den politischen Weg auseinandergehen. Vor allem aber können wir nicht eine politische Erkenntnis, und sei sie noch so wichtig, in der Autorität des Wortes Gottes geltend machen. Wir müssen auch vielmehr davor warnen, eine politische Meinung als Gottes Wahrheit ausgeben zu wollen." [10]) Das klingt wie das Resümee der durch die Pariser Verträge und den NATO-Beitritt der Bundesrepublik beendeten Diskussion.

Mit dem NATO-Beitritt der Bundesrepublik war auch die Entscheidung über die Form eines deutschen Verteidigungsbeitrages gefallen und die Notwendigkeit gegeben, möglichst schnell Klarheit über eine zukünftige Militärseelsorge zu erreichen. So wurde Anfang Juni 1955 der Kirchenkanzlei und damit dem Rat der Evangelischen Kirche in Deutschland und den Landeskirchen von der Dienststelle Blank eine überarbeitete Skizze „Militärseelsorge" zugeleitet. Diese wurde erneut vom Bender-Ausschuß beraten, dessen Ergebnisse im wesentlichen vom Rat der Evangelischen Kirche in Deutschland gebilligt wurden. Von seiten der Landeskirchen wurden Bedenken gegen die Kirchensteuerfreiheit der Soldaten erhoben; man sah keine Gründe für eine Sonderbehandlung dieser Gemeindeglieder. Aber auch gegen die Militärgemeinden und den Status der Militärgeistlichen als Beamte wurden Bedenken laut.

---

[10]) Günter Heidtmann (Hrsg.), Hat die Kirche geschwiegen? 3. Aufl., Berlin 1964, S. 210

Der Rat der Evangelischen Kirche in Deutschland setzte nun seinerseits einen juristischen Ausschuß ein, der den Entwurf eines Staatsvertrages vorbereiten und beraten sollte. Dieser Ausschuß wählte Prälat Kunst zu seinem Vorsitzenden. Am 27. Juli 1955 fand in Bonn zwischen Vertretern beider Kirchen und Vertretern des Bundesverteidigungsministeriums eine abschließende Grundsatzbesprechung statt. In dieser wurde der Wunsch der Evangelischen Kirche in Deutschland nach Abschluß eines Vertrages zur Regelung der Militärseelsorge grundsätzlich als berechtigt anerkannt, auch im Blick auf die Ergebnisse des am 9. Juni 1955 vorgelegten Gutachtens des Kirchenrechtlichen Instituts der Evangelischen Kirche in Deutschland, nach dem Leiter des Instituts, „Smend-Gutachten" genannt.

In diesem Gutachten war die Vertragsfähigkeit der Evangelischen Kirche in Deutschland festgestellt, „auch dann, wenn sie nicht als Kirche, sondern als Kirchenbund festgestellt wird . . ." [11])

Das Gutachten unterschied dann zwischen Vertragsfähigkeit und Kompetenz der Evangelischen Kirche in Deutschland, die sich aus Artikel 19 ihrer Grundordnung ableitet, wonach es zu den Aufgaben der Evangelischen Kirche in Deutschland gehört, die gesamtkirchlichen Anliegen gegenüber allen Inhabern öffentlicher Gewalt zu vertreten. Weiter heißt es in dem Gutachten: „Der Aufbau der westdeutschen Streitkräfte als Bundeswehrmacht macht es notwendig, dem Bund einen adäquaten Partner auf kirchlicher Seite gegenüberzustellen, der in der Lage ist, die Organisation und gleichmäßige Durchführung der Wehrmachtsseelsorge auf Bundesebene sicherzustellen." [12])

Die Einwilligung des Staates zum Vertragsabschluß mit der Evangelischen Kirche in Deutschland sollte auf Wunsch der Evangelischen Kirche in Deutschland in einem offiziellen Schreiben des Verteidigungsministeriums an den Rat der Evangelischen Kirche in Deutschland zum Ausdruck gebracht werden. Der Rat beauftragte daraufhin Prälat Kunst, dem Verteidigungsminister seinerseits die Bereitschaft zu Verhandlungen über einen Vertragsabschluß mitzuteilen und die Verhandlungen zu führen. Der Verteidigungsminister trug diese Bitte daraufhin im Bundeskanzleramt vor, welches am 19. November 1955 zustimmend reagierte, nachdem Prälat Kunst darauf hingewiesen hatte, daß durch einen solchen Vertragsabschluß die Lage der Gliedkirchen in der DDR nicht schwieriger als bisher werde und man sich auch dort um eine vertragliche Regelung der Militärseelsorge bemühe.

1.1.2.5 Der Abschluß der Vertragsverhandlungen

Am 21. Dezember 1955 begannen die endgültigen Vertragsverhandlungen zwischen Staat und Kirche, die am 23. Januar 1956 fortgesetzt wurden. Zu Beginn dieser Verhandlungen, die staatlicherseits von Ministerialdirigent Wirmer geleitet wurden,

[11]) Klaus Steuber, s.o. a.a.O., S. 28
[12]) s.o. a.a.O., S. 29

führte dieser aus, es liege im allgemeinen Interesse, die Verhandlungen baldmöglichst zum Abschluß zu bringen, damit die evangelische Militärseelsorge rechtzeitig auf die rechtlichen Grundlagen gestellt werden könnte. Prälat Kunst, der für die Evangelische Kirche in Deutschland an diesen Verhandlungen teilnahm, wurde auf der Ratssitzung am 16. und 17. Januar 1956 zum vorläufigen Militärbischof ernannt. Während er hauptamtlich Bevollmächtigter der Evangelischen Kirche in Deutschland am Sitz der Bundesrepublik blieb, sollte er das Bischofsamt nebenamtlich ausüben.

Im März 1956 wurde, nachdem die Ergebnisse der bisherigen Verhandlungen von Prälat Kunst dem Rat der EKD und der Kirchenkonferenz vorgetragen waren, beschlossen, die Verhandlungen zu verzögern, da inzwischen einige Landeskirchen gefordert hatten, vor Vertragsabschluß müsse ein Kirchengesetz zur Militärseelsorge erarbeitet werden.

Am 12. März 1956 fand eine Besprechung der beteiligten Ministerien über den Vertragsentwurf des Verteidigungsministers statt. Dabei wurde von seiten des Finanz- und des Justizministeriums und des Rechnungshofes darauf hingewiesen, daß die vorgesehene Kirchensteuerfreiheit der von der Militärseelsorge zu betreuenden Personen eine ungerechtfertigte Privilegierung sei, ebenso ein Eingriff in die Länderhoheit.

Während der weiteren Verhandlungen und der Arbeiten am Kirchengesetz war die praktische Arbeit der Militärseelsorge angelaufen. Durch Erlaß des Bundesverteidigungsministeriums vom 10. April 1956 wurde das „Evangelische Kirchenamt für die Bundeswehr“ geschaffen, am 4., 6. und 10. April 1956 die ersten Wehrbereichsdekane berufen. Der Fortgang der Vertragsverhandlungen wurde durch die Stellungnahme der Landeskirchen schwieriger; einige Landeskirchen lehnten sogar grundsätzlich den Vertrag ab, weil sie Bedenken gegen einen deutschen Wehrbeitrag und die Wehrpflicht hatten.

Die allgemeine Wehrpflicht war ein wesentliches Thema der außerordentlichen Synode der Evangelischen Kirche in Deutschland, die vom 27. bis 29. Juni 1956 in Berlin stattfand. Aufgrund eines vorliegenden Antrages der kirchlichen Bruderschaften im Rheinland, in dem die Regierungen in der Bundesrepublik Deutschland und in der DDR gebeten werden sollten, die Einführung der allgemeinen Wehrpflicht bis zur Wiedervereinigung zu suspendieren, faßte die Synode den Beschluß, eine Kommission einzusetzen, die die Bundesregierung und den Bundestag über die Besorgnisse in Kenntnis setzen sollte, die von den Synodalen, vor allem denen aus der DDR, über die Auswirkung der allgemeinen Wehrpflicht geäußert wurden.

Das Gewicht dieser Kommission wurde durch eine Unterschriftenaktion unterstützt, in welcher 62 Synodale sich den Bedenken gegen die Einführung der allgemeinen Wehrpflicht anschlossen.

Der Synode lag außerdem die Eingabe eines Stuttgarter Pfarrkonvents vor, die Militärseelsorge in ausschließlicher Zuständigkeit der Landeskirchen und von Pfarrern der Landeskirchen wahrzunehmen, möglichst in Form der Mitbetreuung durch Gemeindepfarrer. Alle Schritte, die bisher zum Aufbau der Militärseelsorge unternommen waren, sollten dieser Eingabe zufolge rückgängig gemacht werden, vor allem die Bestellung eines Militärbischofs. Die Synode beschloß zwar, diese Eingabe nicht zu verhandeln, verwies jedoch auf einen Ratsbeschluß, endgültige Maßnahmen zur Ordnung der Militärseelsorge nicht zu treffen, bevor nicht ein von der Synode zu beschließendes Gesetz die Rechtsgrundlage schaffe. Es sollten keine neuen Tatsachen geschaffen werden, die die Evangelische Kirche in Deutschland in Sachen Militärseelsorge binden würden. Gegenüber dem Staat und der katholischen Kirche stand durch diese Entwicklungen Ansehen und Glaubwürdigkeit der Evangelischen Kirche auf dem Spiel und damit ihre Vertragsfähigkeit.

In dieser schwierigen Situation wurde seitens der von den Landeskirchen bestellten Militärseelsorgereferenten der „personale Seelsorgebereich“ als grundsätzliche Organisationsform der Militärseelsorge formuliert. Die Militärkirchengemeinden sollten danach Ausnahme sein. Die Mitglieder des personalen Seelsorgebereichs sollten Mitglieder der Ortskirchengemeinde bleiben, die Militärgeistlichen sollten ihnen personal zugeordnet werden. Diese Konzeption fand die Zustimmung des Rates der Evangelischen Kirche in Deutschland und der Kirchenkonferenz. Der Rat der Evangelischen Kirche in Deutschland beschloß auf seiner Sitzung am 29. und 30. November 1956, die Paraphierung des Vertrages für die nächste Sitzung vorzusehen. Auch die Landeskirchen konnten sich auf der Sitzung der Kirchenkonferenz am 29. November 1956 auf den vorliegenden Vertragsentwurf einigen. In den Verhandlungen und nach Überarbeitung durch den Militärseelsorgeausschuß war dies inzwischen der neunte Vertragsentwurf.

Dieser war die Grundlage des Gesprächs zwischen staatlichen und kirchlichen Vertretern am 14. Dezember 1956. In diesem Gespräch verteidigte die staatliche Seite den Beamtenstatus der zukünftigen Militärgeistlichen mit dem Hinweis auf Geheimhaltungsprobleme, das Reichskonkordat, das für die katholischen Geistlichen diesen Status vorsah, und auf besoldungstechnische Gründe.

Am 14. Januar 1957 fand zwischen Kirchen und Staat die Schlußverhandlung über einen ratifizierungsreifen Text statt. Am 17. und 18. Januar stimmte der Rat der Evangelischen Kirche in Deutschland mit zehn Stimmen zu einer Stimme für die Unterzeichnung des Vertrages. Anfang Februar 1957 übersandte die Kirchenkanzlei den Vertragsentwurf an den Rat, den Militärseelsorgeausschuß, die Kirchenkonferenz und die Landeskirchenleitungen. Der Rat der Evangelischen Kirche in Deutschland hatte beschlossen, den Vertrag durch den Vorsitzenden des Rates und den Leiter der Kirchenkanzlei unterzeichnen zu lassen.

Auf staatlicher Seite wurde der Vertrag am 5. Februar 1957 an das Bundeskanzleramt gesandt, um die Zustimmung der Bundesregierung zu erreichen, daß der Vertrag staatlicherseits vom Bundeskanzler und Verteidigungsminister unterzeichnet werde. In der Sitzung des Bundeskabinetts am 13. Februar 1957 wurde auf die Bedeutung des Vertrages hingewiesen: auf die Mitarbeit der Evangelischen Kirche in Deutschland im Zusammenhang mit den Verteidigungsaufgaben des Staates, auf die Auswirkungen dieser Regelung auf das Klima in der Bundeswehr und formal auf die Tatsache, daß mit der Evangelischen Kirche in Deutschland ein Partner das Gegenüber des Staates sei, nicht viele Landeskirchen.

1.1.2.6 Die Unterzeichnung des Vertrages und die Synode der Evangelischen Kirche in Deutschland 1957 in Berlin-Spandau

Am 27. Februar 1957 unterzeichneten in Bonn für die Evangelische Kirche in Deutschland Bischof Otto Dibelius als Ratsvorsitzender und der Präsident der Kirchenkanzlei, Heinz Brunotte, und für den Staat Bundeskanzler Konrad Adenauer und Verteidigungsminister Franz Josef Strauß den Militärseelsorgevertrag. Im Bulletin der Bundesregierung vom 23. Februar 1957 heißt es dazu, der Vertrag sei „das Ergebnis eingehender Verhandlungen zwischen Bundesregierung und Rat der Evangelischen Kirche in Deutschland, die im vollen gegenseitigen Vertrauen geführt und zu einem für beide Teile befriedigenden Ergebnis gebracht wurden“.[13])

Auf der Synode der Evangelischen Kirche in Deutschland vom 3. bis 8. März 1957 in Berlin-Spandau wurden der Militärseelsorgevertrag sowie das erforderliche Kirchengesetz zur Regelung der evangelischen Militärseelsorge in der Bundesrepublik Deutschland diskutiert. Es kommt noch einmal zu einer kontroversen Grundsatzdiskussion. Der Berichterstatter des betreffenden Synodalausschusses, Dekan Dipper, geht zunächst auf einen Beschwerdebrief von Professor Gollwitzer an das Präsidium der Synode ein. Darin hatte sich Gollwitzer auf den Beschluß der Synode der Evangelischen Kirche in Deutschland von 1956 bezogen, daß keine neuen, die Evangelische Kirche in Deutschland in der Frage der Militärseelsorge bindenden Tatsachen geschaffen werden sollten. Dipper dazu wörtlich: „Doch hätte der Ausschuß . . . es für richtig gehalten, daß die Paraphierung des Staatsvertrages über die Militärseelsorge erst nach der Tagung der Synode erfolgt wäre. Der Ausschuß hat mich beauftragt, dem Bedauern darüber Ausdruck zu geben. Wir sind in der Lage, daß wir einen fertigen Staatsvertrag vor uns haben, der uns zwar als Entwurf vorgelegt ist, über den wir aber als Synodale nur mit Ja oder Nein abstimmen können, an dem wir also nichts mehr ändern können.“ [14])

Der Bericht Dippers zeigt, daß im betreffenden Synodalausschuß noch einmal eine Grundsatzdebatte geführt worden war, ob im Blick auf die Militärseelsorge überhaupt ein Vertrag mit dem Staat geschlossen werden müsse oder dürfe. Dennoch heißt es am Schluß des Berichts: „Wenn es mit diesem Vertrag zu einer Überfrem-

[13]) Annelie Cremers, Staat und Evangelische Kirche, a.a.O., S. 101 (Anhang)

[14]) Berlin-Spandau 1957, Bericht über die zweite Tagung der zweiten Synode der Evangelischen Kirche in Deutschland vom 3. bis 8. März 1957, Hannover, S. 233

dung des kirchlichen Dienstes in der Militärseelsorge kommt, so ist ernstlich zu fragen, ob dies deshalb geschieht, weil der Vertrag ein ungeeignetes Instrument für ihren Dienst ist, oder nicht vielleicht deshalb, weil es in der Kirche selbst an der geistlichen Kraft fehlt, um ihren Brüdern in der Militärseelsorge mit einem klaren Zeugnis in helfender und zurechtbringender Art, aber auch mit wachsamen Ernst nahe zu sein. Wenn es aber daran fehlt, dann wird auch keine andere rechtliche Form der Militärseelsorge das Unheil aufhalten können, das dann die Kirche bedroht. Die Mehrheit des Ausschusses glaubt daher, mit gutem Gewissen die Zustimmung zum Vertrag empfehlen zu können." [15])

Die Abstimmung im Plenum der Synode ergab dann sowohl für den Vertrag als auch für das Kirchengesetz eine überwältigende Mehrheit. Für den Militärseelsorgevertrag stimmten am 7. Mai in der zweiten Abstimmung 91 Synodale bei 18 Gegenstimmen und fünf Enthaltungen. Auf Antrag des Synodalausschusses beschloß die Synode jedoch, im Blick auf die Interpretation des Artikels 23 Absatz 1 Ziffer 2, in dem die Entlassung von Militärgeistlichen geregelt ist, in einem Briefwechsel zwischen der Evangelischen Kirche in Deutschland und der Bundesregierung zu klären, daß allein die Kirche entscheidet, ob ein Militärgeistlicher in wichtigem kirchlichen Interesse vorzeitig aus dem Dienst der Militärseelsorge zurückgerufen wird, bzw. die Fortsetzung seines Dienstes in der Militärseelsorge nicht mehr im kirchlichen Interesse liegt. Dem Kirchengesetz zur Regelung der evangelischen Militärseelsorge stimmten dann am 8. Mai 1957 87 Synodale bei drei Gegenstimmen und sieben Enthaltungen zu.

Im Zusammenhang mit dieser Beschlußfassung wurde von der Synode noch der folgende Beschluß gefaßt: „Im Gehorsam gegen ihren Herrn ist die Kirche zu seelsorgerlichem Dienst an allen ihren Gliedern verpflichtet. Diesen Dienst schuldet sie auch den evangelischen Christen in den Streitkräften unseres geteilten Vaterlandes. Darum kann sich die Synode nicht damit abfinden, daß der Kirche die Erfüllung ihres Auftrages gegenüber den Angehörigen der Nationalen Volksarmee in der Deutschen Demokratischen Republik verwehrt wird. Die Synode stellt sich hinter den Rat der Evangelischen Kirche in Deutschland bei seinen Bemühungen, eine Änderung dieses Zustandes zu erreichen." [16])

Damit reagierte die Synode auf einen Brief des Ministers für Nationale Verteidigung der DDR an den Ratsvorsitzenden der Evangelischen Kirche in Deutschland vom 4. März 1957, in dem dieser es abgelehnt hatte, über eine Tätigkeit der evangelischen Kirche in der Nationalen Volksarmee zu verhandeln. Am 8. März 1957 erfolgte auch die Zustimmung der Kirchenkonferenz zum Militärseelsorgevertrag.

[15]) Berlin-Spandau 1957, a.a.O., S. 243

[16]) Berlin-Spandau 1957, a.a.O., S. 640

1.1.2.7 Die Ratifizierung des Militärseelsorgevertrages

Da sowohl der Militärseelsorgevertrag als auch das Kirchengesetz zur Regelung der evangelischen Militärseelsorge Auswirkungen für die beteiligten Gliedkirchen hatten, war nach Artikel 106 der Grundordnung der Evangelischen Kirche in Deutschland das Einverständnis der einzelnen Gliedkirchen erforderlich. Dabei konnten die Gliedkirchen sowohl dem Vertrag als auch dem Kirchengesetz nur zustimmen oder beides ablehnen. Vier Gliedkirchen (Schaumburg-Lippe, Rheinland, Schleswig-Holstein, Bremen) hatten ihr Einverständnis schon vor der Spandauer Synode erklärt. Die restlichen Gliedkirchen gaben ihre Zustimmung im Laufe des Jahres 1957. Einzige Ausnahme war die Kirche von Hessen-Nassau. Die endgültige Zustimmung dieser Kirche verzögerte sich, bedingt durch Vorbehalte der Synode gegen Vertrag und Kirchengesetz, bis zum 26. April 1960. Trotz der ausstehenden Zustimmung von Hessen-Nassau bereitete der Rat der Evangelischen Kirche in Deutschland die Verordnung über das Inkrafttreten des Kirchengesetzes vor. Diese Verordnung war die Voraussetzung für den Austausch der Ratifizierungsurkunden des Militärseelsorgevertrages. Da die Zustimmung von Hessen-Nassau unsicher war, sollte die Verordnung für das Inkrafttreten des Kirchengesetzes mit einer entsprechenden Vorbehaltsklausel versehen werden, damit der Verbindlichkeit des Vertrages nichts mehr entgegenstünde. Die Verordnung wurde am 20. Juli 1957 vom Rat der Evangelischen Kirche in Deutschland verkündet.

Für die Kirchenkanzlei ging es auch darum, den Synodalbeschluß hinsichtlich der Interpretation des Artikels 23 Absatz 1 Ziffer 2 auszuführen. Nach inoffiziellen Kontakten mit dem Bundesverteidigungsministerium trug Militärbischof Kunst den Wunsch der Synode nach einer eindeutigen Interpretation dieses Artikels dem Bundesverteidigungsminister in einem Schreiben vom 27. Juli 1957 vor. Im Antwortschreiben vom 17. August 1957 wird die Auslegung der Synode vom Bundesverteidigungsminister bestätigt.

Das Bundesverteidigungsministerium hatte seinerseits dem Bundeskabinett Anfang 1957 den Entwurf eines Gesetzes über die Militärseelsorge vorgelegt, der am 11. April 1957 verabschiedet wurde. Von seiten des Bundesrates wurde zusätzlich eine negative Saarklausel in den Gesetzentwurf eingefügt. Am 24. Mai beschäftigte sich der Bundestag in erster Lesung mit dem Gesetz und überwies es an die Ausschüsse. Dabei hatte der Ältestenrat des Bundestages beschlossen, das Gesetz federführend im Ausschuß für Angelegenheiten der Inneren Verwaltung beraten zu lassen und nur mitberatend im Verteidigungsausschuß. Dieser Beschluß rief große Bedenken im Verteidigungsministerium hervor. Es wies darauf hin, daß die selbständige Stellung der Militärseelsorge nicht dazu führen dürfe, daß jede Verbindung zum zuständigen Ministerium und zur Truppe aufgelöst würde.

Hintergrund des Beschlusses des Ältestenrates war jedoch allein Rücksicht auf die Kirche. In der Synode der Evangelischen Kirche in Deutschland konnte der Vertrag nur mit der Hilfe der DDR-Synodalen ratifiziert werden. Von seiten der DDR wurde ihnen und der Evangelischen Kirche in Deutschland der Vorwurf gemacht, in dieser Sache nicht aus kirchlichem Interesse zu handeln, sondern vielmehr Hilfestellung bei der Aufstellung der neuen Wehrmacht zu geben. Dieser Vorwurf hätte sich bei einer Beauftragung des Verteidigungsausschusses sicher erhärtet und verstärkt. Die politischen Rücksichten auf die Kirche konnten allerdings nicht öffentlich im Bundestag diskutiert werden.

Mit dem vom Bundesrat eingebrachten Artikel 3, in dem die Ungültigkeit des Gesetzes im Saarland festgestellt wurde, verabschiedete der Bundestag das Gesetz in dritter Lesung einstimmig in seiner Sitzung am 5. Juli 1957. Im Artikel 1 des Gesetzes heißt es: „Dem in Bonn am 22. Februar 1957 unterzeichneten Vertrag der Bundesrepublik Deutschland mit der Evangelischen Kirche in Deutschland zur Regelung der evangelischen Militärseelsorge wird zugestimmt."

Am 26. Juli 1957 wurde das Militärseelsorgegesetz vom Bundespräsidenten verkündet und im Bundesgesetzblatt veröffentlicht. An eben diesem Tag waren die Ratifikationsurkunden unterzeichnet worden, auf kirchlicher Seite vom Vorsitzenden des Rates der Evangelischen Kirche in Deutschland und vom Präsidenten der Kirchenkanzlei, auf staatlicher Seite vom Bundespräsidenten und vom Bundesverteidigungsminister. Am 30. Juli 1957 wurden die Ratifikationsurkunden ausgetauscht. Am 1. August 1957 machte der Verteidigungsminister im Bundesgesetzblatt bekannt, daß der Militärseelsorgevertrag am 30. Juli 1957 in Kraft getreten sei.

1.2 Der Militärseelsorgevertrag[17])

1.2.1 Der Inhalt

1.2.1.1 Die Präambel

Die Präambel des Militärseelsorgevertrages hat den folgenden Wortlaut: „Die Bundesrepublik Deutschland und die Evangelische Kirche in Deutschland, in dem Bestreben, die freie religiöse Betätigung und die Ausübung der Seelsorge in der Bundeswehr zu gewährleisten, in dem Bewußtsein der gemeinsamen Verantwortung für diese Aufgabe und in dem Wunsch, eine förmliche Übereinkunft über die Regelung der evangelischen Militärseelsorge zu treffen, sind über folgende Artikel übereingekommen."

Die Präambel nimmt direkt Bezug auf Artikel 4 Absatz 2 des Grundgesetzes,[18]) in dem die ungestörte Religionsausübung gewährleistet wird, und auf Artikel 140 des Grundgesetzes bzw. Artikel 141 der Weimarer Reichsverfassung,[19]) wonach religiöse Handlungen im Heer zuzulassen sind, soweit im Heer Bedürfnis nach Gottes-

17) Text siehe Anhang, S. 158ff.

18) Text siehe Anhang, S. 157

19) Text siehe Anhang, S. 157

dienst und Seelsorge besteht. Im Soldatengesetz ist dies in Artikel 36 so formuliert:[20]) „Der Soldat hat einen Anspruch auf Seelsorge und ungestörte Religionsausübung. Die Teilnahme am Gottesdienst ist freiwillig."

Die Präambel trägt der Tatsache Rechnung, daß in der Kirche nie umstritten war, daß die Soldaten wie jeder Christ von der Kirche seelsorgerlich versorgt werden müssen. Strittig war nur das „Wie". Der ausdrückliche Bezug auf die gemeinsame Verantwortung von Kirche und Staat für die Seelsorge in der Bundeswehr unterstreicht den Neuanfang, der mit diesem Vertrag im Blick auf die Militärseelsorge gemacht werden sollte.

Bedeutsam ist noch der Hinweis, daß in den Vertragsentwürfen von 1956 noch der Rat der Evangelischen Kirche in Deutschland als kirchlicher Vertragspartner genannt wird und die Bundesregierung als staatlicher Vertragspartner, in beiden Fällen also die Exekutive, während in der Endfassung der Vertrag zwischen der Evangelischen Kirche in Deutschland und der Bundesrepublik Deutschland als ganzer geschlossen ist.

Nach der Präambel folgen sechs Abschnitte des Vertrages mit den folgenden Überschriften:

I. Grundsätze;
II. Personale Seelsorgebereiche und Militärkirchengemeinden;
III. Militärbischof;
IV. Kirchenamt;
V. Militärgeistliche;
VI. Hilfskräfte.

Ein VII. Abschnitt widmet sich den Schlußvorschriften.

1.2.1.2 I. Abschnitt: Grundsätze

Die wichtigsten Bestimmungen des I. Abschnitts des Militärseelsorgevertrages sind:

Artikel 2 Absatz 1: Die Militärseelsorge als Teil der kirchlichen Arbeit wird im Auftrag und unter Aufsicht der Kirchen ausgeübt.

Artikel 2 Absatz 2: Der Staat sorgt für den organisatorischen Aufbau der Militärseelsorge und trägt ihre Kosten.
Als Schlüsselzahl legt der Vertrag fest: ein Militärgeistlicher auf 1 500 evangelische Soldaten.

Artikel 4: Aufgabe der Militärgeistlichen ist der Dienst an Wort und Sakrament und die Seelsorge. In diesem Dienst ist der Militärgeistliche im Rahmen der kirchlichen

[20]) Text siehe Anhang, S. 158

Ordnung selbständig. Als kirchlicher Amtsträger bleibt er in Bekenntnis und Lehre an seine Gliedkirche gebunden.

Mit diesen Grundsätzen war vor allem der Sorge der Kirche, die von Anfang an bestand, Rechnung getragen, daß es keine eigenständige Militärkirche geben und die kirchliche Bindung der Militärseelsorge und die Unabhängigkeit von staatlichen Eingriffen gewährleistet sein sollten. Militärseelsorge geschieht „im Auftrag und unter Aufsicht der Kirchen". Es zieht sich wie ein roter Faden durch alle Vertragsentwürfe, daß die letzte Verantwortung für die neue Militärseelsorge bei der Kirche zu liegen habe. Die Rolle des Staates liegt darin, für die Militärseelsorge einen Freiraum zu schaffen, in dem er für den organisatorischen Aufbau sorgt und die Kosten trägt.

1.2.1.3 II. Abschnitt: Personale Seelsorgebereiche und Militärkirchengemeinden

Der II. Abschnitt des Vertrages beschäftigt sich mit den personalen Seelsorgebereichen als Ort der Ausübung der Militärseelsorge. Zum Personenkreis des personalen Seelsorgebereichs gehören die Berufssoldaten, die Soldaten auf Zeit, die Wehrpflichtigen, die in der Bundeswehr tätigen Beamten und Angestellten, die im Verteidigungsfall der Truppe zu folgen haben, sowie Ehefrauen und Kinder dieser Personen, ausgenommen die der Wehrpflichtigen.

Alle Mitglieder der personalen Seelsorgebereiche bleiben Glieder der Ortskirchengemeinde, bei der der personale Seelsorgebereich gebildet wurde. Der personale Seelsorgebereich war erst Ende 1956 in die Entwürfe zum Vertrag eingegangen und zwar durch die Militärseelsorgereferenten der Gliedkirchen der Evangelischen Kirche in Deutschland. Bis zu diesem Zeitpunkt war die Militärkirchengemeinde als Ort der Seelsorge eigentlich unumstritten. So hieß es in der Skizze Militärseelsorge vom 29. September 1954 der Dienststelle Blank, daß die Angehörigen der Streitkräfte, die nicht nur vorübergehend Dienst tun und die nächsten Familienangehörigen die Militärkirchengemeinde bilden und aus der Ortskirchengemeinde ausscheiden „mit der Folge, daß sie von Kirchensteuern und sonstigen Abgaben befreit sind". Gegen die in dieser Skizze vorausgesetzte Kirchensteuerfreiheit hatte jedoch schon der Rat der Evangelischen Kirche in Deutschland Vorbehalte angemeldet wegen des Prinzips gleicher Lastentragung in der Gemeinde. Der Bender-Ausschuß hingegen befürwortete 1955 noch einmal die Kirchensteuerfreiheit der Mitglieder der Militärkirchengemeinden und hob zusätzlich hervor, daß diese Gemeinde alle Parochialrechte haben sollte. Die Kirchensteuerbefreiung wurde dann vor allem von seiten des Finanzministeriums und Justizministeriums 1956 als sachlich nicht gerechtfertigte Privilegierung in Frage gestellt.

Die Militärkirchengemeinde wurde auch durch die intensive Diskussion in den Landeskirchen in Frage gestellt, deren Bestreben es war, die Bindung an die Kirche so stark wie möglich und die Eigenständigkeit der Militärseelsorge so gering wie möglich zu gestalten. Der Rat der Evangelischen Kirche in Deutschland und die Kirchenkonferenz stimmten am 29. und 30. November 1956 dem personalen Seelsorgebereich als grundsätzlicher Organisationsform der Militärseelsorge zu mit der Folge, daß die Militärkirchengemeinde die Ausnahme bilden sollte.

1.2.1.4 III. Abschnitt: Militärbischof

Der III. Abschnitt beschäftigt sich mit dem Militärbischof. Artikel 10 lautet: Die kirchliche Leitung der Militärseelsorge obliegt dem Militärbischof. Der Militärbischof wird vom Rat der Evangelischen Kirche in Deutschland ernannt, nachdem dieser sich bei der Bundesregierung vergewissert hat, daß vom staatlichen Standpunkt gegen den vorgesehenen Amtsträger keine schwerwiegenden Einwendungen erhoben werden.

Artikel 12 hebt noch einmal ausdrücklich die Zuständigkeit des Militärbischofs für alle kirchlichen Angelegenheiten im Zusammenhang mit der Militärseelsorge hervor und zählt die wesentlichen Aufgaben auf.

Wie die kirchliche Leitung der Militärseelsorge aussehen sollte, war einer der umstrittensten Punkte des Vertrages. Die ersten Vorstellungen des Rates aus dem Jahre 1952 sprechen von einem Propst als leitendem Geistlichen. Die staatliche Seite tendierte zur katholischen Lösung, d.h. Übernahme der Leitung der Militärseelsorge durch einen Bischof. In einer Besprechung zwischen kirchlichen und staatlichen Vertretern am 21. Juli 1952 wird dann vom Bischof als dem die Militärseelsorge leitenden Geistlichen gesprochen. Der Bender-Ausschuß spricht Ende 1953 vom Feldbischof, der vom Staat auf Vorschlag des Rates der Evangelischen Kirche in Deutschland auf Lebenszeit ernannt werden und berufenes Mitglied der Synode der Evangelischen Kirche in Deutschland sein soll. Nach einem späteren Entwurf des Bender-Ausschusses von 1953 sollte der Militärbischof nicht nur geborenes Mitglied der Synode der Evangelischen Kirche in Deutschland, sondern auch der Kirchenkonferenz sein.

1954 wird dann im Bender-Ausschuß die Frage diskutiert, ob der Militärbischof in das militärische Gefüge eingebaut werden solle oder nicht. Die Skizze der Dienststelle Blank vom 29. September 1954 geht von einem außerhalb der Militärseelsorgeorganisation stehenden Bischof aus, der ein schon amtierender Bischof sein sollte. Im Bender-Ausschuß werden aufgrund dieser Skizze die Alternativen diskutiert und dem Rat der Evangelischen Kirche in Deutschland empfohlen, einen entsprechenden Beschluß zu fassen. Dabei ging das Votum des Bender-Ausschusses in Richtung eines hauptamtlichen, in das militärische Gefüge eingebauten Bischofs, da vor allem in der Anfangszeit die ganze Kraft und das ganze Gewicht des Amtsträgers notwendig seien. Die folgenden Entwürfe der Dienststelle Blank gehen jedoch weiter von einem nicht zur Organisation der Militärseelsorge gehörenden Militärbischof aus.

Eine Vorentscheidung war gefallen, als der Rat der Evangelischen Kirche in Deutschland auf seiner Sitzung am 16. und 17. Januar 1956 Prälat Kunst zum vorläufigen Militärbischof mit der Bestimmung ernannte, dieses Amt nebenamtlich auszuüben und das Hauptamt des Bevollmächtigten des Rates der Evangelischen Kirche in Deutschland am Sitz der Bundesrepublik Deutschland weiterzuführen. Daran änderte sich nichts mehr. Da es sich dabei jedoch um eine innerkirchliche Regelung handelte, ist im Vertrag nichts weiter dazu ausgeführt. Im Kirchengesetz zur Regelung der evangelischen Militärseelsorge[21]) heißt es jedoch eindeutig in § 10: „Das Amt des Militärbischofs wird nebenamtlich wahrgenommen."

1.2.1.5 IV. Abschnitt: Das Evangelische Kirchenamt für die Bundeswehr

In IV. Abschnitt des Vertrages geht es um das Evangelische Kirchenamt für die Bundeswehr zur Wahrnehmung der zentralen Verwaltungsaufgaben der evangelischen Militärseelsorge. Das Kirchenamt ist eine Bundesoberbehörde, die dem Bundesminister der Verteidigung unmittelbar nachgeordnet ist.

1.2.1.6 V. Abschnitt: Militärgeistliche

Der V. Abschnitt befaßt sich mit den Militärgeistlichen. Gleich im ersten Artikel dieses Abschnitts, dem Artikel 16 des Vertrages, wird auf den geistlichen Auftrag hingewiesen, „in dessen Erfüllung sie von staatlichen Weisungen unabhängig sind". Militärgeistliche sind Beamte auf Zeit. Nur die Militärgeistlichen, die dauernd für leitende Aufgaben verwendet werden, werden in das Beamtenverhältnis auf Lebenszeit berufen. Dabei handelt es sich um den Leiter des Evangelischen Kirchenamtes und die vier theologischen Referatsleiter dieses Amtes sowie um die sechs Wehrbereichsdekane und deren Stellvertreter und den Dekan beim Flottenkommando.

Das Beamtenverhältnis auf Zeit ist auf sechs bis acht Jahre befristet und kann maximal vier Jahre verlängert werden. Danach kehren die Militärgeistlichen in ihre Heimatkirche zurück, die sie für diesen Dienst freigestellt hatte. In kirchlichen Angelegenheiten unterstehen die Militärgeistlichen der Dienstaufsicht des Militärbischofs. In ihrer Eigenschaft als Bundesbeamte ist der Leiter des Evangelischen Kirchenamtes für die Bundeswehr, der Militärgeneraldekan, deren unmittelbarer Dienstvorgesetzter, oberste Dienstbehörde ist der Bundesminister der Verteidigung.

In bezug auf die Militärgeistlichen war von Anfang an klar, daß kein eigener Stand von Wehrmachtsgeistlichen gewünscht war, auch sollten die Geistlichen weder Offiziere noch in der Regel Staatsbeamte auf Lebenszeit sein. Deshalb sollte die Zeit des Dienstes in der Militärseelsorge befristet sein. Zu Beginn der Verhandlungen waren jedoch wesentlich kürzere Fristen für diesen Dienst im Gespräch.

[21]) Text siehe Anhang, S. 165

Für den Staat war von Anfang an klar, daß der Dienst der Militärseelsorge nicht von der Ortsgemeinde aus getan werden konnte, sondern den besonderen militärischen Bedingungen angepaßt werden mußte. So ist denn auch in der Skizze vom 29. September 1954 der Beamtenstatus auf Zeit für die Militärgeistlichen ausgeführt, dazu die Bestimmung, daß die Militärgeistlichen keine Uniform tragen. In der Stellungnahme des Bender-Ausschusses zu dieser Skizze wird allerdings zur „Manifestation der Solidarität" vorgeschlagen, daß Militärgeistliche eine Uniform tragen, die mit einem Kreuz gekennzeichnet ist.

Die folgenden Gespräche zwischen Staat und Kirche behandelten vor allem die Frage, welche Militärgeistlichen Lebenszeitbeamte und welche Zeitbeamte sein sollten. Dabei ging es der Kirche darum, den Kreis der Lebenszeitbeamten so klein wie möglich zu halten.

Als 1956 die Landeskirchen direkt in die Verhandlungen einbezogen wurden; wurde der Beamtenstatus der Militärgeistlichen noch einmal grundsätzlich in Frage gestellt. Von staatlicher Seite wurde jedoch deutlich gemacht, daß ohne die Akzeptierung des Beamtenstatus für die Militärgeistlichen der Staat nicht bereit sei, einen Vertrag abzuschließen. Als Gründe wurden einmal Gesichtspunkte der Geheimhaltung aufgeführt. Der Staat könne nicht zulassen, daß im Bereich der Bundeswehr Personen tätig seien, auf die er dienstrechtlich keinen Einfluß habe. Die Sicherheit in einer so verletzlichen Einrichtung wie der Bundeswehr müsse durch eine angemessene Bindung an den Staat gewährleistet sein. Dies gelte vor allem im Verteidigungsfall, aber auch im Frieden. Es gehe jedoch nicht nur um die staatliche Sicherheit, sondern auch um die Sicherheit des Militärgeistlichen selbst, die nur durch den Beamtenstatus gewährleistet sei. Zusätzlich gehe es um eine rechtliche Gleichstellung zu den katholischen Militärgeistlichen, für die der Beamtenstatus im Reichskonkordat vorgesehen sei. Und schließlich gehe es um besoldungstechnische Fragen auf dem Hintergrund, daß in den einzelnen Landeskirchen die Besoldung der Pfarrer unterschiedlich geregelt sei, was für die Militärseelsorge Probleme aufwerfe. Auch in der Schlußverhandlung über den Vertrag hielt die staatliche Seite am Beamtenstatus fest mit dem gleichzeitigen Hinweis, daß in keiner Streitkraft der Welt Militärgeistliche so freigestellt seien, wie nach diesem Vertrag.

Abschnitt VI bestimmt, daß dem Militärgeistlichen vom Staat zur Unterstützung für gottesdienstliche Handlungen und Verwaltungsaufgaben im Zusammenhang mit der Militärseelsorge die erforderlichen Hilfskräfte zur Verfügung gestellt werden.

1.2.1.7 VII. Abschnitt: Schlußbestimmungen

Die Schlußbestimmungen des Vertrages enthalten zunächst die Freundschaftsklausel, die besagt, daß Sonderregelungen und Meinungsverschiedenheiten über die Auslegung des Vertrages auf freundschaftliche Weise von den Vertragschließenden beseitigt werden (Artikel 27). In dieser Freundschaftsklausel kommt zum Ausdruck, daß beide Partner der Überzeugung sind, daß dieser Vertrag nur von der dauernden

Bereitschaft zur Verständigung leben kann. Wichtig ist, daß hier künftige Streitfragen ausdrücklich miteinbezogen werden, nicht nur der Vertrag als solcher.

Ferner enthalten die Schlußvorschriften im Abschnitt VII die Ratifikationsbestimmungen und die Bestimmungen, die das Inkrafttreten des Vertrages betreffen. Es fehlen jegliche Bestimmungen über Kündigung des Vertrages oder ein Ende. Hinzuweisen ist noch auf das Schlußprotokoll als Bestandteil des Vertrages, welches zu einzelnen Artikeln Erläuterungen enthält.

1.2.2 Der Militärseelsorgevertrag und das Grundgesetz

Voraussetzung für die Bemühungen um den Neuaufbau einer Militärseelsorge ist der Artikel 140 des Grundgesetzes, der u.a. die Bestimmungen des Artikels 141 der Weimarer Reichsverfassung zum Bestandteil des Grundgesetzes erklärt. Der Artikel 141 der Weimarer Reichsverfassung vom 11. August 1919 lautet: „Soweit das Bedürfnis nach Gottesdienst und Seelsorge im Heer, Krankenhäusern, Strafanstalten oder sonstigen öffentlichen Anstalten besteht, sind die Religionsgesellschaften zur Vornahme religiöser Handlungen zuzulassen, wobei jeder Zwang fernzuhalten ist."

Ferner ist Voraussetzung, daß die in der Wehrmacht letztgültige evangelische militärkirchliche Dienstordnung vom 28. Februar 1928 im August 1945 durch die Kontrollratsgesetzgebung aufgehoben worden war.

Diese evangelische militärkirchliche Dienstordnung war eine Reichsverordnung gewesen. Das entsprach dem Verständnis, daß das Militärwesen Sache des Staates war und die Militärseelsorge ein entsprechender Anhang. In dieser Weise waren auch die Vorläufer der evangelischen militärkirchlichen Dienstordnung von staatlicher Seite erlassen worden. Der Artikel 141 der Weimarer Reichsverfassung als Bestandteil des Grundgesetzes ließ es immerhin denkbar erscheinen, daß der Staat auch zukünftig die evangelische Seelsorge in den Streitkräften in Form einer einseitigen Entscheidung löste. Daß der Staat dieses nicht tat, sondern mit der Kirche als einem partnerschaftlichen Gegenüber einen Vertrag abschloß, ist etwas absolut Neues. Ebenso neu aber ist, daß das Gegenüber des Staates nicht mehr wie noch bei der evangelischen militärkirchlichen Dienstordnung von 1929 die einzelnen Landeskirchen sind, sondern die Evangelische Kirche in Deutschland als Bund dieser Kirchen, vertreten durch den Rat der Evangelischen Kirche in Deutschland als repräsentatives und als kirchenleitendes und exekutives Organ der Evangelischen Kirche in Deutschland. Obwohl die Mehrheit der Staatsrechtler und Staatskirchenrechtler den Militärseelsorgevertrag als mit dem Grundgesetz vereinbar betrachten, ist dieses doch nicht ganz unumstritten, auch wenn es bisher kein Fall für die Rechtssprechung war.

Die Argumente, mit denen der Militärseelsorgevertrag für verfassungswidrig erklärt wird, sind am deutlichsten und entschiedensten von dem Staatskirchenrechtler Erwin Fischer vorgetragen. Ausgangspunkt ist der Artikel 4 des Grundgesetzes, der die Glaubens- und Gewissensfreiheit garantiert und die ungestörte Religionsausübung gewährleistet. Von diesem Grundgesetzartikel her geht es bei der behaupteten Verfassungswidrigkeit des Militärseelsorgevertrages vor allem um die Auslegung des Artikels 140 Grundgesetz und in diesem Zusammenhang um die Artikel 141 und 137 der Weimarer Reichsverfassung. Artikel 141 der Weimarer Reichsverfassung als Bestandteil des Grundgesetzes bestimmt ja, daß Religionsgemeinschaften zur Vornahme religiöser Handlungen zuzulassen sind, soweit das Bedürfnis nach Gottesdienst und Seelsorge im Heer und anderen Anstalten besteht. Erwin Fischer: „Es besteht eine Pflicht zur Zulassung, dagegen nicht zur Einrichtung.“ [22]) Zulassen heißt nach Fischer, daß die Militärseelsorge nicht verhindert werden dürfe. Ein positives Handeln des Staates ist jedoch nicht gemeint. „§ 36 des Soldatengesetzes befindet sich daher nur insoweit im Einklang mit der Verfassung, als – zwar überflüssigerweise, da bereits in Artikel 4 Absatz 2 Grundgesetz statuiert und in Artikel 141 Weimarer Reichsverfassung sichergestellt –, der Anspruch der Soldaten auf ungestörte Religionsausübung bestätigt wird. Daraus resultiert aber nicht und nimmer ein Anspruch gegen den Staat auf Seelsorge.“ [23])

Ebenso sei jede Begünstigung der Religionsgemeinschaften untersagt. Eine solche Begünstigung liege jedoch vor in der Verpflichtung des Staates zur Übernahme der Kosten der Militärseelsorge. In diesem Zusammenhang weist Fischer darauf hin, daß ja durch die Kirchensteuerpflicht der Soldaten der Kirche ohnehin keine Kirchensteuern mehr entgehen.

Gegen diese Auffassung Fischers geht die herrschende Meinung davon aus, daß der Artikel 141 Weimarer Reichsverfassung nur eine Mindestgarantie sei, die sehr wohl auch von staatlicher Seite ausgestaltet werden dürfe und könne. Dies ergebe sich auch aus der Tatsache, daß die Kirchen als Körperschaften Öffentlichen Rechts anerkannt seien. Man könne sogar von einer Bringeschuld des Staates sprechen, die die Finanzierung einschließe. Denn eine mögliche Beeinträchtigung der Ausübung der Religionsfreiheit sei durch die Einrichtung der Bundeswehr mit ihrer besonderen Struktur vom Staat gewollt und zu verantworten.

Der zweite verfassungsrechtliche Haupteinwand gegen die Militärseelsorge bezieht sich auf Artikel 137 Weimarer Reichsverfassung: „Es besteht keine Staatskirche.“ Fischer ist der Meinung, die Militärseelsorge sei entgegen dieser Bestimmung eine staatskirchliche Einrichtung. Er belegt dies vor allem damit, daß die Militärgeistlichen Bundesbeamte seien.

Demgegenüber ist darauf zu verweisen, daß das Verbot der Staatskirche eine Identität staatlicher und kirchlicher Herrschaft meint. Der Gesetzgeber hat jedoch kein striktes Trennungssystem zwischen Staat und Kirche im Auge gehabt, sondern sehr wohl die Möglichkeit der Zusammenarbeit zwischen beiden Institutionen.

---

[22]) Erwin Fischer, Trennung von Staat und Kirche, 2. Aufl., Frankfurt/Berlin 1974, S. 246

[23]) Erwin Fischer, a.a.O., S. 248f.

Kriterium dafür ist die Gewährleistung der Glaubens- und Gewissensfreiheit des einzelnen und der weltlichen Neutralität des Staates. Dementsprechend hat der Militärseelsorgevertrag sehr eindeutig festgelegt, daß Militärseelsorge hinsichtlich ihrer inhaltlichen Gestaltung allein Sache der Kirche ist und von dieser verantwortet wird und von staatlicher Seite keine Möglichkeit besteht, hier Einfluß zu nehmen.

Dort, wo der Staat Einfluß auf die Militärseelsorge hat, handelt es sich allein um formale Dinge, die dazu dienen, der Militärseelsorge innerhalb der Organisation der Streitkräfte den Freiraum zu schaffen, in dem sie optimal arbeiten kann. Aus diesem formalen Grund ist auch der Beamtenstatus der Militärpfarrer vom Staat gewünscht worden, so daß in der Tatsache, daß Militärpfarrer Bundesbeamte sind, nicht eine staatskirchliche Einrichtung gesehen werden kann.

Eine Verletzung des Artikels 137 Weimarer Reichsverfassung liegt auch nicht in der finanziellen Zuwendung des Staates an die Militärseelsorge vor. Denn derselbe Artikel 137 bestimmt, daß die Religionsgesellschaften Körperschaften öffentlichen Rechts sind. D.h. der Staat erkennt damit in der Verfassung ihre Bedeutung für das soziale Leben des Staates an. Eine solche Anerkennung kann jedoch kaum die finanzielle Förderung ausschließen.

Der letzte Einwand der Verletzung der weltanschaulichen Neutralität des Staates betrifft die Tatsache, daß nur die beiden großen Religionsgesellschaften eine Militärseelsorge eingerichtet haben. Hier ist jedoch von anderer Seite bisher kein Bedürfnis nach Einrichtung einer Militärseelsorge angemeldet worden.

1.3 Stationen

Die folgenden Ausführungen erheben nicht den Anspruch, eine vollständige Geschichte der evangelischen Militärseelsorge nach dem Vertragsabschluß von 1957 darzustellen. Vielmehr sollen nur einige Stationen dieser Geschichte aufgezeigt werden, wobei es immer auch um die Stellung der Evangelischen Kirche in Deutschland zur Militärseelsorge, zur Bundeswehr und zur Friedensfrage geht und um die Verantwortung der Gesamtkirche für den speziellen Dienst der Kirche unter den Soldaten, zugleich aber auch für den Frieden.

1.3.1 Die Heidelberger Thesen und die Synode der Evangelischen Kirche in Deutschland von 1958

Aufgabe der Militärgeistlichen ist der Dienst an Wort und Sakrament und die Seelsorge. Zur Bestimmung dessen, was Seelsorge ist, sagte der erste Militärbischof D. Hermann Kunst 1962: „Christenstand in der Moderne hat in seiner Ethik nicht nur mit der Intimsphäre des Menschen, also mit Ehe, Kindern, Nachbarn, Vorgesetzten und Untergebenen, etwas zu tun, ganz sicher auch dies, aber daneben muß stehen die gedankliche Klärung und die charakterliche Erziehung für jene Mächte, die den «rocher de bronce» in einem Staat ausmachen, die Verwaltung der Macht, die Freiheit, die Gerechtigkeit, die Würde des Menschen, der Friede." [24])

Um zu untersuchen, welche Bedeutung und Auswirkung das Aufkommen der Atomwaffen für diese Verantwortung der Soldaten und für die Seelsorge an ihnen habe, hatte Militärbischof Kunst schon im Frühjahr 1957 angeregt, daß eine unabhängige Kommission aus wissenschaftlichen, politischen, militärischen, theologischen und juristischen Fachleuten sich damit befassen sollte. Die Kommission wurde von der Evangelischen Studiengemeinschaft in Heidelberg gebildet. Ihr gehörten u.a. Carl-Friedrich von Weizsäcker und Helmut Gollwitzer an.

Während der Arbeit dieser Kommission fand in der Bundesrepublik und in der Kirche eine leidenschaftliche Diskussion um die Atombewaffnung statt. Im Herbst 1957 hatte der Weltrat der Kirchen in New Haven einen Beschluß gefaßt, in dem es heißt: „Wo die modernen Kriegsmethoden – Atomwaffen, bakteriologische Waffen und totale Zerbombung – angewandt werden, nehmen Gewalt und Zerstörung ein so furchtbares Ausmaß an, daß dadurch auch die letzten Grundlagen allen Rechts und aller Kultur in Gefahr geraten. Wir verurteilen solche Methoden, weil wir die Tatsache begriffen haben, daß der totale Krieg – d.h. der Krieg, in dem alle Methoden erlaubt sind – mit dem Gewissen der Menschheit einfach nicht zu vereinen ist." [25])

Diesen Beschluß sollten die Kirchen ihren jeweiligen Regierungen bekanntmachen. Darauf kam es zu einem Gespräch zwischen Vertretern des Rates der Evangelischen Kirche in Deutschland und Bundeskanzler Adenauer am 25. März 1958, am gleichen Tag, an dem sich der Bundestag mit der Atombewaffnung befaßte. Ebenso beschäftigte sich mit dieser Frage die Synode der Evangelischen Kirche in Deutschland vom 26. bis 30. April 1958 in Berlin.

Der Ratsvorsitzende, Bischof Dibelius, sagte dazu in seinem Bericht u.a.: „Weil wir die Atomwaffen verwerfen, müssen wir den Krieg verwerfen. Was noch vor wenigen Jahrzehnten als eine sinnlose Utopie erschien, ist heute eine unerläßliche Forderung geworden. Und es ist, wie ich denke, an der Kirche, diese Forderung unüberhörbar laut in die Welt hinauszurufen: Krieg darf nicht mehr sein!" [26]) Dibelius läßt in seinem Bericht anklingen, daß eine Lösung dieses Problems nur im Rahmen einer internationalen Friedensordnung möglich ist: „Darum meine ich, eine neue Konzeption von dem Gemeinschaftsleben der Völker, die den Krieg aus der Welt schafft, sind wir unserer Generation schuldig." [27]) Aber es ging auf dieser Synode auch noch um eine andere wichtige Frage: Was wird aus der Militärseelsorge, wenn es zu einer Atombewaffnung der deutschen Streitkräfte kommt? Dazu wird in der Synode eine Erklärung der Kirchenkonferenz bekanntgemacht, in der es heißt: „Durch den

[24]) Beiträge aus der evangelischen Militärseelsorge, Heft 22, Bonn Juli 1977, S. 5
[25]) Berlin 1958, Bericht über die dritte Tagung der zweiten Synode der Evangelischen Kirche in Deutschland, S. 38
[26]) Berlin 1958, a.a.O., S. 40
[27]) Berlin 1958, a.a.O., S. 43

Beschluß des Bundestages vom 25. März 1958 ist für den Fall, daß alle Bemühungen um eine allgemeine kontrollierte Abrüstung scheitern, die Möglichkeit einer atomaren Aufrüstung der Bundeswehr geschaffen. Die Kirchenkonferenz hält es danach für erforderlich, daß die sich daraus für die Militärseelsorge ergebenden Folgerungen von den beteiligten Gliedkirchen überprüft werden." [28])

In dem Synodalausschuß, der sich mit der Frage der Atombewaffnung beschäftigte, standen sich dann zwei Gruppen gegenüber: Die eine Gruppe hielt es von vornherein für Sünde, diese Waffen in den Dienst der politischen Gewalt zu stellen. Deshalb müßten die Menschen auch dann auf diese Waffen verzichten, wenn sie möglicherweise für sich selbst und das eigene Volk Leben und Freiheit opferten. Die andere Gruppe hielt es für politisch zumindest erlaubt, angesichts der Tatsache, daß die andere Seite solche Waffen schon besitze, den Gegner mittels dieser Waffen zur Erhaltung der Freiheit und des Friedens abzuschrecken, damit es nicht zum Äußersten komme. Diese gegensätzlichen Positionen kommen in dem Beschluß der Synode noch einmal deutlich zum Ausdruck, der die Verwerfung des mit Massenvernichtungsmitteln geführten totalen Krieges enthält, dem Aufruf an die Politiker zu einer allgemeinen Abrüstung, der Bitte um Stop aller Atombombenversuche. Er schließt mit den Worten: „Wir bleiben unter dem Evangelium zusammen und mühen uns um die Überwindung der Gegensätze. Wir bitten Gott, er wolle uns durch sein Wort zu gemeinsamer Erkenntnis und Entscheidung führen." [29]) In bezug auf die Militärseelsorge faßte die Synode dann den folgenden Beschluß: „Die Synode beauftragt den Rat, einen Ausschuß einzusetzen mit dem Auftrag, den Militärseelsorgevertrag zu überprüfen, insbesondere hinsichtlich einer Überleitung der Militärseelsorge in die ausschließliche Zuständigkeit der beteiligten Landeskirchen, und dem Rat der EKD entsprechende Vorschläge zu machen." [30]) Dieser Beschluß war vor allem von den Gliedkirchen der DDR veranlaßt worden, für die der Vertrag nicht gültig war.

In der Diskussion über diesen Beschluß hob Militärbischof Kunst sehr nachdrücklich hervor, daß die im Militärseelsorgevertrag garantierte Freiheit der Verkündigung in der Militärseelsorge voll gewahrt sei und bisher von staatlicher Seite auch nicht in einem einzigen Fall der Versuch unternommen sei, Einfluß auf diese Verkündigung zu nehmen. Aber der Ratsvorsitzende, Bischof Dibelius, sprach deutlich seine Besorgnis aus, es werde „nun doch der Anschein erweckt, als stünde der Militärseelsorger in einem Teil unseres Vaterlandes in einer politischen Atmosphäre, die für den anderen Teil des Vaterlandes nicht tragbar ist". [31]) Der Beschluß lasse auf eine Distanzierung der östlichen Gliedkirchen von der geistlichen Mitverantwortung für einen seelsorgerlichen Dienst schließen.

[28]) Berlin 1958, a.a.O., S. 202

[29]) Berlin 1958, a.a.O., S. 456

[30]) Berlin 1958, a.a.O., S. 456

[31]) Berlin 1958, a.a.O., S. 302

Der daraufhin vom Rat der Evangelischen Kirche in Deutschland eingesetzte Ausschuß legte auf der Synode vom 21. bis 26. Februar 1960 in Berlin einen Bericht vor, in dem zunächst festgestellt wurde, daß eine Änderung bzw. Kündigung des Militärseelsorgevertrages nur über die Freundschaftsklausel möglich sei. Aber auch das käme nur in Frage, wenn sich die Geschäftsgrundlage entscheidend geändert hätte. Da jedoch schon 1957 beim Abschluß des Vertrages die Möglichkeit einer Atombewaffnung im Blick gewesen sei, könne nun von einer solchen Änderung der Geschäftsgrundlage nicht geredet werden. Im Zusammenhang damit wies der Ausschuß darauf hin, daß Staatsverträge in besonderer Weise der Vertragstreue unterliegen.

Ein zweites Problem, die Entlassung der Synodalen der Kirchen der DDR aus der Mitverantwortung für den Militärseelsorgevertrag, war für den Ausschuß schwieriger zu lösen. Im Grunde hätte es bedeutet, an Stelle der Evangelischen Kirche in Deutschland einen neuen Vertragspartner zu finden. Das jedoch erwies sich als unmöglich. So bot der Ausschuß als Kompromiß an, daß zwar der Vertragspartner bleiben solle, der Rat der Evangelischen Kirche in Deutschland aber seine die Militärseelsorge betreffenden Befugnisse einem nur aus Mitgliedern westdeutscher Kirchen bestehenden Ausschuß übertragen solle. Der Rat der Evangelischen Kirche in Deutschland hatte schon im März 1959 einen entsprechenden Entschluß gefaßt und einen „Militärseelsorgeausschuß des Rates der Evangelischen Kirche in Deutschland“ bestellt. Die Kirchenkonferenz folgte im Dezember 1959 und übertrug ihre Befugnisse aus dem Vertrag an die westdeutschen Gliedkirchen. Die Bundesregierung betrachtete dies alles als innerkirchliche Angelegenheit und äußerte keine Bedenken.

In einem Beschluß zum Militärseelsorgevertrag stellt die Synode 1960 zusätzlich noch einmal ausdrücklich fest: „Der Militärseelsorgevertrag gilt nur für die Gliedkirchen in der Bundesrepublik Deutschland, die ihm zugestimmt haben. Er hat für die Gliedkirchen in der Deutschen Demokratischen Republik keine Wirksamkeit.“ [32])

Währenddessen hatte am 28. April 1959 die Kommission der Evangelischen Studiengemeinschaft in Heidelberg die Ergebnisse ihrer Arbeit der Öffentlichkeit in den „Heidelberger Thesen“ vorgelegt.[33]) Diese Thesen haben folgenden Wortlaut:

„These 1: Der Weltfriede wird zur Lebensbedingung des technischen Zeitalters.

These 2: Der Christ muß von sich einen besonderen Beitrag zur Herstellung des Friedens verlangen.

These 3: Der Krieg muß in einer andauernden und fortschreitenden Anstrengung abgeschafft werden.

---

[32]) Berlin 1960, Bericht über die vierte Tagung der zweiten Synode der Evangelischen Kirche in Deutschland vom 21. bis 26. Februar 1960, S. 425

[33]) Günther Howe (Hrsg.), Atomzeitalter – Krieg und Frieden, Witten/Berlin 1959, S. 225ff.

These 4: Die tätige Teilnahme an dieser Arbeit für den Frieden ist unsere einfachste und selbstverständlichste Pflicht.

These 5: Der Weg zum Weltfrieden führt durch eine Zone der Gefährdung des Rechts und der Freiheit, denn die klassische Rechtfertigung des Krieges versagt.

These 6: Wir müssen versuchen, die verschiedenen im Dilemma der Atomwaffen getroffenen Gewissensentscheidungen als komplementäres Handeln zu verstehen.

These 7: Die Kirche muß den Waffenverzicht als eine christliche Handlungsweise anerkennen.

These 8: Die Kirche muß die Beteiligung an dem Versuch, durch das Dasein von Atomwaffen einen Frieden in Freiheit zu sichern, als eine heute noch mögliche christliche Handlungsweise anerkennen.

These 9: Für den Soldaten einer atomarbewaffneten Armee gilt: Wer A gesagt hat, muß damit rechnen, B sagen zu müssen; aber wehe den Leichtfertigen!

These 10: Wenn die Kirche überhaupt zur großen Politik das Wort nimmt, sollte sie den atomargerüsteten Staaten die Notwendigkeit einer Friedensordnung nahe bringen und den nichtatomargerüsteten raten, diese Rüstung nicht anzustreben.

These 11: Nicht jeder muß dasselbe tun, aber jeder muß wissen, was er tut."

Jede These wird erläutert. Außerdem dienen dem Verständnis der Thesen die Beiträge der einzelnen Fachleute in der Kommission, die, den Thesen vorangestellt, in dem Ullstein-Taschenbuch „Atomzeitalter – Krieg und Frieden", herausgegeben von Günther Howe, veröffentlicht wurden.

In diesen Beiträgen findet sich auch die Erläuterung zu dem in These 6 gebrauchten Begriff des „komplementären Handelns", der seitdem von der Militärseelsorge übernommen wurde. Nach den Ausführungen von Günther Howe geht der Begriff Komplementarität, der aus der Physik stammt, auf Nils Bohr zurück, der entdeckte, daß das Licht in manchen Versuchen als Welle erscheint, in anderen als Hagel kleiner Teilchen. Diese beiden, sich scheinbar widersprechenden Aussagen ergänzen sich in Wirklichkeit zu dem vollständigen Bild über das Licht. Die jeweilige Aussage über das Licht richtet sich nach der entsprechenden Versuchsanordnung. Es gibt nicht mehr die eine objektive Aussage über das Licht, sondern nur die subjektiven, vom Standort des Beschauers aus im Blick auf die Versuchsanordnung bestimmten.

Ebenso gibt es in der Ethik nicht mehr die Unterscheidung des objektiv Bösen, das uns bedroht, und des Guten, das uns vor dieser Bedrohung schützt. So wie die Aussagen über das Licht abhängen von der Anordnung des Versuches, so hängen die Aussagen über die Bedrohung der Welt ab von der Einschätzung der gegenwärtigen

Gefahren. Wer diese Gefahr vor allem in der Bedrohung der Freiheit durch den Kommunismus sieht, für den wird die Atomwaffe eine gefährliche, aber unvermeidbare Weiterentwicklung der Waffentechnik sein. Wer diese Gefahr vor allem in der Anwendung der Atomwaffen und damit in der Zerstörung allen Lebens sieht, der wird den Kommunismus als eine Entwicklungsstufe der Menschheitsgeschichte zu sehen versuchen und die Unterschiede zwischen Ost und West herunterspielen. Es ist unmöglich, eindeutig von der einen drohenden Gefahr zu sprechen, d.h. aber auch, es ist unmöglich, eindeutig zu sagen, welches Handeln angesichts der drohenden Gefahr das einzig Richtige sei.

Der Theologe Edmund Schlink formuliert von daher die sich für den Christen ergebenden Konsequenzen: Weder die Ablehnung der Atomwaffen noch die Bereitstellung zum Zwecke der Friedenssicherung können als alleinige Wege des Glaubensgehorsams verstanden werden. Beide Wege können den Menschen schuldig werden lassen. Keiner der Wege bietet die letzte Sicherheit, das Leben zu erhalten. Nach Schlink würde die ausschließliche Ablehnung dieser Waffen in der Konsequenz zu einer „staatsauflösenden Schwärmerei" führen und zur Verachtung der Gebote Gottes, des Erhalters. Die ausschließliche Befürwortung dieser Waffen würde die Preisgabe an die Zwangsläufigkeit technischer Macht bedeuten. „Von größter Bedeutung ist die volle kirchliche Gemeinschaft der Christen, die sich in der Verantwortung vor Gott so oder so entscheiden. Nur in dieser Gemeinschaft bewahrt der eine den anderen vor den spezifischen Gefahren seines Weges. Beide Entscheidungen gehören zusammen. Die Isolierung je einer von beiden wäre ein Irrweg. Nur in diesem Miteinander brüderlicher Gemeinschaft werden wir neue Wege zur Verhinderung eines Atomkrieges zeigen, die man dann Schritt für Schritt weitergehen kann." [34])

Die Heidelberger Thesen weisen konsequent darauf hin, daß die Androhung des Einsatzes der Atomwaffen nur dann abschreckend wirkt, wenn mit dem Einsatz gegebenenfalls ernst gemacht wird. Das ist die fürchterliche Konsequenz der Abschreckung. Die Thesen versuchen in der Erläuterung zu These 9 eine theologische Deutung dieses Ernstfalls: „Der Christ wird dies nicht anders denn als ein Gericht Gottes über uns alle verstehen können." [35])

Militärbischof Kunst ordnete an, daß die „Heidelberger Thesen" innerhalb der Bundeswehr nicht nur bekannt gemacht würden über Lebenskundliche Arbeitsgemeinschaften, Vortragsveranstaltungen, Rüstzeiten und Veröffentlichungen, sondern daß sie zur Grundlage der Unterweisung über das Problem von Krieg und Frieden in der evangelischen Militärseelsorge für die Soldaten der Bundeswehr gemacht wurden. Die Auseinandersetzung der Bundeswehr mit diesen Thesen bedeutet immer zugleich eine Auseinandersetzung mit dem kirchlichen Eintreten für die Kriegsdienstverweigerer aus Gewissensgründen.

---

[34]) Günther Howe (Hrsg.), a.a.O., S. 218ff.

[35]) Günther Howe (Hrsg.), s.o. a.a.O., S. 233

1.3.2 Die Kasseler Rede

Im Zusammenhang mit der innerkirchlichen Diskussion um die Atombewaffnung und die Frage, ob ein Christ in einer solchen Armee noch Soldat sein könne, hatte Kirchenpräsident D. Martin Niemöller in einer Rede in Kassel am 25. Januar 1959 festgestellt, nachdem er dargelegt hatte, daß es in einem totalen Krieg nicht mehr um den Einsatz von gerechten Mitteln gehen könne, sondern nur darum, mit allen Mitteln den Gegner klein zu kriegen: „... dann ist heute die Ausbildung zum Soldaten, die Ausbildung der Kommandos im Zweiten Weltkrieg, die hohe Schule der Berufsverbrecher. Mütter und Väter sollen wissen, was sie tun, wenn sie ihren Sohn Soldat werden lassen. Sie lassen ihn zum Verbrecher ausbilden." [36])

Bei den Soldaten der Bundeswehr lösten diese Äußerungen einen Sturm der Entrüstung aus. Der Bundesverteidigungsminister stellte Strafantrag bei der Staatsanwaltschaft in Kassel gegen den Kirchenpräsidenten wegen Beleidigung der Bundeswehr. Während der Ratsvorsitzende der Evangelischen Kirche in Deutschland, Bischof Dibelius, in einer Erklärung zu Niemöllers Äußerung darauf hinwies, daß Niemöller seine Äußerung als Privatmann getan habe und kein kirchliches Gremium der Evangelischen Kirche in Deutschland den zitierten Satz vertrete, interpretierte Niemüller selber in einer formlosen Erklärung seine Äußerungen dahingehend, er habe jene Ausbildung der Soldaten gemeint, die der Ausbildung der Kommandotrupps in den letzten Jahren des Zweiten Weltkrieges gleichkomme. Eine solche Ausbildung sei Ausbildung zum Verbrechertum.

Die Kirchensynode der Hessen-Nassauischen Kirche, deren Kirchenpräsident Niemöller war, erklärte im April 1959 nach mehrstündiger Debatte: „Der Christ hat als Politiker und als Soldat eine besonders schwere Verantwortung vor Gott. Er hat deshalb in der Kirche Anspruch auf mittragendes Verständnis und stetige Fürbitte ... herabsetzende und mißverständliche Äußerungen sind in keinem Falle ein einladender Ruf zu Glauben und Gehorsam. Die Kirche hat vielmehr die Aufgabe, allen in gleicher Liebe Warnung und Trost des Wortes Gottes zu verkündigen und ihnen zur Klärung ihrer Gewissen zu verhelfen." [37])

Die Staatsanwaltschaft in Frankfurt stellte am 20. Mai 1959 das Verfahren gegen Niemöller ein. In der Begründung wird darauf hingewiesen, daß Niemöller eine Beleidigungsabsicht nicht nachzuweisen sei. Außerdem handele es sich bei seinen Äußerungen nicht um Tatsachenbehauptungen, sondern um Werturteile im Zusammenhang mit seiner Beurteilung des Krieges angesichts der Atomwaffen überhaupt. Niemöller selber habe ausdrücklich erklärt, daß es ihm völlig ferngelegen habe, die Bundeswehr oder einen ihrer Soldaten persönlich zu beleidigen.

---

[36]) Kirchliches Jahrbuch für die Evangelische Kirche in Deutschland 1959, Gütersloh 1960, S. 106

[37]) Kirchliches Jahrbuch 1959, a.a.O., S. 115

Im Sommer 1959 erschien eine Schmähschrift gegen Niemöller mit dem Titel „Martin Niemöller – Bekenner, Politiker, Demagoge“ unter dem Pseudonym H. S. Brebeck, die auch in der Bundeswehr versandt wurde, von der sich jedoch das Evangelische Kirchenamt für die Bundeswehr ausdrücklich distanzierte.

1.3.3 Studien zur politischen und gesellschaftlichen Situation der Bundeswehr

Nachdem die Evangelische Studiengemeinschaft in Heidelberg mit der Vorlage der „Heidelberger Thesen“ ihre Arbeit zum Thema „Atomzeitalter – Krieg und Frieden“ abgeschlossen hatte, wurde sie vom Evangelischen Militärbischof Kunst erneut gebeten, zur Unterstützung der Arbeit der Militärseelsorge eine unabhängige Kommission einzusetzen, die die gesellschaftlichen und politischen Bedingungen untersuchen sollte, die das Gesicht der Bundeswehr bestimmten. Diese Bitte ist nicht nur Ausdruck des neuen Verständnisses von dem, was Militärseelsorge ist, sondern auch Ausdruck des neuen Selbstverständnisses der Kirche im demokratischen Staat überhaupt. In ihrer Wahrnehmung der Verantwortung für die Welt sieht es die Kirche als ihre Pflicht an, unbequeme Fragen zu stellen, denen sich andere gern entziehen.

Militärseelsorge ist Teil dieser Kirche. Für den ersten Militärbischof war Militärseelsorge weder auf die bloße Individualseelsorge zu reduzieren, noch auf eine Seelsorge an der Bundeswehr als ganzer. Vielmehr müsse Seelsorge, wenn sie den einzelnen im Blicke habe, immer auch die Welt im Blick haben, in der der einzelne lebe. In diesem Sinne schreibt Georg Picht in der Einführung zur ersten Folge des 1965 unter dem Titel „Studien zur politischen und gesellschaftlichen Situation der Bundeswehr“ vorgelegten Kommissionsberichtes: „Wenn Seelsorge nicht nur trösten, sondern heilen, nicht nur gut zureden, sondern etwas bewirken will, so darf sie nicht Individualseelsorge bleiben. Sie muß vielmehr die Krisenherde entdecken, aus denen die Pathologie der gesamten Gesellschaft und damit auch das Verhalten des einzelnen sich erklärt; sie muß die Diagnose der kollektiven Verirrungen unternehmen, wenn sie zur Therapie des einzelnen, seiner Gruppe und der Gesellschaft etwas beitragen will.“ [38])

Die ins Leben gerufene Kommission unter der Leitung von Prof. Dr. Georg Picht arbeitete in zwei Unterkommissionen, einer historisch-politischen und einer soziologischen, die in einer Gesamtkommission koordiniert wurden. An deren Beratungen nahmen sowohl Militärbischof Kunst als auch Militärgeneraldekan Albrecht von Mutius regelmäßig teil. Die Kommission stellte einen Gesamtthemenplan auf. Von diesen Themen wurden in der ersten Folge im Jahre 1965 Arbeiten zum Thema „Die Bundeswehr und das Problem der Tradition“, „Die Soldatenverbände in der Bundeswehr“ und „Technik und Strategie im Atomzeitalter“ veröffentlicht.

---

[38]) Georg Picht (Hrsg.), Studien zur politischen und gesellschaftlichen Situation der Bundeswehr, Erste Folge, Witten/Berlin 1965, S. 8

Georg Picht faßte das Verhältnis der Militärseelsorge zu den Soldaten und den Streitkräften insgesamt in den Begriff von der „kritischen Solidarität". Von der Notwendigkeit dieser „kritischen Solidarität" spricht er in einer dreifachen Weise: Einmal könne sich der Soldat viel weniger der Auseinandersetzung mit der stark belasteten Tradition entziehen. In dieser Situation begegne ihm das Mißtrauen, er falle in antidemokratische Tradition zurück. Gerade angesichts dieser Gefahr, die immer die Gefahr der Isolierung beinhalte, bedürfe er der „kritischen Solidarität". Er bedürfe ihrer ebenso, weil im Soldaten deutlich werde, daß wir nicht nur in einem geteilten Lande lebten, sondern daß das in der Konsequenz heiße, daß der Preis unserer Freiheit auch sein könne, daß Deutsche auf Deutsche schießen. Und schließlich müsse der Soldat in ganz anderer Weise die Schrecken täglich ins Auge fassen, die möglicherweise auf uns zukommen könnten, nicht, weil der Soldat versagte, sondern weil der Politiker versagte. „Gerade weil der Soldat gezwungen ist, als der Handhaber militärischer Gewalt im Schatten der Möglichkeit zu leben, daß er zum Funktionär des Schreckens werden könnte, bedarf er der kritischen Solidarität der Kirche und aller Hilfen, die sie ihm zu geben vermag." [39])

Nach Picht ergibt sich die Aufgabe der Militärseelsorge im Sinn der kritischen Solidarität aus der Beschreibung des Soldatenberufes, der nur noch als geistiger Beruf konzipiert werden könne, weil es um die Verhinderung des Krieges gehe, nicht mehr um die Führung des Krieges.

Schon im Dezember 1961 hatte der damalige Bundesverteidigungsminister Strauß auf Anraten seiner militärischen Mitarbeiter eine verbindliche Zusage an den Evangelischen Militärbischof wieder zurückgenommen, die Arbeit der soziologischen Unterkommission zu unterstützen. So mußte diese Unterkommission ohne Unterstützung durch die Bundeswehr arbeiten und auf deren Mitarbeit verzichten. Sie legte 1966 als zweite Folge der Kommissionsarbeit Beiträge zum Thema „Zum Verhältnis von Militär und Gesellschaft in der Bundesrepublik Deutschland", „Militär und Technik" und „Die Diskussion um die Innere Führung" vor. Ebenfalls 1966 erschien als dritte Folge der Kommissionsarbeit der Beitrag zum Thema „Rüstung und Wirtschaft in der Bundesrepublik Deutschland". Geplant war in Zusammenarbeit mit der Evangelischen Studiengemeinschaft in Heidelberg noch eine dritte Kommission, die sich mit dem Problem des Friedens als Lebensbedingung des technischen Zeitalters befassen sollte und damit mit allen Fragen, die sich unmittelbar auf den Auftrag der Militärseelsorge bezogen. Diese Kommission ist jedoch nicht mehr zustande gekommen.

1.3.4 Die Frankfurter Synode 1965

Die evangelische Militärseelsorge war eines der Hauptthemen der Arbeitstagung der dritten Synode der Evangelischen Kirche in Deutschland vom 8. bis 10. November

[39]) Georg Picht (Hrsg.), a.a.O., S. 18

1965 in Frankfurt. Für diese Arbeitstagung hatte der Rat der Evangelischen Kirche in Deutschland auf seiner Sitzung am 12. und 13. August 1965 einen Vorbereitungsausschuß gebildet, der sich über die Lage der Militärseelsorge orientieren sollte. Weiter sollte er sich ein Bild über den Stand der Diskussion über die Militärseelsorge verschaffen und eine Arbeitsgrundlage für die Tagung der Synode erstellen. Bedeutsam nicht nur für diese Synode in Frankfurt, sondern weit darüber hinaus war das Referat des damaligen Vizepräsidenten D. Hans Thimme: „Der Dienst der Kirche an besonderen Gruppen". Mit diesem Referat wollte Thimme nicht etwa ablenken von den mit dem Stichwort „Militärseelsorge" immer noch verbundenen aktuellen und tagespolitischen Themen der Wiederbewaffnung, der Aufrüstung, der Atombewaffnung, der Friedenssicherung. Hier wurde vielmehr der Versuch unternommen, theologisch darzulegen, was im Militärseelsorgevertrag in Artikel 2 festgelegt war: „Die Militärseelsorge als Teil der kirchlichen Arbeit wird im Auftrag und unter Aufsicht der Kirche ausgeübt."

Unter dem Stichwort „Gruppenseelsorge" weist Thimme nach, daß auch die Militärseelsorge zu den kirchlichen Diensten gehört, denen sich die Kirche schon immer in der Zuwendung zu besonderen Gruppen verpflichtet wußte. „In demselben Zusammenhang sind die in allen Landeskirchen eingerichteten Sozialpfarrämter, Studentenpfarrämter, Krankenhauspfarrämter, Arbeitsstellen für Familienpflege usw. zu sehen. Auch die Militärseelsorge, welche das eigentliche Arbeitsthema gerade dieser Synode darstellt, ist in ihrem Grundansatz und in ihren Methoden, in ihren Möglichkeiten und ihren Grenzen, in ihren Gelegenheiten und ihren Versuchungen ein Exempel besonderer Art, ein Beispiel der Seelsorge an der Gruppe der Soldaten innerhalb der auf das Ganze der heutigen Gesellschaft ausgerichteten pastoraltheologischen Bemühung um den Dienst an den heutigen Menschen." [40])

Zugleich wird in dem Referat von Thimme der theologische Grund gelegt für das Stichwort „kritische Solidarität", das Georg Picht im gleichen Jahr prägte und das fortan so bedeutsam für das Verhältnis Militärseelsorge – Bundeswehr werden sollte. „Kritische Solidarität" wird hier als Existenzproblem von Kirche schlechthin beschrieben: „Wie die Kirche als Ganzes der Gefahr verfallen ist, daß sie sich das eine Mal in ein Getto absentiert, auf das Jenseits beschränkt und damit ihre Sendung an die Welt preisgibt, das andere Mal hingegen in berechtigter Bemühung um die Welt sich schließlich an dieselbe verliert und darüber verweltlicht, wie alle Verkündigung der Kirche in der Gefahr steht, daß sie entweder als esotherische Geheimsprache geschieht oder aber in der Bemühung um verständliche Übersetzung das besondere ihrer Botschaft preisgibt, so ist auch die Seelsorge der Kirche ständig von den beiden Extremen bedroht, daß sie entweder diejenigen nicht erreicht, denen ihr Dienst gilt, oder aber, daß sie in allzuweitgehendem Einlassen auf das, was den

---

[40]) Arbeitstagung Frankfurt 1965, Bericht über die Arbeitstagung der dritten Synode der Evangelischen Kirche in Deutschland vom 8. bis 10. November 1965 in Frankfurt/a. M., Hannover 1968, S. 29

anderen betrifft, nicht mehr in der Lage ist, ihm auch in der gebotenen Freiheit gegenüberzutreten."[41])

Die Arbeitsgrundlage wurde der Synode durch den Vorsitzenden des Vorbereitungsausschusses, ebenfalls D. Thimme, vorgetragen. In der Einleitung wurde deutlich ausgesprochen, worum es eigentlich ging, nämlich um eine Überprüfung des Militärseelsorgevertrages: „Alle kirchliche Ordnung ist im Wandel der Verhältnisse stets neu hinsichtlich ihrer Angemessenheit und Sachgemäßheit auf Überprüfung und gegebenenfalls auf eine dem eigentlichen Auftrag besser gerecht werdenden Neugestaltung gewiesen".[42]) Durch die ganze Vorlage zieht sich mehr oder weniger deutlich das Mißtrauen gegenüber der Militärseelsorge, das zunächst allgemein formuliert wurde: „Gefahr und Versuchung aller Gruppenseelsorge der Kirche besteht darin, daß sie in ihrer Bemühung um Solidarität und Identifizierung mit den ihr je in besonderer Weise anvertrauten Gruppen den um der Freiheit ihrer Verkündung und ihres Dienstes willen gebotenen Abstand verliert und über das Eingehen auf besondere Gruppenanliegen den Blick auf das Ganze und die Unbefangenheit des nur an Gottes Wort gebundenen Wissens verliert."[43]) Der Ausschuß sah diese Tendenz besonders in einem so geschlossenen Gefüge wie der Bundeswehr gegeben, das zu einem starken Freund-Feind-Denken verleiten könnte und alles Böse nur beim Gegner suche. Selbst wenn die Möglichkeit kriegerischer Verwicklungen nicht ausgeschlossen sei, müsse es vom Worte Gottes her zum Verkündigungsauftrag der Militärseelsorge gehören zu sagen, daß Krieg wider Gottes Willen sei. Ebenso müsse die Militärseelsorge allen Selbstrechtfertigungsversuchen widerstehen durch die Verkündigung der Rechtfertigung des Sünders allein aus Gnade um Christi willen.

Mit Rückgriff auf den Begriff der „Komplementarität" der Heidelberger Thesen spricht sich der Ausschuß dafür aus, auch die Bejahung des Wehrdienstes müsse als Gewissensentscheidung verstanden werden. Aufgabe der Militärseelsorge sei es, in dieser Weise Gewissen zu schärfen.

Als Ergebnis seiner Überprüfung der Militärseelsorge stellte der Ausschuß dann abschließend fest: „Bisher sind keine Fälle bekannt geworden, die darauf schließen lassen, daß es zwischen dem, was zum „kirchlichen Leben" gehört, und den Obliegenheiten des allgemeinen Dienstes zu schwerwiegenden Reibungen gekommen ist. Es darf der Hoffnung Ausdruck gegeben werden, daß guter Wille, gegenseitiges Vertrauen und die Anerkenntnis dessen, was die Freiheit der Kirche für die Ausrichtung ihres Dienstes bedeutet, dahin führt, daß auch in Zukunft die Botschaft der Kirche uneingeschränkt ausgerichtet werden kann. . . . Bisher hat es unter seiner Gültigkeit (ergänze: des Militärseelsorgevertrages) geschehen können, daß Verkün-

[41]) Arbeitstagung Frankfurt 1965, a.a.O., S. 24
[42]) Arbeitstagung Frankfurt 1965, a.a.O., S. 177
[43]) Arbeitstagung Frankfurt 1965, a.a.O., S. 178f.

digung und Seelsorge der Kirche ungehemmt und unverkürzt unter den Soldaten habe ausgerichtet werden können.“ [44])

Vor dem Einbringen dieser Vorlage hatte Militärbischof D. Kunst ein Referat vor der Synode gehalten mit dem Thema: Der Dienst der Kirche unter den Soldaten. Darin hatte auch er noch einmal den Militärseelsorgevertrag gewürdigt. Er berichtete aus seinen Verhandlungen mit dem Staat, daß der Staat sehr wohl gewußt und ausdrücklich gewollt habe, daß mit der Militärseelsorge ein starkes, unabhängiges Gegenüber gegeben sei. Er hob die Leistung der Führungskräfte der Bundeswehr hervor, die alle noch die alte Struktur der Militärseelsorge im Zweiten Weltkrieg erlebt hätten, und doch dazu beigetragen hätten, daß die Unabhängigkeit der Militärseelsorge in so erstaunlicher Weise sich habe durchsetzen können. Im Blick auf die Inhalte der Militärseelsorge stellte der Militärbischof fest: „Es ist mir nicht nur in der Militärseelsorge gewiß, daß der wichtigste Beitrag der Kirche für das öffentliche Leben der gesunde Gottesdienst ist. Gesund ist der Gottesdienst nur, wenn er aus dem Wort lebt, das Wort in der Auslegung bezeugt, aber eben das Wort und sonst nichts. Es ist nicht wahr, daß alle kirchlichen Fragen auf dem Grunde politische Fragen sind. Wer die Fragen des persönlichen Glaubens und der Frömmigkeit, den Dank, die Liebe, das Opfer und das Gebet bagatellisiert, sollte sich nicht wundern, wenn die Welt seine Äußerungen zur politischen Ethik unter dem Stichwort Politik oder maximal Weltanschauung katalogisiert.“ [45]) Kunst unterstrich noch einmal die Wichtigkeit der Heidelberger Thesen und die Bedeutung des Begriffes der „Komplementarität“, ohne die Probleme, die mit diesem Begriff verbunden sind, zu verschweigen. Es gehe nicht um die Rechtfertigung jeder beliebigen Haltung zur Atomfrage. Der einzige Maßstab sei der Weltfrieden in der Übergangszeit, in der der nationalstaatliche Auftrag für den Soldaten noch in Geltung sei. Bischof Kunst verwies darauf, daß der eigentliche Adressat für alle diese Fragen weder der Soldat noch die Militärseelsorge sei, sondern das Parlament: „Sagen wir, daß man heute nicht mehr mit getröstetem Gewissen Soldat sein kann, müssen wir vorher unter allen Umständen auf das entschiedenste sagen, daß man heute als Christ kein Staatsmann und wohl auch kein Beamter mehr sein kann.“ [46])

In dem Bericht des Ausschusses, der sich dann auf der Arbeitstagung der Synode selbst mit der Militärseelsorge befaßte, wird noch einmal konkret die Sorge vieler Synodaler deutlich, die Militärpfarrer könnten zu Aufgaben herangezogen werden, die nicht ihres Amtes seien, sie könnten in die ideologische Kampfführung einbezogen werden trotz der vertraglich zugestandenen Freiheit. Der Ausschuß würdigt jedoch ausdrücklich die Bedeutung des Dienstes, der in der Militärseelsorge geleistet wird, und ruft die Evangelische Kirche in Deutschland und die Gliedkirchen auf, alles zu tun, was die Militärseelsorge unterstützen könne.

[44]) Arbeitstagung Frankfurt 1965, a.a.O., S. 189
[45]) Arbeitstagung Frankfurt 1965, a.a.O., S. 35
[46]) Arbeitstagung Frankfurt 1965, a.a.O., S. 38

Ein weiterer Ausschuß dieser Arbeitstagung befaßte sich mit dem „Dienst des Friedens im atomaren Zeitalter". Nicht nur die Diskussion in diesem Ausschuß, sondern auch im Plenum konzentrierte sich erneut auf die Problematik des Begriffes „Komplementarität". In einer Entschließung der Synode wird diese Problematik noch einmal deutlich formuliert: „Insbesondere ist der Ausschuß beunruhigt über das Ungenügen des Begriffes der Komplementarität in seiner Anwendung auf ethische Fragen. Er erinnert daran, daß bereits der vom Rat eingesetzte Atomausschuß davor gewarnt hat, diesen Begriff vorschnell als lösende Formel anzusehen und zur Prüfung des Begriffs wie seiner Anwendung aufgefordert hat."[47])

Militärbischof Kunst hatte jedoch in seinem Referat deutlich gemacht, daß für die Militärseelsorge Komplementarität nicht als lösende Formel verstanden werde: „Ich habe Komplementarität nie so verstanden, als könnten wir gelassen zwei entgegengesetzte Auffassungen bis zum jüngsten Tag nebeneinander stehen lassen . . ., daß die beiden, jeweils entgegengesetzten Weisen des komplementären Handelns gemeinsam dazu dienen, die Schwierigkeiten der Übergangszeit, in der wir heute leben, von zwei verschiedenen Seiten her anzupacken."[48])

1.3.5 Der Kirchentag in Hannover 1967

Unter der Losung „Der Frieden ist unter uns" fand vom 21. bis 25. Juni 1967 der 13. Deutsche Evangelische Kirchentag statt. In der Arbeitsgruppe Politik wurde am 23. Juni eine Vortrags- und Diskussionsveranstaltung durchgeführt unter dem Thema „Friedensdienst mit und ohne Waffen". Damit war eine eingängige Formel gefunden für das, was die Heidelberger Thesen von 1959 mit „Komplementarität" aussagen wollten.

In der Diskussion dieses Tages zeigte sich jedoch, daß die Verkürzung auf eine so eingängige Formel ohne zusätzliche Interpretation nicht auskommt. Zunächst drückt das „und" dieser Formel zu wenig das Aufeinanderangewiesensein beider Friedensdienste aus. Pfarrer Martin Schröter sagte dazu in seinem Referat an diesem Tage: „Begreifen wir das Thema als Ausdruck der politischen Hoffnung und der politischen Aufgabe, so verweist es die Waffenträger auf die Vision der Zukunft, für die sie allzu leicht blind werden; und es verweist die Waffenlosen auf die harten Realitäten der Gegenwart, die sie oft zu übersehen versucht sind."[49]) Und Diskussionsleiter, Intendant Klaus von Bismarck: „Gerät nicht der Soldat ohne das Zeichen, das der Kriegsdienstverweigerer aufrichtet, in Gefahr, seinen Weg unproblematisch als den einzig richtigen anzusehen? Und umgekehrt: Geraten nicht die Kriegsdienstverweigerer ohne das Wissen um den verantwortungsbewußten Frie-

[47]) Arbeitstagung Frankfurt 1965, a.a.O., S. 195

[48]) Arbeitstagung Frankfurt 1965, a.a.O., S. 35

[49]) Deutscher Evangelischer Kirchentag Hannover 1967, Stuttgart 1967, S. 185

denswillen der militärischen Führung in Gefahr, einem sozial-schwärmerischen Utopismus zu verfallen?“ [50])

Die Formel „Friedensdienst mit und ohne Waffe“ konnte nicht verdecken, daß innerhalb der Kirche eine Kontroverse darüber bestand, ob nicht derjenige, der den Dienst mit der Waffe ablehnt, doch gerechtfertigter vor Gott sei als der, der zum Schutz seiner Mitbürger die Waffen in die Hand nimmt. Präses Beckmann wies bei dieser Diskussionsveranstaltung wieder einmal darauf hin, daß vor Gott niemand durch seinen Dienst gerechtfertigt werde, sondern allein durch den Glauben.

Die Formel verdeckte jedoch, daß die beiden Gruppen, die eigentlich gegenseitig auf den Dienst der anderen Gruppe angewiesen sind, sich mit großem Mißtrauen gegenüberstanden. Klaus von Bismarck: „Wie groß ist z. B. – und das frage ich die Herren der Bundeswehr unter uns – in der heutigen Bundeswehr der Anteil derjenigen, die die kleine Minderheit der Wehrdienstverweigerer nicht nur für arme Irre, sondern für Drückeberger halten. . . . Wie groß ist unter den überzeugten Anhängern des Pazifismus und der Wehrdienstverweigerer der Anteil derjenigen, die im Grunde dem, was hier über eine auf den Frieden gerichtete verantwortliche militärische Führung gesagt wurde, in keiner Weise trauen, weil sie überzeugt sind, daß der Apparat einer bewaffneten Einheit immer wieder einen den Frieden bedrohenden Soldatengeist hervorbringt?“ [51]) Militärgeneraldekan Albrecht von Mutius konnte in diesem Zusammenhang darauf hinweisen, daß die Militärgeistlichen sich in der Bundeswehr allerdings auch für die verantwortlich wissen, die erst während des Dienstes in der Bundeswehr zu der Entscheidung kommen, den Waffendienst verweigern zu müssen. Über 200 mal seien Militärgeistliche in den letzten Jahren als Berater und Seelsorger für solche Soldaten tätig geworden.

Die Formel vom „Friedensdienst mit und ohne Waffen“ verdeckt schließlich auch, was mit dem neuen Soldatengeist gemeint ist, daß nämlich der Auftrag des Soldaten heute darin besteht, für einen Krieg ausgebildet zu werden, der verhindert werden soll.

1.3.6 „Der Friedensdienst der Christen“

Ende 1969 werden die von der Kammer der EKD für öffentliche Verantwortung bearbeiteten Thesen „Der Friedensdienst der Christen“ veröffentlicht mit dem Untertitel: Eine Thesenreihe zur christlichen Friedensethik in der gegenwärtigen Weltsituation. Im Vorwort betont der Vorsitzende der Kammer für öffentliche Verantwortung, Professor Ludwig Raiser, daß keine volle Zustimmung zu allen Formulierungen und den hinter ihnen stehenden Auffassungen unter den Mitgliedern der Kammer zu erzielen war.

---

[50]) Kirchentag Hannover 1967, a.a.O., S. 188

[51]) Kirchentag Hannover 1967, a.a.O., S. 187

Bei der Problembeschreibung wird in dieser Thesenreihe deutlich ausgesprochen, daß es nicht ausreiche, Frieden als Abwesenheit von Krieg zu beschreiben. Vielmehr wird Frieden positiv beschrieben durch Stichworte wie „politische Freiheit", „soziale Gerechtigkeit", „humane Lösung globaler Konflikte". Als Ursachen, die zum Kriege führen können, führt die Thesenreihe u.a. auf: Machtkampf auf der Ebene von Rassen, Klassen, Ständen und Weltregionen, konkurrierende ideologische Systeme, Unterdrückung, die zu Haß, Gewalt und Zerstörungslust führt, individuelle Ängste, die in Aggressivität umschlagen können. Als Ziel nennt die Thesenreihe eine internationale Friedensordnung.

Die Thesenreihe geht dann auf die beiden Grundhaltungen ein, die in den Heidelberger Thesen mit dem Stichwort „Komplementarität" bezeichnet waren: Bereithalten des Mittels des Krieges zur Abschreckung im Sinne einer Politik des Rüstungsgleichgewichtes auf der einen Seite, sofortiger Rüstungs- und Waffenverzicht auf der anderen Seite. Sie verweist auf die Risiken, die mit beiden Entscheidungen im Blick auf den Frieden verbunden sind, und auf die Probleme, die in der Komplementaritätsthese selbst liegen: nämlich, daß es sich um zwei gegensätzliche ethische Entscheidungen handelt, und daß mit dieser These keine Aussagen darüber gemacht werden können, wie „sich der Christ im Falle des atomaren Krieges im Widerstreit seines Gewissens zu verhalten hat". Ein besonderes Kapitel widmet die Thesenreihe der „Seelsorge an Wehrpflichtigen". In diesem Abschnitt geht es der Kammer darum, zu unterstreichen, daß ein Ziel dieser Seelsorge auch darin zu liegen habe, die Entscheidung, die der Wehrpflichtige zu treffen hat, ebenso als Gewissensentscheidung zu verdeutlichen, wie die Entscheidung des Kriegsdienstverweigerers.

Dazu müßten auch von seiten der Kirche die notwendigen Informationen bereitgestellt werden. „Wo Christen aber zu dem begründeten Urteil kommen, daß es derzeit keinen besseren und sichereren Weg zur Verhütung von Kriegen gibt als den Wehrdienst, muß dieses als christlich verantwortete Entscheidung für den Dienst am Frieden bejaht werden."[52])

Abschließend heißt es dann in diesem Abschnitt: „Denen, die den Wehrdienst leisten, und denen, die ihn verweigern, ist das Evangelium von der Vergebung zu bezeugen als die Befreiung von aller Selbstrechtfertigung und als Ermutigung zu prüfen, welches der Wille Gottes in diesem politischen Bereich ist."[53])

1.3.7 Die Kasseler Synode 1974

Die zweite Tagung der fünften Synode der Evangelischen Kirche in Deutschland vom 13. bis 17. Januar 1974 in Kassel beschäftigte sich erneut ausführlich mit der Militärseelsorge. Dies ging auf einen Beschluß der Tagung der Synode der Evangelischen Kirche in Deutschland 1973 in Bremen und in Coburg zurück. Den Bericht

52) Die Denkschriften der Evangelischen Kirche in Deutschland, Band 1/2, Gütersloh 1978, S. 55

53) Denkschriften, Band 1/2, a.a.O., S. 57

über die Militärseelsorge vor der Synode erstattete erstmals der neue Militärbischof, Dr. Sigo Lehming, Propst des Kirchenkreises Pinneberg, der im Oktober 1972 die Nachfolge von Militärbischof D. Hermann Kunst angetreten hatte, der von diesem Amt zurückgetreten war.

Zwei Aussagen im Bericht des neuen Militärbischofs sind hervorzuheben. Auch der neue Militärbischof muß sich mit denen auseinandersetzen, die in der organisatorischen Anbindung der Militärseelsorge an den Staat die Gefährdung der Freiheit der Verkündigung und damit des kirchlichen Auftrages sehen. Dazu Militärbischof Dr. Lehming: „Unsere Freiheit ist nicht in dem Ausmaß möglich, wie der Staat sie uns großzügigerweise gewährt. Sie ist in der Militärseelsorge uneingeschränkt durch staatliche Beschränkung vorhanden, weil dieser Staat gerade darin seine eigene Würde findet, daß er seinen Bürgern unkontrolliert solche Freiräume zuzugestehen wagt. Es lohnt sich auch für uns als Kirche, uns über diesen Staat, in dem wir leben, immer wieder einmal zu wundern.“[54])

In Fortführung der von Anfang an von Militärbischof Kunst vertretenen Auffassung, daß Militärseelsorge über die Individualseelsorge hinausgehen müsse, kam Militärbischof Dr. Lehming in seinem Bericht nach einer Auseinandersetzung mit der Bildungssituation in der Bundeswehr zu dem Ergebnis: „Evangelische Militärseelsorge ist Angebot der Kirche zur Erwachsenenbildung. . . . Wir müssen uns dem Vorwurf stellen, daß durch die Sozialisation im Sozialfeld Bundeswehr eben doch Angleichungsarbeit betrieben werde und damit das Reden von der Emanzipation als Schutzbehauptung entlarvt wird. Wir meinen aber, daß dieser Vorwurf verkennt, daß durch die Sozialisation keineswegs der einzelne Mensch zubereitet wird für den Mechanismus des Funktionierens. Und dieser Vorwurf verkennt ebenso, daß Emanzipation nicht die Abtrennung des einzelnen Menschen von der Gesellschaft bewirkt, zu der er nur noch in das Verhältnis des Gegenübers treten kann . . ., das ist der Prozeß, der ständig durchzumachen ist, daß sich der Mensch je neu als Gegenüber und als Glied seiner Gesellschaft versteht und erfährt. Hier zeigt sich auch der enge innere, auf Wechselwirkung angelegte Zusammenhang von Einzel- und Gruppenseelsorge.“[55])

Der Militärseelsorgeausschuß auf der Synode beschäftigte sich seinem Bericht zufolge schwerpunktmäßig mit der Aus- und Fortbildung der Militärpfarrer und einer besseren Verzahnung von Soldatengemeinde und Zivilgemeinde. In diesem Zusammenhang stellt der Ausschuß fest: „Es wird zu regeln sein, wie Soldatengemeinden bzw. Vertreter der Soldatengemeinden auch in dieser EKD-Synode aktiv werden mitwirken können, denn bedingt durch die Situation der Mobilität innerhalb des Militärbereichs ist es eindeutig klar, daß auf normale Weise solche Vertreter nicht in die EKD-Synode kommen können.“[56])

---

[54]) Kassel 1974, Bericht über die zweite Tagung der fünften Synode der Evangelischen Kirche in Deutschland vom 13. Januar bis 17. Januar 1974, Hannover 1974, S. 153

[55]) Kassel 1974, a.a.O., S. 155

[56]) Kassel 1974, a.a.O., S. 323

In einem Beschluß der Synode über die Arbeit der Militärseelsorge dankt die Synode allen Mitarbeitern der Militärseelsorge für den von ihr geleisteten Dienst am Evangelium und an den Soldaten. In einer weiteren Entschließung der Synode werden die Gliedkirchen an ihre Verpflichtungen gegenüber der Militärseelsorge erinnert: „Die Gliedkirchen werden daher gebeten, bei der Aus- und Fortbildung ihrer Pfarrer den besonderen Erfordernissen gruppenbezogener Seelsorge auch im Hinblick auf die Militärseelsorge Rechnung zu tragen.“ [57]) Gemeint ist mit dieser Entschließung, daß in der Aus- und Fortbildung der Pfarrer in den Landeskirchen der Militärseelsorge als möglichem zukünftigen Arbeitsfeld für die Pfarrer Rechnung getragen werden sollte.

1.3.8 Die Verpflichtung zum Frieden

Die evangelische Militärseelsorge hat an ihrem Verständnis, daß ihr seelsorgerlicher Auftrag über die Einzelseelsorge hinaus auch immer die Bundeswehr als Ganzes einschließe, auch nach der Zusammenarbeit mit der Evangelischen Studiengemeinschaft festgehalten. Sie tat dies, auch wenn es immer wieder mit dem Mißverständnis und der Mißdeutung verbunden war, die Militärseelsorge sei doch so etwas wie der verlängerte Arm der Inneren Führung. Hans Dieter Bastian formulierte die Mitverantwortung der Militärseelsorge 1970 in „Strukturveränderung – eine Aufgabe der Militärseelsorge“, [58]) indem er unterscheidet zwischen den Organisations-, den Verhaltens- und Bewußtseinsstrukturen: „Die Aufgabe der Strukturveränderung durch die Militärseelsorge bezieht sich direkt auf die Bewußtseinsstrukturen, also auf die Strukturen der Ebene 3, indirekt aber auch auf die Verhaltens- und Organisationsstrukturen. Doch nur indirekt, d.h. immer nur vermittelt durch Mitglieder der Streitkräfte, die nicht institutionell Mitglieder der Militärseelsorge sind.

Was hier respektiert werden muß, ist die berufsethische Freiheit derer, die die Streitkräfte politisch zu verantworten haben. Hierfür ist die Militärseelsorge kein Vormund; und weil sie das nicht ist und sein will, darum kann sie auch keine Vorschriften erlassen in die Verhaltens- und Organisationsstrukturen der Streitkräfte hinein. Das heißt nun aber andererseits nicht, daß sie diesen Dingen uninteressiert ihren freien Raum ließe. Sie wirkt hinein durch das Medium der Bewußtseinsstruktur. Dies ist das entscheidende Medium der Militärseelsorge wie der Kirche überhaupt; es ist das Medium der Rede, die Kommunikation durch das Wort.“ [59]) Unter dieser Voraussetzung sind Themen der Bundeswehr wie Tradition, Staatsbürger in Uniform, Eid, Autorität und ähnliches auch immer Themen der evangelischen Militärseelsorge.

---

[57]) Kassel 1974, a.a.O., S. 431

[58]) Beiträge aus der evangelischen Militärseelsorge, hrsg. vom Evangelischen Kirchenamt für die Bundeswehr, Heft 2, Bonn Juli 1970

[59]) Beiträge aus der evangelischen Militärseelsorge, Heft 2, a.a.O., S. 18

Verantwortung in diesem Sinne hat die evangelische Militärseelsorge vor allem in ihren Publikationen wahrgenommen, etwa in den Offizier- und Soldatenbriefen, die in Zusammenarbeit mit der Männerarbeit der Evangelischen Kirche in Deutschland herausgegeben werden, und in den „Beiträgen aus der Evangelischen Militärseelsorge". Das durchgängige Thema, unter denen sich alle Äußerungen der Militärseelsorge zusammenfassen lassen, war und ist der Frieden, der gleichermaßen die Verkündigung der evangelischen Militärseelsorge und den Auftrag der Bundeswehr bestimmt.

Ein Ergebnis dieses Verständnisses ihres Auftrages und ihrer Bemühungen, ihn zu verwirklichen, ist die Tatsache, daß erstmals im Weißbuch 1971/72 „Zur Sicherheit der Bundesrepublik Deutschland und zur Entwicklung der Bundeswehr" auch ein Abschnitt über Militärseelsorge enthalten ist in dem Kapitel „Soldat in der Gesellschaft". Am Schluß der Kurzdarstellung über die Militärseelsorge heißt es: „Eine wertvolle Hilfe sieht die Bundesregierung in dem Bestreben der Militärseelsorge, die Gedanken der Versöhnung und des Friedens unter den Soldaten zu fördern. Dieser Aufgabe dienen z.B. internationale Konferenzen der Militärgeistlichen, Rüstzeiten und Werkwochen mit Soldaten aus vielerlei Nationen, außerdem internationale Soldatentreffen in Lourdes und Musée du Desert (Frankreich)." [60])

Bei der Beschäftigung mit dem Friedensauftrag der Soldaten spart die evangelische Militärseelsorge auch jenes Thema nicht aus, das untrennbar damit verbunden ist, das Risiko des Scheiterns dieses Auftrages und den dann eintretenden Verteidigungsfall. Militärgeneraldekan Reinhard Gramm unternimmt es 1975, ethische Bedingungen zu formulieren, unter denen ein Soldat im Ernstfall sich an militärischer Gewaltanwendung beteiligen könnte. Dieser Versuch löst in der Kirche eine heftige Diskussion darüber aus, ob die evangelische Militärseelsorge auf diesem Wege die Lehre vom gerechten Krieg wieder in Gültigkeit setzen wolle. Und das, obwohl Gramm in den Erläuterungen zu diesem „Bedingungsrahmen" ausdrücklich feststellt: „In keinem Fall darf es um eine Renaissance dieses belasteten, vielschillernden und oft mißbrauchten Begriffs (gerechter Krieg, Ergänzung des Verfassers) gehen. Denn ein Rückzug hinter die Lehre der jüngsten Vergangenheit ist nicht möglich. Es kann nicht darum gehen, den Krieg zu rechtfertigen. Gerechtfertigt werden überhaupt nur Menschen, keine Institutionen und keine Aktionen. Militärische Gewaltmaßnahme kann nur vom übergeordneten Friedensgedanken verstanden werden. Und allein durch diesen Dienstcharakter hat auch die militärische Gewaltanwendung eine begrenzte und doch in diesen Grenzen theologisch nicht völlig zu verneinende Berechtigung." [61])

---

60) Weißbuch 1971/1972, Zur Sicherheit der Bundesrepublik Deutschland und zur Entwicklung der Bundeswehr, S. 94

61) Zeitschrift für Evangelische Ethik, 20. Jahrg., Heft 4, Gütersloh Oktober 1976, S. 278

Die Verpflichtung zum Frieden bedeutet jedoch schwerpunktmäßig die Beschäftigung mit der Frage, was Frieden ist. Indem die Militärseelsorge an Ergebnisse der Friedensforschung und der Arbeit der Forschungsstätte der Evangelischen Studiengemeinschaft in Heidelberg anknüpft, formuliert sie 1978 „14 Thesen aus der Evangelischen Militärseelsorge“:

„1. Trotz aller Sehnsucht nach Frieden ist der Unfriede der Normalfall menschlichen Verhaltens geblieben.
2. Der Zwang zum Weltfrieden verstärkt sich.
3. Der Beitrag der Christenheit im Ringen um den Weltfrieden ist vielgestaltig.
4. Bei ihrem Eintreten für den Frieden läßt sich die Christenheit von dem in der Bibel bezeugten Willen Gottes leiten.
5. Christliche Hoffnung und Nüchternheit überwindet Resignationen und Schwärmerei.
6. In einer sich ständig verändernden Welt ist Friede nicht als Zustand, sondern als Prozeß zu verstehen.
7. Schritte auf dem Weg des Friedens gelingen, wo Kräfte zurückgedrängt und gemindert werden, die Friedlosigkeit verursachen.
8. Frieden ist ein Mehrebenen-Problem.
9. Frieden ist ein Mehrfristenproblem.
10. Frieden ist nur durch eine Vielfalt der Friedensdienste verwirklicht.
11. Voraussetzung und unverzichtbarer Teil aller Friedensbemühung bleibt deren militärische Absicherung.
12. Gesinnung und Verantwortung bestimmen ethisches Handeln.
13. Arbeit für den Frieden ist Wagnis und Risiko.
14. Christliche Verantwortung für den Frieden lebt aus der Befreiung durch Glauben.“

1.3.9 Die Denkschrift der Evangelischen Kirche in Deutschland „Frieden wahren, fördern und erneuern“

Anfang November 1981 veröffentlicht die Evangelische Kirche in Deutschland die von der Kammer für öffentliche Verantwortung erarbeitete Denkschrift „Frieden wahren, fördern und erneuern“. Sie ist ein Beitrag der Evangelischen Kirche in Deutschland zur weltweiten Friedensdiskussion dieser Jahre, die sich an den wachsenden Spannungen zwischen den Machtblöcken und der zunehmenden Atomrüstung entzündet hat, in der Bundesrepublik vor allem am sogenannten „Doppelbeschluß der NATO". Diese Diskussion hat in vielen Ländern der Welt, nicht nur in Westeuropa und den USA, sondern auch in osteuropäischen Staaten, zur Entstehung einer „Friedensbewegung" geführt.

Eine der zentralen Aussagen der Denkschrift ist die ausdrückliche Bestätigung der 8. Heidelberger These: „Die Kirche muß auch heute 22 Jahre nach den „Heidelberger Thesen", die Beteiligung an dem Versuch, einen Frieden in Freiheit durch Atomwaffen zu sichern, weiterhin als eine für Christen noch mögliche Handlungsweise anerkennen (vgl. Heidelberger These 8). Deshalb hat die Kirche Achtung und Verständnis für diejenigen, die in der Bundeswehr Dienst leisten. Allein, diese Handlungsweise ist nur in einem Rahmen ethisch vertretbar, in welchem alle politischen Anstrengungen darauf gerichtet sind, Kriegsursachen zu verringern, Möglichkeiten gewaltfreier Konfliktbewältigung auszubauen und wirksame Schritte zur Senkung des Rüstungsniveaus zu unternehmen." [62])

Auch diese Denkschrift interpretiert das „noch" der 8. Heidelberger These nicht einfach im zeitlichen Sinne als Ablauf einer Frist, sondern in einem konditionalen Sinne, gebunden an die Bemühungen um eine internationale Friedensordnung.

Natürlich unterstreicht die Denkschrift auch, daß die evangelische Kirche immer wieder nachdrücklich für das Recht der Kriegsdienstverweigerung aus Gewissensgründen eingetreten ist, d.h. für diejenigen, die militärische Bewaffnung und eine Beteiligung daran überhaupt ablehnen. Es wird jedoch ausdrücklich festgestellt: „Mit dieser Ablehnung wird die Intention des Friedensbegriffes nicht schon erfüllt, obwohl diese Meinung vielfach vertreten wird. Wer über seine Gewissensgründe hinaus dem Frieden ohne Waffen dienen will, kann das nur mit politischen Mitteln tun, und muß sich darum an der Konzipierung von Friedenspolitik beteiligen. Dies ist mit der Formel ‚Friedensdienst ohne Waffen' weder inhaltlich noch von ihrem Entstehen her zureichend ausgedrückt." [63])

Die Friedensdenkschrift bekennt sich zum Amt der politischen Verantwortung als gnädiger Anordnung Gottes. Dabei geht es darum, Gewalt und Unrecht zu wehren, Leben vor Zerstörung zu schützen. Mit der Verkündigung des Friedens in Jesus Christus wird zugleich jeder Absolutheitsanspruch des Staates als friedensgefährdend entlarvt. Politische Verantwortung der Kirche für den Frieden in der Welt bedeutet auch Mitverantwortung der Kirche für den gegenwärtigen Zustand der Friedlosigkeit und Friedensgefährdung. Nur wo das anerkannt wird, wird das Friedenszeugnis der Kirche glaubwürdig.

Anders, als in dieser Denkschrift, deren Konsens sich der Rat der Evangelischen Kirche in Deutschland ausdrücklich zu eigen gemacht hat, äußert sich die Erklärung des Moderamens des Reformierten Bundes, einer freien Vereinigung von Kirchen, Gemeinden, kirchlichen Werken und Einzelpersonen, vom 12. Juni 1982. In dieser

[62]) Frieden wahren, fördern und erneuern, Denkschrift der EKD, Gütersloh 1981, S. 58
[63]) Frieden wahren, fördern und erneuern, a.a.O., S. 59

Erklärung wird ein kompromißloses Nein ausgesprochen zur „Entwicklung, Bereitstellung und Anwendung von Massenvernichtungswaffen". Es heißt in dieser Erklärung: „Angesichts dieser Bedrohung des Friedens durch Massenvernichtungsmittel (ABC-Waffen und konventionelle Massenvernichtungswaffen) haben wir als Kirche meist geschwiegen oder nicht entschieden genug den Willen des Herrn bezeugt. Jetzt, da stärker als zuvor die Möglichkeit des Atomkrieges zur Wahrscheinlichkeit wird, erkennen wir: Die Friedensfrage ist eine Bekenntnisfrage. Durch sie ist für uns der status confessiones gegeben, weil es in der Stellung zu den Massenvernichtungsmitteln um das Bekennen oder Verleugnen des Evangeliums geht. In einer Stellungnahme des Rates der Evangelischen Kirche in Deutschland zu dieser Erklärung des Moderamens des Reformierten Bundes heißt es: „Das Bekenntnis zu Jesus Christus wird mißbraucht, wenn es zur Entscheidung über offene polititsche Wege verwendet wird. Verantwortlich denkende und handelnde Christen werden in Gewissensnot gebracht. Fragen des innerweltlichen Überlebens, so wichtig sie sind, dürfen nicht mit Fragen des Glaubens verwechselt und zu Bekenntnisfragen gemacht werden." Der Rat der Evangelischen Kirche in Deutschland ist sich jedoch sehr wohl darüber im klaren, daß die immer noch gegebene Möglichkeit eines Einsatzes von Massenvernichtungswaffen für viele Christen eine unerträgliche Gewissensbelastung bedeutet. Das kommt in dem „Wort des Rates der EKD zur Friedensdiskussion im Herbst 1983" zum Ausdruck. Aus diesem Grunde wird in diesem Wort noch einmal ausdrücklich unterstrichen: „Deshalb sind wird davon überzeugt, daß die Elemente gemeinsamer Sicherheit gestärkt werden müssen gegenüber dem Versuch, Sicherheit in Konfrontation zu finden. Das System nuklearer Abschreckung und die Steigerung der Rüstungspotentiale dürfen nicht unser aller Zukunft beherrschen. Darum unterstreicht der Rat erneut die Mahnung. Das entscheidende ethische und politische Ziel bleibt es, den Frieden mit politischen Mittel zu sichern und die militärische Konfrontation sowie das nukleare Wettrüsten zu beenden. Das erfordert, den Stellenwert der nuklearen Abschreckung schrittweise zu mindern, ihre Risiken herabzusetzen und die Abwendung des Krieges mehr und mehr auf andere Mittel zu stützen."

In der Denkschrift der Evangelischen Kirche in Deutschland „Frieden wahren, fördern und erneuern" besinnt sich die Kirche auch auf ihren ureigensten Auftrag: Verkündigung des Friedens als Gabe Gottes ist wesentlicher Bestandteil des Evangeliums. Reden vom Frieden und Handeln für den Frieden ist unrealistisch, wenn nicht auch von der Sündhaftigkeit der Menschen geredet wird und in diesem Zusammenhang von der Vergebung und Verheißung Gottes. Das Gebet für den Frieden wird als entscheidender Beitrag der Christen für den Frieden in der Welt unterstrichen. Hier ist in Sonderheit die evangelische Militärseelsorge angesprochen.

2 Die Wiedererrichtung einer katholischen Militärseelsorge

2.1 Gegebene Grundlagen

Ebenso wie mit der evangelischen Kirche nahm die Dienststelle Blank Mitte 1951 auch mit der Bonner Vertretung der Fuldaer Bischofskonferenz ersten Kontakt auf, um zu sondieren, ob überhaupt Bereitschaft bestand, über eine mögliche Militärseelsorge zu sprechen und welche inhaltlichen Vorstellungen in dieser Angelegenheit bestanden.[64]) Vom November 1951 bis zum 16. Januar 1952 fanden Vorbesprechungen zwischen Ministerialdirigent Ernst Wirmer und dem Leiter des katholischen Kirchenbüros, Prälat Wilhelm Böhler, mit dem Ergebnis statt, daß übereinstimmend festgestellt wurde, daß die katholische Militärseelsorge durch Artikel 27 des Reichskonkordates, von dessen Weitergeltung beide Seiten ausgingen, geregelt sei. Damit sei die exemte Militärseelsorge unter Leitung eines Armeebischofs vorgesehen, deren Organisation der Zuständigkeit des Heiligen Stuhles unterliege.

In einem Aktenvermerk stellte Wirmer fest, daß Artikel 27 des Reichskonkordates wegen der Nicht-Existenz deutscher Streitkräfte nur an praktischem, nicht aber an rechtlichem Gehalt verloren habe und „deshalb von dieser Bestimmung abweichende Regelungen der Militärseelsorge in einer zukünftigen Wehrmacht nur durch Vereinbarungen mit dem Heiligen Stuhl getroffen werden können".[65]) Mit dieser Feststellung waren die Sondierungen insofern schon an einen Abschluß gekommen, als sich die Grundfrage des „Ob" einer katholischen Militärseelsorge nicht stellte und auch die Wege zum Ziel geregelt waren, da sich Staat und Kirche in einem wechselseitigen Obligo befanden. Schon am 10. Februar 1952 teilte der Vorsitzende der Fuldaer Bischofskonferenz, der Kölner Erzbischof Joseph Kardinal Frings, Theodor Blank in einem Handschreiben mit, daß Prälat Böhler von ihm beauftragt sei, mit ihm „über Fragen der katholischen Wehrmachtsseelsorge und der Befreiung der katholischen Geistlichen vom Wehrdienst zu verhandeln". Offensichtlich fernmündlich wurde der Dienststelle Blank dann der Bischof von Münster, Dr. Keller, als verantwortlicher Verhandlungsführer für die deutschen Bischöfe in der fraglichen Angelegenheit benannt. Auf demselben Wege meldete Prälat Böhler im Juni 1952 seine entsprechende Beauftragung durch den Apostolischen Nuntius zur Führung von Vorverhandlungen.[66])

Aufgrund fehlender Quellenforschungen bleiben Aussagen über Gründe und Motive des raschen Eingehens der Bischofskonferenz auf das staatliche Anliegen vorerst hypothetisch. Es darf jedoch vermutet werden, daß nicht nur das Interesse an der Weitergeltung des Reichskonkordates dafür ausschlaggebend war. Die Bereitschaft, sofort „zur Sache zu kommen", hatte wohl noch andere Hintergründe.

---

[64]) K. Steuber, a.a.O., S. 13; vgl. auch A. Doering-Manteuffel, Katholizismus und Wiederbewaffnung, Mainz 1981, S. 224–233; F. Lubbers, „Der Anfang der Militärseelsorge aus der Sicht des Staates", *Militärseelsorge* 13 (191), S. 84–89

[65]) Aktenvermerk vom 8. November 1951 (zit. nach K. Steuber, a.a.O., S. 70)

[66]) Vgl. K. Steuber, a.a.O., S. 71, Anm. 157

Von nicht zu unterschätzender Bedeutung muß hier die zur fraglichen Zeit in großer Klarheit hervortretende kirchliche Lehre zur sittlich gebotenen Verteidigung gewesen sein. Papst Pius XII. hatte in seiner Weihnachtsbotschaft von 1948 unter dem Eindruck der sowjetischen Expansionspolitik in Ost- und Südosteuropa und der damit verbundenen brutalen Kirchenverfolgung von einem geschichtlichen „Kreuzungspunkt" gesprochen, der das entschiedene Einstehen zu „wahrem Friedenswillen" gebietet. Die Botschaft kulminiert in der Aussage, daß es Güter gebe, „welche die göttliche Friedensordnung unbedingt zu achten und zu gewährleisten, deshalb auch zu schützen und zu verteidigen verpflichtet".[67]) Unter dem Eindruck des soeben ausgebrochenen Koreakrieges bringt Kardinal Frings die Aussagen des Papstes während des diözesanen Katholikentages in Bonn am 22./23. Juli 1950 sehr nachdrücklich in Erinnerung, wobei er ausdrücklich die mögliche Verteidigungspflicht erwähnt.[68])

Damit war die kirchliche Lehre zur militärischen Verteidigung auf der prizipiellen Ebene überaus deutlich markiert. Im Bereich des Verbandskatholizismus zuvor vertretene pazifistische Positionen waren damit unhaltbar geworden.

Aber auch im Bereich der sehr starken Laienverbände bildete sich schon 1950/51 ein deutlicher Konsens zur Frage eines möglichen deutschen Wehrbeitrages heraus. Gegen weit verbreitete Aversionen gegen Streitkräfte, die sich nicht nur aus dem gerade zurückliegenden Kriegserlebnis, sondern nicht weniger aus historischen Erfahrungen des katholischen Bevölkerungsanteils mit der preußisch-deutschen Armee ergaben, votierten die Verbände für die Adenauersche Politik. Theologische Lehre, aktuelle Erfahrungen mit der kommunistischen Bedrohung und die nachhaltige allgemeinpolitische Unterstützung einer auf die europäische Integration – auch der Streitkräfte – abzielenden Außenpolitik gingen eine Verbindung ein. Die mitgliedsstarken Laienverbände – darunter auch der Bund der Deutschen Katholischen Jugend – sprachen sich in öffentlichen Kundgebungen im Frühjahr 1952 nachdrücklich für einen deutschen Wehrbeitrag aus.[69])

Unter diesen Umständen konnte die Einrichtung einer Militärseelsorge in einer neuen Armee – gleich wie diese auch organisiert sein sollte – in der katholischen Öffentlichkeit nicht zum Problem werden. Die Notwendigkeit einer geordneten Seelsorge für Soldaten überhaupt, die nur in Zusammenarbeit mit dem Staat geleistet werden konnte, stand schließlich vollends außer Frage, da sie zum historischen Besitzstand der deutschen Katholiken gehörte.

---

67) Zit. nach E.-J. Nagel/H. Oberhem, Dem Frieden verpflichtet: Konzeptionen und Entwicklungen der katholischen Friedensethik seit dem Zweiten Weltkrieg, München/Mainz 1982, S. 22; vgl. zum Zusammenhang ebd., S. 19ff.

68) Vgl. E.-J. Nagel/H. Oberhem, a.a.O., S. 29ff.; A. Doering-Manteuffel, a.a.O., S. 85ff.; H. Hürten, „Zur Haltung des deutschen Katholizismus gegenüber der Sicherheits- und Bündnispolitik der Bundesrepublik Deutschland 1948–1960", *Militärseelsorge* 21 (1979), S. 133–155

69) A. Doering-Manteuffel, a.a.O., S. 145ff.

Ein weiterer Aspekt, der die ausschließlich pragmatische Reaktion der deutschen Bischöfe auf das staatliche Ansinnen plausibel zu machen vermag, liegt in der Tatsache, daß die römische Konsistorialkongregation unmittelbar zuvor am 23. April 1951 durch die Instructio „Sollemne semper extitit" [70]) erstmalig ein kirchenrechtliches Rahmenmodell für die Militärseelsorge in allen dazu bereiten Staaten veröffentlicht hatte. Das signalisierte einerseits, daß der Heilige Stuhl eine besondere Seelsorge für Soldaten nicht nur für zulässig, sondern für pastoral notwendig hielt. Zum anderen war die in früherer Zeit von manchen Bischöfen mit erheblichen Vorbehalten beurteilte Frage der Exemtion der Militärseelsorge durch diese Instructio wesentlich entschärft worden.[71]) Da die deutschen Bischöfe schließlich nur über pastorale Folgeprobleme politischer Entscheidungen, die nicht in ihre Kompetenz fielen, zu befinden hatten, konnten sie also in aller Ruhe praktische Lösungsmodelle einer Militärseelsorge im Rahmen des im Konkordat Vereinbarten mit der staatlichen Seite besprechen.

Aus heutiger Sicht lohnt sich noch ein zusätzlicher Blick auf jene rechtlichen Gegebenheiten, die Staat und Kirche in der jungen Bundesrepublik Deutschland vom Deutschen Reich übernommen hatten. Die Regelungen des Artikel 27 des Reichskonkordates, einschließlich der diesbezüglichen Erläuterungen im Schlußprotokoll wie der Abmachungen in einem Geheimanhang, die unter anderem die Befreiung der katholischen Geistlichen vom Wehrdienst beinhalten, waren eine keineswegs nachrangige Materie dieses Vertragswerkes. Ganz im Gegenteil boten die Forderungen des Reichswehrministers von Schleicher nach einer exemten katholischen Militärseelsorge dem päpstlichen Kardinalstaatssekretär und früheren Nuntius in Deutschland, Eugenio Pacelli, einen willkommenen Anlaß, der Reichsregierung 1932 Verhandlungen über den Abschluß eines eigenen Konkordates mit dem Deutschen Reich vorzuschlagen.[72]) Die deutschen Länder hatten entsprechende Pläne immer wieder unter anderem mit dem Hinweis blockiert, für das Reich bestünden keine regelungsbedürftigen Gegenstände. Der Heilige Stuhl hingegen war daran interessiert, über ein möglichst weitreichendes „Rahmenkonkordat" die kirchlichen Belange auch in jenen deutschen Ländern zu schützen, in denen der katholische Einfluß gering war. Die Militärseelsorgefrage wurde so zu einem Hebel, das Konkordatsproblem im kirchlichen Sinne erneut anzugehen.

In gewisser Hinsicht verfolgten Reichsregierung und Heiliger Stuhl ein ähnliches Ziel: Beide wollten zur rechtlichen Absicherung der eigenen Bedürfnisse eine Gesamtlösung für das Reichsgebiet. Dieses Anliegen verfolgte der Reichswehrmini-

---

[70]) Siehe Dokumenten-Anhang

[71]) Ph. Hofmeister weist darauf hin, daß die in dieser Hinsicht sehr kritischen französischen Bischöfe noch 1952 eine besondere Feldseelsorge im neuen Stil zuließen („Die Militärseelsorge in neuerer Zeit", *Münchener Theologische Zeitschrift* 11, [1960], S. 123–140, bes. S. 131ff.). Auf dem Hintergrund des „Pleven-Plans" werden die deutschen Bischöfe dies sicherlich mit Interesse verfolgt haben.

[72]) Die besondere Rolle der Militärseelsorge für die Verhandlungen beleuchtet A. Kupper, „Zur Geschichte des Reichskonkordates", *Stimmen der Zeit*, 171. Bd. (1962/63), S. 25–50

ster schon seit Jahren. Mit dem Zusammenbruch der deutschen Monarchien war nämlich hinsichtlich der Militärseelsorge ein staatskirchenrechtlich ungeregelter Zustand eingetreten. Die 1921 der preußischen Regierung übergebenen „Vorschläge des Deutschen Episkopats zur Organisation einer katholischen Reichswehrseelsorge" waren staatlicherseits nie akzeptiert worden, weil sie die uneingeschränkte Jurisdiktion der Diözesanbischöfe über die Soldaten vorsahen. Nach dem Scheitern weiterer Verhandlungen mit den deutschen Bischöfen setzte der Reichswehrminister auf dem Verordnungswege schließlich die Bestimmungen der „Evangelischen Militärkirchlichen Dienstordnung für das Reichsheer und die Reichsmarine" vom 28. Februar 1929 am 1. Oktober desselben Jahres sinngemäß auch für die katholische Militärseelsorge in Kraft. Damit waren die zentralen Probleme der kirchlichen Jurisdiktion der Militärgeistlichen natürlich nicht gelöst.

In seinem Brief an den Paderborner Erzbischof Caspar Klein vom 13. Juli 1932 beklagte Reichswehrminister von Schleicher den „unerfreulichen Zustand der Katholischen Militärseelsorge" und wiederholte die schon von Reichskanzler Brüning 1930 gegenüber dem Fürsterzbischof von Breslau erhobene Forderung nach Exemtion mit den nämlichen Argumenten: „Aus innenpolitischen, etatrechtlichen, militärorganisatorischen und psychologischen von der Erhaltung der Truppe her bestimmten Gründen sowie mit Rücksicht auf die außenpolitischen Zusammenhänge und auf eine auslandspolitische Parität."[73]) Mit diesem Schreiben wird zugleich ein vom Erzbischof übersandter Entwurf einer katholischen militärkirchlichen Dienstordnung zurückgewiesen, weil er „auf dem streng durchgeführten Grundsatz der Nicht-Exemtion und der uneingeschränkten Jurisdiktion der Ortsbischöfe" aufbaut.[74])

Bekanntlich hat sich das Reich erst unter innenpolitisch völlig veränderten Verhältnissen zum Konkordat mit dem Heiligen Stuhl verstanden. Es bleibt aber festzuhalten, daß die nunmehr in Artikel 27 des Reichskonkordates enthaltenen Regelungen zur Militärseelsorge keineswegs auf nationalsozialistische Forderungen zurückgehen. Überdies wird Deutschland hier nichts zugestanden, was nicht etwa in anderen Staaten schon längst existierte. Für die katholischen Offiziere, Beamten und Mannschaften sowie ihre Familien, die nicht zu den Lasten der Ortskirchengemeinden beitragen, wird eine exemte Militärseelsorge geschaffen, die unter der Leitung eines vom Heiligen Stuhl im Einvernehmen mit der Reichsregierung ernannten „Armeebischof" steht.[75]) Dieser nimmt die kirchliche Ernennung von Militärpfarrern und sonstigen Militärgeistlichen im Benehmen mit den zuständigen Reichsbehörden vor, nachdem die zuständigen Diözesanbischöfe die betreffenden Geistlichen für den Dienst in der Militärseelsorge freigestellt und ein entsprechendes Eignungszeugnis

[73]) Zit. nach A. Kupper, a.a.O., S. 36

[74]) Ebd., S. 35

[75]) Zur Rechtsstellung des Katholischen Militärbischofs s.u. S. 72–80

ausgestellt haben. Die Militärgeistlichen, deren beamtenrechtliche Verhältnisse der Staat regelt, haben Pfarrechte inne. Die Organisation der Militärseelsorge im einzelnen soll durch ein im Benehmen mit der Reichsregierung erlassenes Breve erfolgen. Die dermaßen angekündigten Statuten für die Seelsorge in der Deutschen Reichswehr wurden durch Pius XI. mit dem Motuproprio „Decessores nostros" vom 19. September 1935 in dem vom Konkordat vorgesehenen Verfahren erlassen.[76]) Sie waren, wie das Reichskonkordat selbst, fortgeltender Bestandteil des deutschen Staatskirchenrechts auch über den Zusammenbruch des Deutschen Reiches hinaus und wurden formal schließlich erst durch die Schlußbestimmungen der neuen päpstlichen Statuten vom 31. Juli 1965 aufgehoben. Sie gehörten damit zu dem Rahmen, in dem die neue Konzeption der katholischen Militärseelsorge für die Bundeswehr entwickelt werden mußte.

Die für den Neuaufbau einer Militärseelsorge relevanten, über rein kirchenrechtliche Regelungen hinausgehenden Bestimmungen der Statuten von 1935 lassen sich wie folgt zusammenfassen:

1. Der „Armeebischof" genannte Prälat verfügt über die bischöfliche Würde (Artikel I), erhält die ordentliche, exemte Jurisdiktion über die katholischen Angehörigen der Reichswehr und ihre katholischen Familienmitglieder, die damit faktisch der Zuständigkeit der Ortsbischöfe entzogen werden, durch den Heiligen Stuhl (Artikel III) und wird – wie seine Militärgeistlichen – im Rahmen eines staatlichen Beamtenverhältnisses besoldet (Artikel VII; „eingemauerter Armeebischof").
2. Der „Armeebischof" ernennt einen Generalvikar, der im Fall der Erledigung des Amtes des Armeebischofs dessen Jurisdiktion ausübt und auch zugleich Offizial sein kann (Artikel XXI, VIII). Er verfügt also über einen eigenen Gerichtshof, der lediglich für die Eheprozesse in der Regel unzuständig bleibt. Der Armeebischof sorgt für den Religionsunterricht (Artikel IX), er errichtet und ändert Militärpfarreien (Artikel XIV).
3. Militärgeistliche sind in der Regel auf Dauer in der Militärseelsorge tätig (Artikel VII) und unterstehen dem freien Versetzungsrecht des Armeebischofs (Artikel XII).

Damit war de facto ein eigenständiges „Personalbistum" errichtet, auf dessen Leben die deutschen Bischöfe kaum Einfluß nehmen konnten. Schon die Vorgänge bei der Ernennung des ersten Armeebischofs für die Deutsche Wehrmacht machten nur zu

[76]) Vgl. *Acta Apostolicae Sedis* 27 (1935), S. 367–373

deutlich, in welchem Umfang eine dergestalt organisierte Militärseelsorge staatlichen Pressionen ausgesetzt sein konnte,[77]) was in der weiteren Geschichte der katholischen Feldseelsorge in der Zeit nationalsozialistischer Herrschaft seine vielfache bedrückende Bestätigung erfuhr.[78])

Der Inhalt dieses rechtlichen Rahmens war den staatlichen und kirchlichen Verhandlungsführern bei der Planung einer neuen katholischen Militärseelsorge für die zu errichtenden deutschen Streitkräfte vorgegeben. Damit verband sich für beide Verhandlungsparteien die inhaltlich übereinstimmende Deutung der praktischen Erfahrungen mit diesen Grundlagen im „Härtetest" totalitärer Herrschaft. Staatlicherseits bestand ein bedeutendes Interesse daran, die Seelsorge für die Soldaten sicherzustellen. Die Kirche ihrerseits war bereit, die unter anderen Umständen eingegangenen Verpflichtungen im demokratischen Staat voll einzulösen.

2.2 Verhandlungen

Der Zeitraum, in dem in der evangelischen Kirche und zum Teil in der Öffentlichkeit lebhaft um eine evangelische Militärseelsorge gerungen wurde, sieht zwischen Staat und katholischer Kirche nur begleitende Vorverhandlungen. Da von vornherein feststand, daß es sich hier eindeutig um Materien handelte, die auf der konkordatsrechtlichen Ebene zwischen der Bundesrepublik Deutschland und dem Heiligen Stuhl verhandelt werden mußten, waren die Gespräche zwischen der Dienststelle Blank und den Beauftragten der Fuldaer Bischofskonferenz eindeutig als auf der Arbeitsebene geführt verstanden.

In einer ersten, als rein informell deklarierten, Inhalte berührenden Vorbesprechung wünschte Prälat Böhler am 29. Februar 1952 – in Abweichung von den Statuten von 1935 – grundsätzlich einen Wechsel der Militärgeistlichen, die nur noch für begrenzte Zeit in der Militärseelsorge Dienst tun sollten, „um zu verhindern, daß sie sich ihrer seelsorgerischen Aufgabe entfremden", wie es in einem Vermerk der Dienststelle Blank heißt.[79]) Weiterhin sollte das Amt des „Wehrmachtsbischofs" einem regierenden Bischof der Bundesrepublik Deutschland übertragen werden, um die Zugehörigkeit des „Wehrmachtsbischofs" zur Fuldaer Bischofskonferenz sicherzustellen. Damit war der Sache nach zugleich klar, daß der Militärbischof in keinem Dienstverhältnis zum Staat stehen konnte; dies wäre für einen Diözesanbischof völlig ausgeschlossen.

Im Nachgang zu diesem Gespräch fand am 17. Juni desselben Jahres eine Begegnung zwischen dem durch die Fuldaer Bischofskonferenz beauftragten Bischof Keller und

---

[77]) Vgl. H. Apold, „Feldbischof Franz Justus Rarkowski im Spiegel seiner Hirtenbriefe", *Zeitschrift für die Geschichte und Altertumskunde Ermlands* 39 (1978), S. 86–128, S. 96f.

[78]) Eine zusammenfassende wissenschaftliche Untersuchung der Geschichte der Katholischen Reichswehr- und Feldseelsorge der Deutschen Wehrmacht von 1933–1945 steht noch aus. Einblick vermittelt M. Messerschmidt, Aspekte der Militärseelsorgepolitik in nationalsozialistischer Zeit, Freiburg 1969 (Sonderdruck aus Militärgeschichtliche Mitteilungen 1/68 und 1/69).

[79]) Zit. nach K. Steuber, a.a.O., S. 72

Theodor Blank im Katholischen Kirchenbüro statt. Man kam überein, vor den schließlich erforderlichen förmlichen Verhandlungen auf Konkordatsebene zwischen Auswärtigem Amt und Heiligem Stuhl erst einmal zu prüfen, welche Veränderungen der früheren Regelungen aus militärorganisatorischen Gründen erforderlich seien. Durch diesen Verhandlungsmodus, der parallel auch mit der evangelischen Kirche praktizierbar war, sollten auch möglichst angenäherte Lösungen für beide Kirchen ermöglicht werden, ein Ziel, das dem Staat aus guten Gründen besonders wichtig war.

Schon in diesem Gespräch wurde über die tragenden Grundsätze von der alten Praxis abweichender Regelungen Einvernehmen erzielt:

1. Zum „Wehrmachtsbischof" wird ein residierender Diözesanbischof ernannt. Die Organisationsspitze der katholischen Militärseelsorge, also der „Wehrmachtsbischof", wird aus dem militärischen Gewaltverhältnis herausgenommen.
2. Die „Wehrmachtsgeistlichen" werden grundsätzlich nach acht bis zehn Jahren wieder entlassen und mit anderen Geistlichen aus der diözesanen Seelsorge ausgetauscht. Nur der Generalvikar, seine Referenten und die Dekane sollten auf Lebenszeit angestellt werden.
3. Ein Vorgesetzten- und Unterstellungsverhältnis sowie ein Disziplinarverhältnis sollte „nur innerhalb der Hierarchie der Geistlichen der Streitkräfte gegeben sein .... Fachvorgesetzte und Disziplinarvorgesetzte sollen also identisch sein".[80])
4. Militärgeistliche bekleiden keinen militärischen Rang und tragen die üblichen „zivilen" Bezeichnungen.
5. Die „Wehrmachtsgeistlichen" tragen im Frieden eine Dienstkleidung nach kirchlichem Recht wie im „zivilen" Bereich, im Krieg eine Uniform, die sie lediglich als Angehörige der Streitkräfte kenntlich machen soll.

Die Gespräche werden von 1953 bis 1955 auf Arbeitsebene fortgeführt. Dabei werden eine Reihe von Einzelfragen erörtert, die sich zum Teil mehr oder weniger zufällig zu ergeben scheinen. So nennt ein Vermerk der Dienststelle Blank über ein Gespräch vom 18. März 1953 als Erfordernisse für die künftige katholische Militärseelsorge eine Einsatzdienstanweisung, ein Breve, ein Gebetbuch für die Truppe und ein Handbuch für die Geistlichen.[81]) Die Dienststelle Blank sollte für die „Einsatzdienstanweisung" federführend sein, bei der die Kirche ein Mitprüfungsrecht haben sollte, diese dagegen für die übrigen Punkte im umgekehrten Wege zuständig sein.

---

80) Vermerk der Dienststelle Blank, zit. nach K. Steuber, a.a.O., S. 73
81) Vgl. ebd., S. 74

Die Lösung der beiden substantiellen Aufgaben – der Erlaß der späteren Zentralen Dienstvorschrift 66/1 und der päpstlichen Statuten von 1965 – folgt dann jedoch einer anderen Logik als der der eingeschlagenen Verfahrensgänge.

Immerhin konnte man sich in dieser Zeit auch über einige praktisch relevante Fragen – wie es scheint mühelos – verständigen. So über die Anzahl der einzurichtenden Planstellen für Militärgeistliche. Auf jeweils 1500 Angehörige einer Konfession sollte ein Militärgeistlicher eingestellt werden, damit eine wirksame Seelsorgearbeit geleistet werden kann. Der damit anfallende, erheblich größere Bedarf an jungen Geistlichen sollte „mit Rücksicht auf den derzeitigen Priestermangel“[82]) auch durch Heranziehung von Ordensgeistlichen überwunden werden, die zu diesem Zweck in den Genuß der Ausnahmebestimmungen des Artikel 14 Abs. 2 Nr. 2 des Reichskonkordats kommen sollten.[83]) Am 11. September 1954 fand dann auch eine große Konferenz zwischen der Dienststelle Blank, Prälat Werthmann als Vertreter der Fuldaer Bischofskonferenz und der Vereinigung der deutschen Ordensoberen in Würzburg-Himmelspforten statt, bei der sich die Orden bereit erklärten, etwa 20% aller Militärgeistlichen zu stellen.[84])

Die in den Verhandlungen mit der evangelischen Kirche entwickelten, am 29. September 1954 in der Dienststelle Blank als Referentenentwurf vorgelegten „Grundzüge der künftigen Militärseelsorge“ faßten die auch mit dem Katholischen Kirchenbüro abgesprochenen Positionen zusammen.[85]) Hier werden neben den praktischen Regelungen auch Begründungen für die Einrichtung einer besonderen Militärseelsorge angeführt. Es wird auf das grundgesetzlich garantierte „Recht auf ungestörte religiöse Betätigung“ verwiesen, das aber unter den Bedingungen in den Streitkräften besonderer Sicherungen bedürfe. Wörtlich heißt es hier: „Die Rechtspflicht des Staates, eine Militärseelsorge einzurichten, wird verstärkt durch die ihm gegenüber den Angehörigen der Streitkräfte obliegende allgemeine Fürsorgepflicht, die auch die religiösen Bedürfnisse umschließt. In diesem Sinne ist Militärseelsorge eine Bringeschuld des Staates, die ergänzend zum Seelsorgeauftrag hinzutritt.“[86])

Angesichts dieser Argumentation wird auch die Berechnung der erforderlichen Zahl an Planstellen verständlich, wonach für je 1500 Streitkräfteangehörige eines Bekenntnisses ein Militärgeistlicher bestellt werden soll. Die gegenüber der Deutschen Wehrmacht große Anzahl der Militärpfarrer sei „aber erforderlich“, um eine Militärseelsorge zu gewährleisten, die sich nicht in reiner Verwaltungstätigkeit

[82]) Aktenvermerk Dienststelle Blank, ebd., S. 75

[83]) Es sollte demnach auf das Erfordernis des anerkannten deutschen Reifezeugnisses und des dreijährigen philosophisch-theologischen Studiums an einer staatlichen bzw. staatlich anerkannten Hochschule verzichtet werden.

[84]) Vgl. K. Steuber, a.a.O., S. 76 – Der frühere Feldgeneralvikar Georg Werthmann war seit September 1952 an den Verhandlungen beteiligt.

[85]) Vgl. ebd., S. 16ff.

[86]) Zit. nach ebd., S. 17

erschöpft.[87]) Durch das Scheitern der Pläne für eine Europäische Verteidigungsgemeinschaft wurden im ersten Halbjahr 1955 auch entsprechende Modifikationen an den Entwürfen für die vorgesehene Militärseelsorge notwendig. Am 6. Juni 1955 übersandte Bundesverteidigungsminister Theodor Blank an die Beauftragten beider Kirchen einen gleichlautenden „Ordnungsentwurf für die künftige Militärseelsorge", der zugleich auch dem Auswärtigen Amt mit dem Ersuchen um Eröffnung förmlicher Verhandlungen mit dem Heiligen Stuhl unter Beteiligung des Verteidigungsministeriums zugeleitet wird.[88]) In diesem „Ordnungsentwurf" finden sich erwähnenswerte Präzisierungen schon früher getroffener Absprachen, etwa in der Betonung des „Prinzips der Freiwilligkeit", dem Hinweis auf die Militärseelsorge als „einem Teil der Gesamtseelsorge" und die Kirchen als „Träger der Seelsorge". Die Militärgeistlichen sollen nicht fest in militärische Kommandostellen eingebaut, sondern „auf Zusammenarbeit mit den militärischen Stellen angewiesen" werden. Jedem Militärgeistlichen soll eine planmäßige Hilfskraft „zur Unterstützung bei kirchlichen Amtshandlungen und für den Bürodienst" zugeteilt werden.

In einer Abschlußbesprechung am 27. Juli 1955 zwischen den Vertretern der Kirchen – katholischerseits war Prälat Böhler anwesend – und dem Verteidigungsministerium fanden die Vorverhandlungen ihren Abschluß. Eine Reihe von Detailfragen wurden jetzt noch erörtert, und, wie die definitiven Regelungen dann schließlich zeigen, auch gelöst.[89]) Während der Gesetzgebungsprozeß in der Evangelischen Kirche in Deutschland, das entsprechende Vertragswerk mit der Bundesrepublik Deutschland und die entsprechenden parlamentarischen Beratungen im Bundestag jetzt fortschreiten, bleibt der formale Abschluß für die katholische Seite vorerst offen. Auch angesichts des beim Bundesverfassungsgericht anhängigen Rechtsstreit zwischen der Bundesregierung und den Bundesländern Niedersachsen, Hessen und Bremen um die Weitergeltung des Reichskonkordates, der vom März 1955 bis März 1957 andauert, unterbleiben die beabsichtigten Verhandlungen zwischen dem Auswärtigen Amt und dem Heiligen Stuhl über die Änderung der Statuten von 1935. Trotzdem beginnt mit der Ernennung von Joseph Kardinal Wendel, Erzbischof von München und Freising, zum ersten Katholischen Militärbischof für die Deutsche Bundeswehr durch Dekret der Konsistorialkongregation vom 4. Februar 1956 die Existenz der katholischen Militärseelsorge. Der „Vicarius Castrensis Republicae Foederalis Germaniae", im konkordatsmäßig vorgesehenen Verfahren bestellt, wird unter Berufung auf das Reichskonkordat, das Motuproprio „Decessores nostros" und die Instructio „Sollemne semper" in sein Amt berufen. Am Beginn der katholischen Militärseelsorge in der Bundeswehr steht damit ein rechtliches Provisorium, das ihr noch über neun Jahre erhalten bleiben sollte.

---

[87]) Zur Begründung dieser Zahl werden Vergleichszahlen aus dem „zivilen" Seelsorgebereich für die evangelische Kirche mit 1 : 2400 und für die katholische Kirche mit 1 : 1500 Gläubigen angegeben, die unter Anrechnung der Familienmitglieder der Soldaten auch in der Militärseelsorge als erreicht angesehen werden (vgl. ebd.).

[88]) Vgl. K. Steuber, a.a.O., S. 78; zum Inhalt des „Ordnungsentwurfes" vgl. ebd., S. 22ff.

[89]) Zum Verlauf der Besprechung vgl. ebd., S. 31ff.

2.3 Endgültige Strukturen

Mit der Ernennung des ersten Militärgeneralvikars Georg Werthmann am 16. März 1956 sowie der Wehrbereichsdekane in Stuttgart, Hannover, Kiel, München, Mainz und Düsseldorf in der Zeit vom 6. April bis 14. Juni 1956 konnte die Arbeit der katholischen Militärseelsorge aufgenommen werden. In den darauffolgenden Monaten desselben Jahres wurden insgesamt 19 Militärgeistliche zu Standortpfarrern ernannt und zwar in Sonthofen, Idar-Oberstein, Hammelburg, Uetersen, Hannover, Schleswig, Wilhelmshaven, Regensburg, Hamburg, Bamberg, Mittenwald, Ellwangen, Höxter, Hemer, Fürstenfeldbruck und Kiel (Reihenfolge nach Ernennungsdaten).

Im selben Jahr beschloß der Deutsche Bundestag das Soldatengesetz, das auch Aussagen über die Militärseelsorge enthält. Schon der im September 1955 vorgelegte Regierungsentwurf enthielt einen § 31 Seelsorge: „In den Streitkräften werden besondere Einrichtungen für eine Seelsorge geschaffen". Die knappe Begründung weist lediglich darauf hin, der genannte Paragraph sehe besondere Einrichtungen in den Streitkräften für eine Seelsorge vor. Die Regelungen im einzelnen blieben besonderen Vereinbarungen mit den an der Seelsorge beteiligten Religionsgemeinschaften vorbehalten. Damit wird der Gesetzgeber aufgefordert, in Konsequenz der vertragsrechtlichen Ausgangslage zwischen Staat und Kirche zur Regelung einer Militärseelsorge auch in dieser Hinsicht eine positive gesetzliche Grundlage zu schaffen. Der Verteidigungsausschuß änderte die Regierungsvorlage, indem er als Formulierung des neuen § 31 vorsah: „Der Soldat hat einen Anspruch auf Seelsorge und ungestörte Religionsausübung. Die Teilnahme am Gottesdienst ist freiwillig." Dieser Text hat dann auch Gesetzeskraft erhalten, lediglich die Zählung hat sich verändert (§ 36 Soldatengesetz). In der entsprechenden Begründung weist der Ausschuß darauf hin, daß die gesetzlichen Grundlagen für vertragliche Vereinbarungen zwischen der Bundesregierung und den Kirchen in einem geplanten Organisationsgesetz enthalten sein sollten. Das vorliegende Gesetz habe „lediglich die Rechte der Soldaten in bezug auf die Seelsorge und Religionsausübung anzusprechen. Der Anspruch des Soldaten ist in dieser Richtung festgelegt. Ein Zwang darf auf diesem Gebiet nicht ausgeübt werden. Die Teilnahme an gottesdienstlichen Veranstaltungen ist immer freiwillig. Es bestand im Ausschuß Übereinstimmung darüber, daß der Anspruch auf ungestörte Religionsausübung dann nicht als eingeschränkt anzusehen ist, wenn dringende dienstliche Erfordernisse in einzelnen Fällen der Möglichkeit der ungestörten Religionsausübung entgegenstehen." [90])

§ 36 Soldatengesetz wird ohne weitere Wortmeldungen in der vom Ausschuß vorgelegten Fassung vom Deutschen Bundestag akzeptiert. Das angekündigte Organisationsgesetz wurde als Entwurf der Bundesregierung erst am 18. Juli 1965 dem Präsidenten des Deutschen Bundestages vorgelegt. Er hat jedoch niemals Gesetzes-

[90]) Vgl. K. Steuber, a.a.O., S. 96

kraft erlangt. Immerhin sah dieser Entwurf in seinem § 6 Bestimmungen hinsichtlich der Militärseelsorge vor. Der Entwurf nennt evangelische und katholische Militärgeistliche, führt die beiden Kirchenämter an, denen „auch die staatlichen Verwaltungsaufgaben obliegen; insoweit sind sie dem Bundesminister der Verteidigung unmittelbar nachgeordnet". Auch die Möglichkeit der entsprechenden Einrichtung von Militärseelsorgen anderer Bekenntnisse auf deren Verlangen hin wurde vorgesehen. In der Begründung wird auch nochmals auf den letzteren Aspekt hingewiesen, daß nämlich „auf Verlangen anderer Religionsgemeinschaften auch für ihre Angehörigen in den Streitkräften eine entsprechende Militärseelsorge eingerichtet werden kann. Abgesehen davon wird sichergestellt, daß Angehörige kleinerer Religionsgemeinschaften hinreichend Gelegenheit zur Erfüllung ihrer religiösen Pflichten erhalten."[91])

Interesse verdient hier ein weiterer Hinweis Steubers, der sich in der Begründung findet: „Während für den Bereich der Militärseelsorge eine fachliche Zuständigkeit des Bundesministers der Verteidigung nicht gegeben ist, ergibt sich in organisatorischer Hinsicht ein begrenzter Auftrag aus Artikel 27 des Reichskonkordats vom 20. Juli 1933 und aus dem durch das Gesetz über die Militärseelsorge vom 26. Juli 1957 ratifizierten ‚Vertrag der Bundesrepublik Deutschland mit der Evangelischen Kirche in Deutschland zur Regelung der Evangelischen Militärseelsorge vom 22. Februar 1957'."[92]) Hier wird also selbst die organisatorische Zuständigkeit des Staates aus dem Staatskirchenrecht abgeleitet. Der Staat hat sich „depossidiert". (Militärbischof Kunst.) Der Unterschied zur Praxis während der Weimarer Republik, als der Reichswehrminister Regelungen zur Militärseelsorge auf dem Verordnungswege erließ, ist nur zu offensichtlich.

Unter dem Datum des 28. August 1956 erließ das Bundesverteidigungsministerium die Zentrale Dienstvorschrift 66/1 Militärseelsorge. Dies geschah offensichtlich, um die Arbeitsfähigkeit der Militärseelsorge innerhalb der neuen Streitkräfte sicherzustellen. Erst am 26. Juli 1957 kann das „Gesetz über die Militärseelsorge" im Bundesgesetzblatt veröffentlicht werden. Es beinhaltet den Militärseelsorgevertrag sowie eine in § 2 enthaltene Bestimmung, daß die im Militärseelsorgevertrag enthaltenen beamtenrechtlichen Regelungen auch auf die katholischen Militärgeistlichen Anwendung finden. Es fehlte jedoch der katholischerseits gewünschte ausdrückliche Verweis auf das Reichskonkordat.

Erhebliche Verzögerungen traten nicht zuletzt aus diesem Grunde beim Erlaß der Neufassung der päpstlichen Statuten ein, die die Statuten von 1935 ablösen sollten. Seine grundsätzliche Bereitschaft hatte der Heilige Stuhl durch eine Verbalnote der Apostolischen Nuntiatur in Bonn vom 4. Januar 1956 erklärt. Unmittelbar im Anschluß daran hatte der kurz darauf ernannte Militärgeneralvikar ein Memoran-

---

[91]) Vgl. K. Steuber, a.a.O., S. 103

[92]) ebd.

dum für den Katholischen Militärbischof verfaßt, in dem Procedere und Inhalte der neuen Statuten entworfen werden. Im Juli desselben Jahres ordnete Kardinal Wendel jedoch an, diese Frage zurückzustellen, bis der Streit um das Reichskonkordat geklärt sei. Bis Ende 1957 geschah in dieser Angelegenheit darum nichts mehr. Erst im Januar 1958 legte Werthmann einen zweiten Entwurf vor, der dann auch den zuständigen vatikanischen Stellen zugeleitet wurde. Im Juli 1959 präsentierte das Staatssekretariat eine entsprechende Fassung, die mit der Konsistorialkongregation abgestimmt worden war, dem deutschen Militärbischof. Durch den plötzlichen Tod Kardinal Wendels am Silvestertag 1960 trat wiederum eine Pause ein. Der neue Militärbischof, Bischof Dr. Franz Hengsbach von Essen, wurde darum am 10. Oktober 1961 nochmals in derselben Form zum Militärbischof ernannt wie sein Amtsvorgänger, d.h. also mit Berufung auf die Statuten von 1935. Im Oktober 1962 präsentierte dann der inzwischen neu ernannte Militärgeneralvikar Dr. Gritz einen überarbeiteten Entwurf, den der Militärbischof während des Konzils Ende Oktober 1963 mit den zuständigen Stellen in Rom besprach. Daran beteiligt waren neben Militärgeneralvikar Dr. Gritz auch Dr. Wirmer und F. Lubbers als Vertreter des Verteidigungsministeriums. Der nunmehr vorliegende Text wurde nach weiteren Überarbeitungen im Mai 1964 zum Gegenstand eines gemeinsamen Gespräches zwischen Vertretern des Verteidigungsministeriums, der katholischen Militärseelsorge und der Nuntiatur. Im darauffolgenden Herbst nahmen der Verteidigungsminister und der Militärbischof eine Schlußabstimmung über den Text vor.

So konnte endlich durch Verbalnote der Apostolischen Nuntiatur vom 30. Juni 1965 der Bundesregierung der Entwurf eines Breve mit der Bitte um Stellungnahme zugeleitet werden. Schon zwei Tage später teilte das Auswärtige Amt das Einverständnis der deutschen Regierung mit der Neufassung mit. Am 2. und 3. September 1965 wurde – durch einen weiteren Notenaustausch zwischen Apostolischer Nuntiatur und Auswärtigem Amt – der Erlaß der Statuten vollzogen und dieser Erlaß bestätigt. Ausdrücklich bestätigt das Auswärtige Amt: „Die Regierung der Bundesrepublik Deutschland wird auch weiterhin nach den Grundsätzen der Verfassung und im Rahmen der geltenden gesetzlichen Bestimmungen mit den notwendigen organisatorischen Maßnahmen und finanziellen Leistungen dafür sorgen, daß der Anspruch der Soldaten auf Seelsorge und ungestörte Religionsausübung erfüllt wird.“ [93])

In den „Statuten für die Seelsorge in der Deutschen Bundeswehr“ kommt das neue, in der Praxis schon bewährte Konzept einer katholischen Militärseelsorge zur rechtlichen Darstellung.[94]) In dreißig Artikeln, die in fünf Abschnitte gegliedert sind, präsentieren die Statuten eine Neufassung der Ordnung für die katholische Militär-

[93]) Vgl. K. Steuber, a.a.O., S. 90

[94]) F. Hengsbach: „Grundzüge der heutigen Militärseelsorge“, *Militärseelsorge* 7 (1965), S. 3–10; M. Gritz, Art. „Militärseelsorge“: Handbuch der Pastoraltheologie, Bd. III, 2. Aufl., Freiburg 1968, S. 311–328; E. Niermann, „Die Konzeption der Militärseelsorge nach den Statuten und dem Formular der Amtseinführung im Spiegel der pastoralen Erfahrung“, *Militärseelsorge* 13 (1971), S. 126–138

seelsorge in Deutschland. In einer Reihe von Punkten werden „Strukturen" – im Sinne des oben Geschilderten" – neu umschrieben. Außerdem wird überall deutlich erkennbar, daß die jetzt vorliegenden Statuten weniger kirchenrechtliche Bestimmungen, denn praktische Anleitung für pastorale Tätigkeit bieten wollen. So wird gleich in Artikel 1 Militärseelsorge als „ordentliche" qualifiziert. Was hier zum Amt des Militärbischofs gesagt wird, daß er „den ihm unterstellten Katholiken die christliche Lehre, die Sakramente der Kirche und die seelsorgliche Leitung leichter und fruchtbarer zugänglich" mache, ist zugleich als Aufgabe der gesamten Militärseelsorge zu verstehen. Personaler Jurisdiktionsbereich bedeutet jetzt nicht mehr, auch wenn dies nicht ausdrücklich gesagt wird, eine privilegierte Seelsorge für einen spezifischen Stand. Militärseelsorge ist heute Seelsorge am Arbeitsplatz, es handelt sich also um eine Ortsbestimmung der Seelsorge, die über ihren ersten Ansprechpartner auch die Familienangehörigen anzielt.

Der „Exemtion" genannte Sachverhalt wird nunmehr auf einer pastoralpraktischen Ebene definiert. Der Militärbischof und seine Militärgeistlichen werden mit den kirchlichen Beauftragungen und Vollmachten ausgestattet, die benötigt werden, um eine erfolgreiche Seelsorgearbeit leisten zu können. Dabei soll die Militärseelsorge eng mit der Kirche in den Bistümern verbunden bleiben, ja sie stellt nach Artikel 24 einen „wichtigen Teil der Gesamtseelsorge" dar. Ernst Niermann bemerkt dazu: „Eigener Jurisdiktionsbereich und Exemtion dürfen daher nicht im Sinn von Autarkie, Abgeschlossenheit, pastoraler Selbstversorgung verstanden werden. Militärseelsorge ist von ihrem Ansatz her angelegt und angewiesen auf Korrespondenz und Zusammenarbeit mit der Gesamtseelsorge, den Kirchen in den Bistümern."[95]) Die Jurisdiktion des Militärbischofs wie seiner Geistlichen ist also kumulativ, d.h. neben, wenn auch vorrangig vor der der Ortsbischöfe und der örtlichen Pfarrer, festgelegt.

Augenmerk verdient die Bestimmung hinsichtlich der „Seelsorgebezirke", von denen es in Artikel 7 heißt, es sei „Sache des Militärbischofs, im Benehmen mit der zuständigen Bundesbehörde Seelsorgebezirke, durch die der Personenkreis der dem einzelnen Militärgeistlichen unterstellten Katholiken in klarer und zweckmäßiger Weise bestimmt wird, zu errichten und zu verändern". Der Begriff des Seelsorgebezirks ist durch allgemeines kirchliches Recht nicht definiert. Offensichtlich bewußt hat man nicht auf die in den damals geltenden Bestimmungen des can. 216 CIC/1917 zurückgegriffen, die die Einrichtung von Personalpfarreien regeln. Es handelt sich bei den Seelsorgebezirken also weder um öffentlich-rechtliche Körperschaften wie im Fall der örtlichen Pfarrgemeinden der Diözesen, noch um Personalgemeinden. Darum ist es der katholischen Militärseelsorge „verwehrt, immer und in jedem Fall einen Seelsorgebezirk Pfarrei, Soldatengemeinde, Militärkirchengemeinde zu nennen, weil es nicht von vornherein und für immer ausgemacht ist, daß in jedem

[95]) E. Niermann, a.a.O., S. 130

Seelsorgebezirk die gleichen gesellschaftlichen und diensttechnischen Bedingungen vorliegen, die jenseits der Konstituierung eines rechtlichen Bezugs- und Zuständigkeitsverhältnisses nötig sind, um von Gemeinde, gar von Pfarrgemeinde zu sprechen".[96]) Es wurde also ein Rechtsterminus verwandt, der sich möglichst flexibel auf alle möglichen Formen der Militärseelsorge anwenden läßt – vom fliegenden oder schwimmenden Verband der Bundesmarine über Schulen der Bundeswehr, Dienststellen von Militärgeistlichen im Ausland oder an Bundeswehrkrankenhäusern bis hin zu „Standortgemeinden" mit eigener Kirche.

An zusätzlichen Einzelbestimmungen der „Statuten" sind noch die des Artikel 18 erwähnenswert, wonach dem Militärbischof das Recht zusteht, Hilfskräfte der Militärgeistlichen vorzuschlagen, die vom Staat angestellt und vergütet werden. Bei ihrer Eignungs- und Befähigungsprüfung wirkt ein Beauftragter des Militärbischofs mit. Weiterhin wird in Artikel 23 hinsichtlich des Kirchenbuchwesens bestimmt, daß dieses voll dem Militärbischof zusteht, wobei eine zentrale Matrikelführung vorgesehen wird.

Mit dem Erlaß der „Statuten" ist die Strukturbildung der katholischen Militärseelsorge in der Bundeswehr vorläufig zu einem Abschluß gekommen. Insgesamt wurden diese weder im politischen noch im gesellschaftlichen oder innerkatholischen Raum in Frage gestellt, wenn man von wenigen, eher marginalen Einzelkritiken absieht.[97])

2.4 Weitere Entwicklungen

Im Verlauf des Zweiten Vatikanischen Konzils (1961 bis 1965) war der Militärbischof und Bischof von Essen, Dr. Franz Hengsbach, insbesondere bei der Behandlung der Pastoralkonstitution „Über die Kirche in der Welt von heute" stark engagiert. So hielt er die Relatio über das vierte Kapitel des zweiten Teils, das sich mit dem „Leben der politischen Gemeinschaft" beschäftigt, vor den versammelten Konzilsvätern. Als das Konzil die Frage atomarer Waffen diskutierte, votierte Hengsbach, der einer der Redakteure des Gesamtdokuments war, für die Herausstellung der Notwendigkeit einer internationalen Autorität. Im Blick auf den Atomkrieg sei es notwendig, auf den Dialog hinzuweisen. Nach seinen Ausführungen hätten Friedenskonferenzen darum nicht den erforderlichen Erfolg gefunden, weil die verschiedenen Seiten unvereinbare Auffassungen von Krieg und Frieden hatten, oder weil der Dialog zwischen Teilnehmern stattgefunden habe, die nicht über die hinreichende Kompetenz oder aber auf unterschiedlichen Sprachebenen diskutiert hätten. Auf jeden Fall bedürften die Christen einer eindeutigen Morallehre, in der die Probleme von Krieg und Frieden in einem Gesamtzusammenhang

[96]) ebd., S. 131

[97]) Vgl. dazu E. Niermann, „Militärseelsorge – verfassungswidrig?", in: Dokumentation zur Katholischen Militärseelsorge, Heft 3, hrsg. vom Katholischen Militärbischofsamt, Bonn 1970, S. 32–36

behandelt werden müßten. Vor der Schlußabstimmung über den gesamten zweiten Teil der Pastoralkonstitution führte Bischof Hengsbach den Text ein und wies dabei auch auf die „Ängste des Gewissens" hin, denen Politiker und Militärs unterlägen, die als Verantwortliche sowohl die Pflicht hätten, die Rechte ihrer Völker zu verteidigen und den Krieg zu verhindern.[98]) Es gelang, innerhalb der Beratungen einen Text zu verabschieden, der die Fragen von Krieg und Frieden in ihrer Bedrohung, aber zugleich auch als Aufgabe darstellte. In Nr. 79 der Pastoralkonstitution wird das Recht auf sittlich erlaubte Verteidigung den Regierungen zuerkannt und im Anschluß daran über den Soldaten gesagt: „Wer als Soldat im Dienst des Vaterlandes steht, betrachte sich als Diener der Sicherheit und Freiheit der Völker. Indem er diese Aufgabe recht erfüllt, trägt er wahrhaft zur Festigung des Friedens bei" (Nr. 79). Damit wird der Dienst des Soldaten als ein Dienst für den Frieden anerkannt, sofern er den genannten Bedingungen genügt.

In einem anderen Zusammenhang, nämlich im „Dekret über die Hirtenaufgabe der Bischöfe in der Kirche" findet sich eine ausdrückliche Erwähnung der Militärseelsorge: „Da auf die geistliche Betreuung der Soldaten wegen ihrer besonderen Lebensbedingungen eine außerordentliche Sorgfalt verwendet werden muß, wird nach Möglichkeit in jedem Land ein Militärvikariat errichtet. Sowohl der Militärbischof als auch die Militärpfarrer mögen sich in einträchtiger Zusammenarbeit mit den Diözesanbischöfen eifrig dieser schwierigen Arbeit widmen. Deshalb sollen die Diözesanbischöfe dem Militärbischof genügend Priester zur Verfügung stellen, die für diese schwere Aufgabe geeignet sind. Gleichzeitig seien sie allen Bemühungen, das geistliche Wohl der Soldaten zu fördern, gewogen" (Nr. 43). Damit werden die leitenden Prinzipien der Instructio „Sollemne semper" und auch – dem Sinne nach – die in den „Statuten" enthaltenen Anforderungen an die Militärseelsorge vom Konzil übernommen und ausdrücklich anerkannt.

Auch bei der „Gemeinsamen Synode der Bistümer in der Bundesrepublik Deutschland" (1971 bis 1975) waren Vertreter der Militärseelsorge beteiligt. Neben dem Militärbischof, der als Mitglied der Deutschen Bischofskonferenz der Synode angehörte, war Militärgeneralvikar Dr. Gritz von der Deutschen Bischofskonferenz zum Mitglied der Synode berufen worden. Er gehörte der Kommission IX zur „Ordnung pastoraler Strukturen" an. Der Militärbischof selbst arbeitete in der Kommission VIII „Formen der Mitverantwortung in der Kirche" mit, während der vom Zentralkomitee der deutschen Katholiken entsandte Vorsitzende des Vorstandes der Zentralen Versammlung, Oberst Dr. Helmut Korn, der Kommission V „Gesellschaftliche Aufgaben der Kirche" angehörte.

Im Beschluß „Der Beitrag der katholischen Kirche in der Bundesrepublik Deutschland für Entwicklung und Frieden" werden im Kapitel 2.2 „Ziele und Schwerpunkte

---

[98]) Vgl. Willem J. Schuijt, „Fünftes Kapitel des zweiten Teils (der Pastoralkonstitution): Die Geschichte des Textes", in: Lexikon für Theologie und Kirche, Das Zweite Vatikanische Konzil, Teil III, Freiburg 1968, S. 533–543, S. 541

der kirchlichen Friedensarbeit" die „Dienste für den Frieden" benannt. Dazu zählen alle Dienste in der personellen Entwicklungshilfe, ein – neu zu schaffender – „Sozialer Dienst für Frieden und Versöhnung", der Zivildienst und der Wehrdienst. Die alle diese Dienste verbindende, ihre Zielsetzung als „Dienste für den Frieden" konstitutierende Klammer stellt der Grundgedanke dar, daß im wesentlichen der Staat eine koordinierende Funktion bei der Gewinnung und Erhaltung von Frieden hat. Den Soldaten wird ein „Anspruch auf Achtung und Solidarität" zuerkannt. Von der Militärseelsorge heißt es: „Sie muß einerseits daran festhalten, daß Zweck und Einsatz des soldatischen Dienstes von der gesamten Gesellschaft wie vom Soldaten selbst vor allem auch unter ethischen Gesichtspunkten zu verantworten sind. Andererseits muß auch die Militärseelsorge ihrerseits den Soldaten zu einer verantworteten Entscheidung verhelfen, da das Prinzip von Befehl und Gehorsam in den Streitkräften mehr denn je ethische Verantwortungsbereitschaft von Vor- und Nachgeordneten voraussetzt. Die Synode begrüßt, daß die ‚Hilfen für den pastoralen Dienst der Militärseelsorge' in ihrer pastoraltheologischen Orientierung vom allgemeinen politischen Ziel einer ‚Weltordnung ohne Krieg' und einer friedensfördernden Entwicklung der Menschheit ausgehen und ihre Verkündigung daher unter das Leitthema ‚Heil und Frieden' stellen" (2.2.4.4 Wehrdienst). Darum – so folgert die Synode – ist zu empfehlen, „die Militärseelsorge bei der Erfüllung ihres kirchlichen Auftrags zu unterstützen", aber auch „katholische Gemeinschaften und Initiativgruppen innerhalb der einzelnen Dienste für den Frieden sowie in den entsprechenden Organisationen, die speziell auf ihren Dienstbereich bezogene Friedensarbeit leisten, zu unterstützen (z. B. die Gemeinschaft Katholischer Soldaten)" (2.3.2). Die in dem Synodenbeschluß genannten „Hilfen für den pastoralen Dienst der Militärseelsorger" wurden am 29. September 1973 durch den Katholischen Militärbischof publiziert.[99]) Sie gehen zurück auf die Arbeit einer Redaktionsgruppe, die eine 1971 bei allen Militärgeistlichen durchgeführte Untersuchung über deren Pensum zum Gegenstand hatte. Die „Hinweise" sollen in erster Linie dazu dienen, daß der einzelne Militärseelsorger zu einer angemessenen Planung seiner eigenen Schwerpunktbildung und Prioritätensetzung bei der Verwirklichung der „Grunddienste der Kirche vor Ort" kommt. Heil und Friede werden als umfassende Zielbestimmung den Einzelüberlegungen vorangestellt. Weiterhin heißt es: „Die Überzeugung, daß eine ‚Weltordnung ohne Krieg' die gegenwärtige Aufgabe der Menschheit sei, ist im ‚Atomzeitalter' vorherrschende Zielvorstellung geworden. Dies gilt auch vom Arbeitsfeld des Soldaten. Diese zunächst wissenschaftsorientierte Zielvorstellung (Konflikts- und Friedensforschung) verlangt für die Seelsorge unter den Soldaten eine entsprechende pastoral-theologische Orientierung, für die die Bitte der Kirche typisch genommen werden kann: ‚Schenke der ganzen Welt Frieden und Heil' (Drittes Hochgebet)."[100]) Damit werden „Heil und Frieden" umfassende

---

[99]) Hrsg. vom Katholischen Militärbischofsamt, Bonn 1973

[100]) Hilfen, a.a.O., S. 17

pastorale Zielvorstellung der Seelsorge unter den Soldaten im Sinne einer theologischen Orientierung. Die Grunddienste der Militärseelsorge – Verkündigung, Gottesdienst und Diakonie – sollen immer unter diesen Gesichtspunkten bedacht und praktiziert werden.

Die Grundlinie der katholischen Militärseelsorge, sich selbst im Sinne des dem Katholischen Militärbischof gestellten Auftrages zu verstehen, wie er in Artikel 1 der päpstlichen „Statuten“ genannt wird, hat im Gefolge, daß weder der Militärbischof noch seine Kurie oder die Militärgeistlichen in Fragen des Friedens – seiner Sicherung wie seiner Förderung – eigene Positionen entwickeln, die von dem abweichen bzw. über das hinausgehen, was durch allgemeinkirchliche Lehre und durch die Bischöfe in der Bundesrepublik Deutschland vertreten wird. Diese kirchliche Lehre hingegen wird im Rahmen des Möglichen und mit Engagement im Jurisdiktionsbereich des Katholischen Militärbischofs zur Sprache gebracht. Auf diese Weise ist es auch zu Zeiten der „neuen Friedensbewegung“ seit Beginn der achtziger Jahre gelungen, die katholische Militärseelsorge aus den kritischen Schlagzeilen der weltlichen und kirchlichen Öffentlichkeit herauszuhalten. Stattdessen wurde das Bemühen in den Vordergrund gestellt, durch stetige Arbeit im beständigen Dialog mit allen am Frieden interessierten Grupppen und Institutionen der Kirche zur Ausbildung eines gesamtkirchlichen Konsenses beizutragen. Ein zentraler Ort dieser Mitarbeit ist der Katholische Arbeitskreis Entwicklung und Frieden bzw. die heutige Deutsche Kommission JUSTITA ET PAX. Militärgeneralvikar a.D. Dr. Martin Gritz führt den Vorsitz in ihrem „Ständigen Ausschuß Dienste für den Frieden“, dem auch ein Referatsleiter des Katholischen Militärbischofsamtes als Militärgeistlicher angehört. Eine Projektgruppe des „Ständigen Ausschusses“, die sich mit der Konzeptionierung des von der Gemeinsamen Synode geforderten „Sozialen Dienstes für Frieden und Versöhnung“ befaßt, leitet der derzeitige Militärgeneralvikar Dr. Niermann, der zugleich dem Beirat der Deutschen Kommission JUSTITA ET PAX angehört.[101])

In die Arbeitsgruppe zur Vorbereitung des Wortes der Deutschen Bischofskonferenz zum Frieden „Gerechtigkeit schafft Frieden“, das am 18. April 1983 veröffentlicht wurde, wurde ein Mitarbeiter der Kurie des Katholischen Militärbischofs durch den Vorsitzenden der Deutschen Bischofskonferenz ad personam berufen. Der Katholische Militärbischof selbst, Erzbischof Dr. Kredel, wirkte intensiv bei den Beratungen des Dokumentes mit. Es ist kein Zufall, daß in diesem Hirtenwort ein Hinweis auf die Militärseelsorge fehlt. Sie hat bei den hier behandelten Fragen eben keine eigene Position. Umfassend berücksichtigt jedoch ist der Dienst des Soldaten für den Frieden. Dazu heißt es in dem Dokument:

> „Was den Dienst des Soldaten angeht, so erinnern wir an die Lehre des Zweiten Vatikanischen Konzils: ‚Wer als Soldat

101) Vgl. E. Niermann, „Ein Modell praktischer Friedensarbeit: Frieden in Sicherheit, hrsg. v. N. Glatzel/E.-J. Nagel, Freiburg 1981, S. 213–228

im Dienst des Vaterslandes steht, betrachte sich als Diener der Sicherheit und Freiheit der Völker. Indem er diese Aufgabe recht erfüllt, trägt er wahrhaft zur Festigung des Friedens bei‘ (GS 79). Wenn und solange die Sicherheitspolitik ethisch zulässige, ja verpflichtende Ziele – Verhinderung des Krieges, Verteidigung der sittlich-politischen Wertordnung gegen totalitäre Bedrohung, Ermöglichung von Abrüstung – verfolgt und sich dabei ethisch annehmbarer Methoden und Mittel bedient, ist der Dienst des Soldaten unverzichtbar und ethisch gerechtfertigt. Auf dieser Grundlage anerkennen wir Auftrag und Dienst der Soldaten in der Bundeswehr. Staat, Gesellschaft und auch die Kirche vertrauen darauf, daß die Soldaten mit fachlicher Kompetenz und persönlichem Mut ihren Dienst erfüllen. Der Soldat selbst trägt durch ein waches Bewußtsein seiner moralischen Verantwortung zum Dienst am Frieden bei. Die Teilnahme an der politischen und ethischen Meinungs- und Urteilsbildung ist Ausdruck seines Verantwortungsbewußtseins“ (5.3.3, S. 69).

Die katholische Militärseelsorge wird ihrem Auftrag, die Lehre der Kirche zum Frieden zu verkündigen und auf diese Weise der Gewissensbildung der Soldaten zu dienen, auch in Zukunft gerecht zu werden versuchen.

Die staatskirchenrechtlichen Regelungen, Organisationsstrukturen und pastorale Praxis der katholischen Militärseelsorge für die Deutsche Bundeswehr haben sich in den bald 30 Jahren ihres Bestehens bewährt. Die Existenz einer solchen besonderen Seelsorge für die Katholiken in den Streitkräften steht in der Kirche nicht zur Diskussion, ja im Gegenteil, sie ist vielmehr so selbstverständlich, daß can. 569 des kirchlichen Gesetzbuches von 1983 sich mit der lapidaren Feststellung begnügen kann: „Für die Militärkapläne gelten besondere Gesetze.“ Dies sind für die Weltkirche die Grundsätze, die in der Instructio „Sollemne semper“ enthalten sind und die in den Statuten für die Seelsorge in der Deutschen Bundeswehr von 1965 ihre nähere Bestimmung finden. Im Rahmen eines zweiten Weltkongresses der Militärbischöfe in Rom am 9./10. April 1984 gab der Präfekt der Kongregation für die Bischöfe bekannt, daß der Heilige Stuhl beabsichtige, in absehbarer Zeit ein neues „Grundgesetz“ der Militärseelsorge der ganzen Welt in Form einer Apostolischen Konstitution zu erlassen. Es ist damit zu rechnen, daß manche Erfahrung, die die katholische Militärseelsorge in der Deutschen Bundeswehr machen konnte, in diese neue kirchliche Gesetzgebung eingehen wird. Der Militärbischof, seine Militärgeistlichen und die katholischen Soldaten der Bundeswehr mit ihren Familienangehörigen, die ganze „Kirche unter Soldaten“ kann mit Zuversicht ihr besonderes Zeugnis für Christus in den Streitkräften und in der Öffentlichkeit leisten.

3 Die Verhandlungen zwischen Staat und Kirchen über den Lebenskundlichen Unterricht

3.1 Vorgeschichte

Bis 1945 gab es im Rahmen der Militärseelsorge der Wehrmacht die sogenannten „Kasernenstunden". Diese wurden von Militärpfarrern für Mannschaftsdienstgrade durchgeführt und dienten zur Besprechung religiöser und allgemein sittlicher und ethischer Fragen. Sie hatten militärdienstlichen Charakter, denn es war Aufgabe des Militärgeistlichen, sittlich-erzieherisch auf die Soldaten einzuwirken und die militärischen Vorgesetzten in diesen Aufgaben zu unterstützen. Sie dienten auch der Pflege christlicher und vaterländischer Gesinnung. Sie hatten ihren Ursprung in der Tatsache, daß den Militärgeistlichen in den Anfängen der Militärseelsorge auch die Aufgabe zukam, die einfachste und notwendigste Bildungsarbeit unter den Soldaten zu leisten und später ein sittliches Fundament zu schaffen, das die Grundlage für die soldatischen Tugenden war.

3.2 Die ersten Überlegungen

Die Frage nach einem möglichen Lebenskundlichen Unterricht in den neuen deutschen Streitkräften tauchte schon 1952 in den ersten Gesprächen zwischen Kirche und Staat im Zusammenhang mit der Frage auf, wie die staatsbürgerlich-demokratische und ethische Erziehung der Soldaten als Einheit partnerschaftlich von Kirche und Staat zu gewährleisten sei. Dabei mußte die Eigenständigkeit des kirchlichen Seelsorgeauftrags gewahrt bleiben. Das alte Soldatenbild vom Gehorchen und Dienen sollte ersetzt werden durch das neue Bild von der eigenverantwortlichen, selbständigen soldatischen Persönlichkeit im Rahmen des Neubeginns der deutschen Demokratie. Es standen zwei Grundkonzeptionen zur Diskussion:

a) Lebenskundlicher Unterricht als Ergänzung der seelsorgerlichen Betreuung, freiwillig und nach Konfessionen getrennt, unter Verantwortung der Militärgeistlichen.

b) Lebenskundlicher Unterricht als Teil der Gesamterziehung der Soldaten für alle Angehörigen der Streitkräfte, obligatorisch und überkonfessionell, unter der alleinigen Verantwortung der militärischen Führer, wobei die Militärgeistlichen nur als Hilfskräfte fungierten.

Für den Staat schien letztere Vorstellung die angemessenere zu sein, ebenso die Übertragung dieser Aufgabe an Militärgeistliche und Nicht-Pädagogen, bzw. Offiziere oder sonstige qualifizierte Personen. Das geht aus dem Protokoll der Besprechung der Dienststelle Blank mit Vertretern der evangelischen Kirche vom 21. Juli 1952 hervor.

Beide Kirchen zeigten sich dem staatlichen Anliegen gegenüber grundsätzlich aufgeschlossen, schon aus der Sorge heraus, dieser Teil der Erziehung könnte sonst die gesteckten Ziele nicht erreichen. Dennoch wurde das Problem gesehen, daß es sich hier um eine Aufgabe handelte, die über die eigentliche Seelsorge hinausging. Von offizieller katholischer Seite bestand auch Zurückhaltung hinsichtlich der Frage der Überkonfessionalität eines solchen Unterrichts. Beide Kirchen wollten jedoch in dieser Angelegenheit miteinander zusammenarbeiten.

Nach einer ersten gemeinsamen evangelisch-katholischen Besprechung wurde am 17. Oktober 1952 dann jedoch übereinstimmend festgestellt, „daß die beiden Kirchen es gegenwärtig nicht für sachdienlich halten können, daß sie die Initiative in der Frage eines überkonfessionellen Lebenskundlichen Unterrichts (moralische Aufrüstung) ergreifen. – Vorläufig haben die beiden Kirchen deshalb den ursprünglichen Plan aufgegeben, eine gemeinsame Besprechung über diese Aufgabe herbeizuführen. Aus grundsätzlichen Erwägungen würden die Kirchen es für richtiger halten, wenn seitens des Staates die für erforderlich gehaltenen Maßnahmen eingeleitet würden".[102])

Diese Übereinstimmung entsprach der Sorge, daß kirchliche und staatliche Aufgaben nicht klar abzugrenzen seien und zu Konflikten führen könnten.

Auf Initiative der Dienststelle Blank kam es am 15. Mai 1953 zu einer Tagung mit kirchlichen Vertretern beider Konfessionen unter dem Thema: „Militärseelsorge und Lebenskundlicher Unterricht unter Berücksichtigung der Verhältnisse in den USA und den EVG-Staaten."

Die katholische Kirche artikulierte noch einmal ihre Bedenken auch gegen eine Übertragung des amerikanischen Modells des "character-guidance" und die damit verbundenen ungelösten Probleme von Freiwilligkeit und Verpflichtung und Gesamtverantwortung der Einheitsführer und Teilverantwortung der Militärpfarrer. Auch könnten andere Organisationen ihren Anspruch auf Mitwirkung begründen. Evangelischerseits wurde noch einmal die Sorge ausgesprochen, der Unterricht könnte für falsche Zwecke mißbraucht werden, wenn die Kirchen hier nicht bereit seien, Verantwortung zu übernehmen.

3.3 Die Konzepte der Dienststelle Blank

Kompliziert wurden die weiteren Verhandlungen durch die Tatsache, daß sich in der Dienststelle Blank nun ebenfalls zur Frage des Lebenskundlichen Unterrichts zwei unterschiedliche Positionen gebildet hatten. Eine Gruppe um Baudissin hielt weiter am überkonfessionellen Unterricht als Teil der Gesamterziehung fest. Sie stützte sich auf erste Erfahrungen des Bundesgrenzschutzes, wo seitens der Einheitsführer die schwierigen ethischen Fragen und Probleme aus einem Gefühl der Hilflosigkeit und

[102]) Annelie Cremers, a.a.O., S. 14 (Anhang)

Überforderung heraus an die Geistlichen herangetragen wurden. So sollte der Lebenskundliche Unterricht als Pflichtunterricht so etwas wie Brückenfunktion zur Seelsorge bekommen.

Eine andere Gruppe, vertreten durch das sogenannte „Studien-Büro Pfister", sprach sich dagegen aus, daß Geistliche Erziehungsaufgaben wahrnähmen, die für die Soldaten verpflichtend seien. Außerdem werde die alleinige Verantwortung der Einheitsführer durch die Einführung einer zweiten „geistlichen Erziehung" unzulässig eingeschränkt und könnte negative Auswirkungen haben für die Autorität der Einheitsführer. So blieb die Frage nach Gestalt und Verantwortung des Lebenskundlichen Unterrichts zunächst ungeklärt.

Der von der EKD 1953 eingesetzte Bender-Ausschuß formulierte zu dieser Frage allgemein: „Die Beteiligung der Militärpfarrer an der Erteilung des Lebenskundlichen Unterrichts ist erwünscht mit der Maßgabe, daß die Pfarrer beider Kirchen an der Erarbeitung von Themen und Stoffen maßgeblich beteiligt sind." [103]) Und 1954 stellte derselbe Ausschuß dringlicher fest, daß die Beteiligung der Geistlichen am Lebenskundlichen Unterricht notwendig sei, um die Verantwortung der Kirche für die Welt und somit für alle zu konkretisieren und einem Untergehen der Soldaten im Kommiß entgegenzuwirken. In diesen Unterricht sollten auch die Offiziere und die Offizierbildung einbezogen werden.

In der Skizze Militärseelsorge der Dienststelle Blank vom 29. September 1954 werden zum Thema Lebenskundlicher Unterricht noch einmal die beiden möglichen Modelle „Ergänzung der seelsorgerlichen Betreuung bei konfessioneller Trennung" und „Lebenskundlicher Unterricht als Teil der Gesamterziehung und überkonfessionell" aufgezählt mit einem deutlichen Votum für die letztere Lösung. Hier wird auch schon konkret vorgeschlagen, daß verpflichtende Themen durch die zuständigen Stellen in Zusammenarbeit mit den Leitern der Militärseelsorge festgelegt werden müßten. Die Militärgeistlichen seien zwar im Unterricht selbständig, handelten aber im Auftrag des für die Gesamterziehung seiner Einheit alleinverantwortlichen Kommandeurs. Dieser könnte den Militärgeistlichen den Auftrag zum Unterricht auch entziehen. In seiner Stellungnahme zu dieser Skizze schlug der Bender-Ausschuß vor, mit der praktischen Arbeit erst einmal anzufangen und eine Kommission zur Erarbeitung von Themenvorschlägen einzusetzen. Aus der praktischen Arbeit würden sich die grundsätzlichen Fragen ergeben.

Am 13. April 1955 war der Lebenskundliche Unterricht erneut Thema einer Besprechung der Dienststelle Blank mit Vertretern beider Kirchen. Die Dienststelle Blank hatte ein Interesse daran, eine Konzeption von Erziehung zu bekommen für den Aufbau der neuen Kader der Bundeswehr. Dabei wollte sie festhalten an dem Einheitskonzept von staatsbürgerlicher Bildung, soldatischer Erziehung und Lebenskundlichem Unterricht als der sittlichen und ethischen Komponente der Gesamterziehung.

[103]) Annelie Cremers, Staat und Evangelische Kirche, a.a.O., S. 21 (Anhang)

3.4 Die Stellung der beiden Kirchen

Die katholische Kirche sprach sich gegen diese Vorstellung aus. Sie sah in dem Nebeneinander von Seelsorge und Lebenskundlichem Unterricht eine Gefahr für die Seelsorge und für die Stellung des Seelsorgers in einem Unterricht, an dem auch konfessionell nicht gebundene Soldaten teilnehmen würden, die das Verhältnis zwischen katholischen Soldaten und ihren Seelsorgern belasten könnten und die Stellung des Militärgeistlichen untergraben könnten.

Die evangelische Seite sah in dem Lebenskundlichen Unterricht weiterhin eine Chance, weil hier Soldaten und Militärgeistliche dienstlich zusammengeführt würden und der Unterricht bei den Soldaten den Wunsch wecken könnte, bestimmte Themen und Probleme auch von religiöser Seite anzugehen. Es blieb die Frage offen, ob beide Kirchen gemeinsame Grundlagen für die Vermittlung von ethischen Fragen finden könnten.

Auch nach dieser Besprechung blieb das Konzept für einen Lebenskundlichen Unterricht weiter ungeklärt. Anfang Juni 1955 legte die Dienststelle Blank eine Überarbeitung der Skizze Militärseelsorge von 1954 als „Skizze Militärseelsorge Juni 1955“ der Kirchenkanzlei der EKD vor. Aufgrund der ungeklärten konzeptionellen Fragen im Zusammenhang mit dem Lebenskundlichen Unterricht heißt es dazu in dieser Skizze unter F sehr vorsichtig: „Im Erziehungsprogramm der Streitkräfte ist ein Lebenskundlicher Unterricht vorgesehen. Darin sollen sittliche Themen, auf die Besonderheit der soldatischen Ordnung zugeschnitten, behandelt werden. Die Einschaltung der Militärgeistlichen ist beabsichtigt. Der Lebenskundliche Unterricht soll sich auf alle Angehörigen der Streitkräfte erstrecken. Deshalb soll er auf Themen beschränkt sein, die überkonfessionell behandelt werden können ...“.[104]) Die Inhalte sollten nach dieser Skizze von den Kirchenämtern und den zuständigen Stellen des Verteidigungsministeriums verbindlich festgelegt werden. Die Skizze weist darauf hin, daß die Anforderungen dieses Unterrichts schon bei der Auswahl von Militärgeistlichen besonders berücksichtigt werden müßten, und daß eine Einweisung der Pfarrer in Thematik und Methodik erforderlich sei.

Am 27. Juli 1955 fand eine abschließende Grundsatzbesprechung zwischen Vertretern beider Kirchen und dem Bundesverteidigungsministerium in Bonn statt. Die katholische Seite lehnte dabei ihre Beteiligung an einem so skizzierten Unterricht nochmals ab. Auch einem Truppenversuch, um zunächst in aller Unverbindlichkeit Erfahrungen zu sammeln, konnte sie nicht zustimmen. Damit schien das Konzept des Lebenskundlichen Unterrichts als Teil der Gesamterziehung der Soldaten gescheitert zu sein.

[104]) Annelie Cremers, a.a.O., S. 54 (Anhang)

Diese Ablehnung seitens der katholischen Kirche und die Zustimmung der evangelischen Kirche täuscht darüber hinweg, daß die Positionen der beiden Kirchen so weit nicht auseinanderlagen. Im Gegenteil sah auch die evangelische Kirche sehr wohl die von der katholischen Seite vorgebrachten Bedenken: Die Schwierigkeiten für den Geistlichen, Unterricht für Angehörige der anderen Konfession zu halten, vor allem aber für Wehrpflichtige, die diesen Unterricht ablehnen bzw. stören könnten, weil sie keiner der beiden Konfessionen angehörten. Neben dem Problem, daß man sich theologisch nicht auf eine gemeinsame Grundlage für diesen Unterricht einigen konnte, sahen beide Kirchen zunehmend, daß angesichts der auftauchenden Fragen auch in einem solchen Unterricht sehr dezidierte Stellungnahmen beider Kirchen notwendig werden könnten, die in einem überkonfessionellen Unterricht so nicht eingebracht werden konnten.

3.5 Der Fortgang der Bemühungen um den Lebenskundlichen Unterricht

Daß es nach dem 27. Juli 1955 mit der Diskussion um den Lebenskundlichen Unterricht weiterging, hatte seinen Grund auch in der Tatsache, daß beide Kirchen in einem wesentlichen Punkt übereinstimmten: Sie bejahten die Grundgedanken des von Baudissin vertretenen Konzepts der Inneren Führung im Sinne einer Integration von Militär und Gesellschaft. Bejaht wurde die Idee des Staatsbürgers in Uniform und ein Erziehungsprogramm, durch das der Soldat sich mit seinem militärischen Tun an den Grundprinzipien der christlichen Ethik orientieren und sich so in den Gesamtzusammenhang von Politik und Gesellschaft einordnen konnte. Im Zusammenhang mit solchen Erziehungszielen wurde der Lebenskundliche Unterricht gesehen.

Mit der Ablehnung des bis dahin besprochenen Konzepts des Lebenskundlichen Unterrichts durch die katholische Kirche am 27. Juli 1955 war zwar das Kapitel Lebenskundlicher Unterricht nicht mehr Bestandteil der Vertragsverhandlungen zwischen Staat und evangelischer Kirche, wohl aber weiter Thema von Gesprächen zwischen beiden Kirchen. In dieser Situation begann im Frühjahr 1956 die Arbeit der katholischen und evangelischen Militärseelsorge und der beiden Kirchenämter. Am 26. April 1956 trafen sich die Leiter des Katholischen Militärbischofsamtes, Militärgeneralvikar Prälat Werthmann, der auf die Verhandlungen zum Thema Lebenskundlicher Unterricht von Anfang an entscheidenden Einfluß hatte, begleitet von seinen Mitarbeitern Militärdekan Schmitt und Militärdekan Steger und vom Evangelischen Kirchenamt für die Bundeswehr Militärgeneraldekan Professor Dr. Krimm sowie die Dekane von Mutius und Dr. Juhnke zu einer Art Bestandsaufnahme. Dabei stand auch das Thema Lebenskundlicher Unterricht erneut zur Diskussion. Beide Seiten hatten den Wunsch, sich zu einigen, nicht zuletzt unter dem Druck der anlaufenden Arbeit. Zwei Möglichkeiten wurden den beiden Militärbischöfen Kardinal Wendel und Prälat D. Kunst zur Entscheidung vorgelegt:

1. Ein überkonfessioneller Pflichtunterricht, der von jedem Geistlichen vor jedem beliebigen Teilnehmerkreis zu halten war.
2. Ein freiwilliger Unterricht auf konfessioneller Basis.

Beide Militärbischöfe einigten sich darauf, daß der Lebenskundliche Unterricht auf bekenntnismäßiger Grundlage gehalten werden sollte. Die Teilnahme an diesem Unterricht sei freiwillig. Der Unterricht soll in der Dienstzeit liegen. Zur gleichen Zeit darf nicht irgendein neutraler Ersatzunterricht gehalten werden. Die politische Leitung des Ministeriums akzeptierte diese Position, obwohl sie das Ende einer überkonfessionellen christlichen Lebenskunde bedeutete. Begründet war der Verzicht auf einen überkonfessionellen Unterricht in der Tatsache, daß einheitliche Auffassungen über theologische Voraussetzungen für einen solchen Unterricht nicht zu erzielen waren.

Im Juli 1956 legten sowohl das Katholische Militärbischofsamt als auch das Evangelische Kirchenamt für die Bundeswehr den Entwurf einer Merkschrift für den Lebenskundlichen Unterricht vor. In beiden wird betont, daß die Initiative, einen solchen Unterricht von Militärgeistlichen halten zu lassen, vom Bundesverteidigungsministerium ausgegangen sei. Die katholische Merkschrift gibt als Zweck des Unterrichts an, er solle „religiös-sittliche Fragen unter besonderer Berücksichtigung des Soldatenlebens“ behandeln. Die Merkschrift versucht sodann eine Abgrenzung des Lebenskundlichen Unterrichts sowohl vom staatspolitischen Unterricht als auch vom Religionsunterricht vorzunehmen.

In der evangelischen Merkschrift wird der Lebenskundliche Unterricht als „Unterricht über allgemeine Lebensfragen“ definiert: „Er stellt sich die Aufgabe, den Soldaten aller Dienstgrade Hilfen für die Führung ihres Lebens zu geben.“ Dabei liegt die Betonung in dieser Merkschrift auf dem einzelnen und seiner Verantwortung für seine Lebensführung. Auch hier wird der Versuch einer Abgrenzung zum politischen Unterricht vorgenommen.

Ebenfalls im Juli 1956 legte das Bundesverteidigungsministerium den Entwurf der Merkschrift ZDv 11 „Der Lebenskundliche Unterricht“ vor. Sie nimmt in der Beschreibung der Zielsetzung Stichworte der evangelischen Merkschrift auf: „Hilfen für die Führung seines Lebens“ – „Allgemeine Lebensfragen“. In dieser Merkschrift tauchen dann bei der Zielbeschreibung doch spezifische soldatische Tugenden auf, auf die der Lebenskundliche Unterricht hinarbeiten solle: „...ihn zu einer Bejahung von Selbstzucht und Maß bewegen, seine Dienstauffassung und sein Pflichtbewußtsein stärken“. Hier finden sich nicht nur letzte Spuren der Auseinandersetzung im Bundesverteidigungsministerium um das Konzept der Inneren Führung, sondern auch Spuren des Ringens zwischen Staat und Kirche um das Konzept des Lebenskundlichen Unterrichts.

In dieser Merkschrift ist noch nicht die Rede davon, daß Militärgeistliche den Unterricht halten sollten. Es wird nur von einer Mitwirkung dieses Unterrichts an der Erziehungsaufgabe gesprochen, die „vornehmlich allen Vorgesetzten gestellt ist". Am Schluß der Merkschrift heißt es dann: „5. Der Unterricht fußt auf der Grundlage christlichen Glaubens, hat aber keine religiöse Thematik im eigentlichen Sinn zum Ziel."

Erst in der Merkschrift des Bundesverteidigungsministeriums vom 1. März 1957 heißt es: „Er ...(der Lebenskundliche Unterricht) wird von den Militärgeistlichen erteilt. Die Teilnahme am Lebenskundlichen Unterricht ist freiwillig." In der endgültigen Fassung der ZDv 66/2 „Lebenskundlicher Unterricht" von 1959 heißt es dann (A 3.): „Der Lebenskundliche Unterricht fußt auf den Grundlagen des christlichen Glaubens und wird von den Militärgeistlichen erteilt. Er appelliert an die freie und freudige Mitarbeit des einzelnen."

3.6 Der Beginn des Unterrichts

Zwischen der ersten und zweiten Merkschrift des Bundesverteidigungsministeriums liegt der praktische Beginn des Lebenskundlichen Unterrichts durch die ersten Militärpfarrer, zunächst als Truppenversuch deklariert. Seit Oktober 1956 gibt es offizielle Themenvorschläge. Diese ersten Themen entsprechen der Zielsetzung des Unterrichts:

Oktober/November 1956	Vom Sinn des Lebens
Dezember 1956/Januar 1957	Arbeit und Freude
Februar 1957	Das Menschenbild
März 1957	Zur Freiheit seid ihr berufen
April/Mai 1957	Mann und Frau
Juni 1957	Der einzelne und die Gemeinschaft
Juli 1957	Toleranz und Koexistenz
August 1957	Wir bauen den Staat
September 1957	Diamat und Christus
Oktober 1957	Die soziale Frage
November 1957	Leben und Tod

Ende Mai 1957 werden alle Pfarrer angewiesen, nunmehr regelmäßig Lebenskundlichen Unterricht zu halten.

Die Tatsache, daß bewußt darauf verzichtet worden war, die Stellung des Lebenskundlichen Unterrichts zur Pastoral der Militärseelsorge definitiv zu klären, führte in der Folge evangelischerseits zu zahlreichen Versuchen einer theologischen Bestimmung dieses Unterrichts. Generaldekan Albrecht von Mutius stellte 1958 die These auf, der Lebenskundliche Unterricht sei „Verkündigung des in Jesus Christus geschehenen Heils". Verkündung im Sinne der evangelischen Unterweisung, deren Konzept von Mutius auf den Lebenskundlichen Unterricht übertrug, meinte das Geltendmachen des Anspruchs und die Forderung der Zustimmung zu diesem Anspruch des Evangeliums.

Die Bestimmung der Militärseelsorge als Gruppenseelsorge durch Vizepräsident D. Thimme auf der EKD-Synode in Frankfurt 1965 und der von Georg Picht im gleichen Jahr geprägte Begriff der „kritischen Solidarität" setzten auch für den Lebenskundlichen Unterricht und sein Verständnis neue Akzente. Zugleich wird der Lebenskundliche Unterricht als der vom Staat zur Verfügung gestellte Freiraum verstanden, der inhaltlich in Verantwortung der Kirchen gefüllt werden muß.

Im Unterschied zu von Mutius versuchte Militärdekan Konrad Weymann eine Begründung des Lebenskundlichen Unterrichts aus dem diakonischen Auftrag der Kirche. Der Staat erwarte von der Kirche eine Hilfe zur Standortgewinnung, die Kirche gebe solche Hilfe aus ihrer Mitverantwortung für den Staat. Lebenskundlicher Unterricht ist nach Weymann Erwachsenenbildung in den Bereichen der Berufswelt, der gesellschaftlichen Bezüge und des privaten Lebensbereichs.

1978 unternahm Militärpfarrer Rolf Bick in einer Dissertation den Versuch einer neuen Zielformulierung für den Lebenskundlichen Unterricht: „Der Lebenskundliche Unterricht will in kritischer Solidarität im Rahmen eines partnerschaftlichen Gesprächs einen konkreten theologischen Beitrag leisten zur Klärung und Herausbildung privater, bundeswehrspezifischer und gesamtgesellschaftlicher Wert-, Normen- und Zielvorstellungen. Das heißt, er bemüht sich um individuelle Klärung und soziale Übereinkünfte über das, was uns wichtig und unwichtig ist, was unter uns gelten soll und wie wir morgen leben wollen. Er ist ein Raum seelsorgerlicher Begleitung." [105])

[105]) Rolf Bick, Der Lebenskundliche Unterricht der Evangelischen Militärseelsorge als Arbeitsfeld christlicher Ethik und kirchlicher Erwachsenenbildung, Diss. FB Ev. Theologie, Münster 1979, S. 220

4 Struktur und Aufbau der Militärseelsorge in der Bundeswehr

4.1 Der Evangelische Militärbischof

4.1.1 Die kirchliche Leitung

Artikel 10 des Militärseelsorgevertrages lautet:

> „Die kirchliche Leitung der Militärseelsorge obliegt dem Militärbischof."

Im Kirchengesetz zur Regelung der evangelischen Militärseelsorge in der Bundesrepublik Deutschland wird dies dahingehend ergänzt, daß er die kirchliche Leitung „im Auftrag der Gliedkirchen" der EKD ausübt. Der Militärbischof steht in keinem staatlichen Dienstverhältnis, das Amt des Militärbischofs wird nebenamtlich wahrgenommen. Der Militärbischof bekleidet ein kirchliches Hauptamt. Dabei ist nicht festgelegt, ob dieses Hauptamt in einer der Gliedkirchen oder in der EKD ausgeübt wird, ebensowenig, welcher Art dieses Hauptamt sein soll. Der erste Evangelische Militärbischof war Bevollmächtigter des Rates der EKD am Sitz der Bundesrepublik Deutschland, der amtierende Militärbischof ist Propst des Kirchenkreises Pinneberg in der Nordelbischen Kirche.

Um die möglichst enge Bindung des Militärbischofs zur Kirche zu gewährleisten, sieht das Kirchengesetz vor, daß der Militärbischof den Rat der EKD laufend über seine Tätigkeit unterrichtet. Dazu legt der Militärbischof jährlich einen schriftlichen Bericht vor, der die gesamte Arbeit der Militärseelsorge umfaßt. Ebenso soll er mit den Gliedkirchen Fühlung halten. Und schließlich wird er zu den Tagungen der Synode der EKD und der Kirchenkonferenz eingeladen, ist jedoch entgegen den Vorstellungen in der Vorbereitungszeit des Militärseelsorgevertrages nicht selbst Mitglied der Synode oder der Kirchenkonferenz.

Der Militärbischof übt die Dienstaufsicht über die Militärgeistlichen für die Zeit ihres Dienstes aus. In Fragen der Lehrzucht und der Disziplinargewalt sind jedoch weiterhin die Gliedkirchen zuständig. In Abstimmung mit dem Evangelischen Kirchenamt für die Bundeswehr und dem zuständigen Wehrbereichsdekan entscheidet der Militärbischof über die Einstellung eines Militärgeistlichen, soweit beamtenrechtliche Gründe dem nicht entgegenstehen, und über die mögliche Verlängerung des Dienstes, wenn diese beantragt wird. Mit der Einführung der Militärgeistlichen beauftragt der Militärbischof in den meisten Fällen die zuständigen Wehrbereichsdekane. Die Wehrbereichsdekane selbst und die Dekane im Evangelischen Kirchenamt für die Bundeswehr werden jedoch vom Evangelischen Militärbischof in ihr Amt eingeführt.

Der Militärbischof erläßt Richtlinien für die Aus- und Fortbildung der Militärgeistlichen. Das betrifft sowohl die Einweisung in die spezifischen Aufgabenbereiche der Militärseelsorge als auch die ständige Fortbildung während des Dienstes. Diese Aus-

und Fortbildung ist umso notwendiger, als einerseits junge Männer, die Theologie studieren und Pfarrer werden wollen, vom Wehrdienst befreit sind und damit keinerlei Wissen oder Erfahrung über die Bundeswehr und ihre Probleme mitbringen. Andererseits ist es bisher nicht gelungen, das Aufgabenfeld Militärseelsorge als mögliches Aufgabenfeld jedes Pfarrers in die theologische Ausbildung einzugliedern, obwohl auch die Synode der EKD dies für notwendig hielt.

Eine wesentliche Aufgabe des Militärbischofs sind offizielle Besuchs- bzw. Visitationsreisen, die Truppenteilen und Dienststellen der Bundeswehr, den Militärgeistlichen und den Soldaten als Mitgliedern des personalen Seelsorgebereichs gelten. Der erste Evangelische Militärbischof Hermann Kunst hat in der Anfangszeit jedes Jahr einen Wehrbereich bereist, was ihm jedoch zu Ende seiner Dienstzeit aufgrund der Arbeitsbelastung nicht mehr möglich war. Der amtierende Militärbischof beschränkt diese Reisen auf einzelne Standorte in verschiedenen Wehrbereichen. Dabei hält der Militärbischof Gottesdienste, im Einzelfall auch Lebenskundlichen Unterricht, führt Gespräche mit den Soldaten aller Dienstgrade und wendet sich in Ansprachen an die Soldaten. Ebenso widmet er sich den Militärgeistlichen und den Pfarrhelfern. Darüber hinaus werden soweit als möglich auch Kontakte zu den kommunalen Dienststellen und zur Landeskirche gesucht, auf deren Gebiet der personale Seelsorgebereich sich befindet.

Zuständig ist der Evangelische Militärbischof ferner für das religiöse Schrifttum, wobei das „Evangelische Gesang- und Gebetbuch für Soldaten“ besonders wichtig ist. Jeder Soldat bekommt es ausgehändigt und darf es auch nach Ausscheiden aus der Bundeswehr behalten. Das erste „Evangelische Gesang- und Gebetbuch für Soldaten“ erschien schon Weihnachten 1957. Es enthielt 197 Lieder, 10 Kanons, eine Auswahl Psalmen und Gebete, eine Anleitung zum Feiern von Gottesdiensten und Andachten und Teile des Katechismus. Dieses erste Soldatengesangbuch war auch im Buchhandel zu haben. Anfang der 70er Jahre erschienen zwei Begleithefte mit neuen Kirchenliedern zum Soldatengesangbuch. 1974 setzte Militärbischof Dr. Sigo Lehming eine Kommission zur Überarbeitung des Soldatengesangbuches ein. Nach Beendigung der Arbeit konnte das neue „Evangelische Gesang- und Gebetbuch für Soldaten“ 1978 in einem Gottesdienst der Öffentlichkeit übergeben werden. Der Liedanteil ist geringer geworden. Dabei ist vor allem auf ökumenisches Liedgut geachtet worden. Nach § 14 des Kirchengesetzes zur Regelung der evangelischen Militärseelsorge in der Bundesrepublik bedarf das Soldatengesangbuch sowohl der Zustimmung des Beirates für die Evangelische Militärseelsorge als auch der Zustimmung des Rates der EKD.

Schließlich gehört zu den Aufgaben des Militärbischofs der Erlaß von Richtlinien für die seelsorgerische Zusammenarbeit mit kirchlichen Stellen des zivilen Bereichs und mit der Militärseelsorge fremder Staaten. Zur Veröffentlichung dieser und anderer Richtlinien bedient sich der Militärbischof des „Verordnungsblatt des Evangelischen Militärbischofs“, das nach Bedarf erscheint.

Einmal im Jahr treffen sich der Evangelische Militärbischof und der Katholische Militärbischof zu einem Gedankenaustausch über Probleme, die die Militärseelsorge als Ganzes betreffen. Gemeinsam mit dem Katholischen Militärbischof findet einmal in einer Legislaturperiode ein Gespräch mit dem Verteidigungsminister statt, wobei aktuelle, die Bundeswehr und die Militärseelsorge betreffende Fragen besprochen werden. Dem gleichen Zweck dient einmal in der Legislaturperiode ein Gespräch mit dem Vorsitzenden des Verteidigungsausschusses des Deutschen Bundestages und Vertretern der im Ausschuß vertretenen Parteien.

Schließlich werden beide Militärbischöfe aus Anlaß der jährlichen Kommandeurtagung der Bundeswehr gebeten, einen Gottesdienst zu halten; bei einem Frühstück, das die Militärbischöfe bei dieser Kommandeurtagung geben, kommt es darüber hinaus zu einem intensiven Meinungsaustausch zwischen Militärbischof und Kommandeuren der Bundeswehr.

4.1.2 Der Beirat für die Evangelische Militärseelsorge

Im § 14 des Kirchengesetzes zur Regelung der evangelischen Militärseelsorge ist festgelegt: „(1) Zur Beratung des Rates der EKD und des Militärbischofs in den Angelegenheiten der Militärseelsorge wird vom Rat der EKD ein Beirat berufen." Sowohl der erste Militärbischof D. Hermann Kunst als auch der amtierende Militärbischof Dr. Sigo Lehming haben die Bedeutung dieses Beirates dadurch unterstrichen, daß sie von dem „synodalen Element" in der Militärseelsorge sprachen.

Erst am 16. Januar 1974 wurde es notwendig, daß der Rat der EKD für den Beirat für die Evangelische Militärseelsorge eine Ordnung erließ.

Darin werden zunächst die sich aus § 14 des Kirchengesetzes ergebenden Aufgaben näher beschrieben:

> Beratung des Rates der EKD und des Militärbischofs und Unterbreitung von Vorschlägen und Anregungen, wenn der Rat der EKD oder der Militärbischof dies wünschen oder der Beirat es von sich aus für notwendig hält. Die Beratung bezieht sich auf alle für die Militärseelsorge bedeutsamen Angelegenheiten wie die Unterstützung der Zusammenarbeit zwischen Militärseelsorge und den Gliedkirchen, die Arbeit in den personalen Seelsorgebereichen und Soldatenkirchengemeinden, Strukturfragen und Öffentlichkeitsarbeit der Militärseelsorge, Personalangelegenheiten und die Aufstellung des Haushaltsplanes des Sonderhaushaltes für die Evangelische Militärseelsorge. Letztere Aufgabe wurde dem Beirat erst durch Beschluß der Synode der EKD 1974 übertragen.

Der Beirat für die Evangelische Militärseelsorge besteht aus 16 Mitgliedern. Berufen werden sie vom Rat der EKD. Vorschlagsrecht haben zur Hälfte die Gliedkirchen, zur anderen Hälfte der Militärbischof, dem über die Wehrbereichsdekane Kandidaten aus den Seelsorgebereichen bzw. Militärkirchengemeinden benannt werden. Der Beirat wird jeweils für die Dauer einer Amtszeit des Rates der EKD berufen. Der Vorsitzende des Beirats wird ebenfalls vom Rat der EKD im Einvernehmen mit dem Militärbischof berufen, der erste und zweite Stellvertreter werden vom Beirat selbst gewählt.

In der Regel tagt der Beirat für die Evangelische Militärseelsorge dreimal im Jahr. Die Sitzungen des Beirats finden in Gegenwart des Militärbischofs statt. Mit beratender Stimme nehmen an diesen Sitzungen ein Vertreter des Rates der EKD, ein Vertreter des Kirchenamtes der EKD, der Militärgeneraldekan und der Justitiar des Evangelischen Kirchenamtes für die Bundeswehr, der Leiter der Verwaltung des Sonderhaushaltes und der Leiter des Oberrechnungsamtes der EKD, der obersten Rechnungsprüfungsstelle, teil. Sachverständige können aus dem Evangelischen Kirchenamt hinzugezogen werden, ebenso aus der Verwaltung des Sonderhaushaltes. Regelmäßig nehmen an den Sitzungen des Beirates ein Vertreter der Militärpfarrer und ein Vertreter der Wehrbereichsdekane als Sachverständige teil. Für die Beratungen des kirchlichen Haushaltsplanes wird ein ständiger Finanzausschuß gebildet, der dem Beirat den Haushaltsentwurf und die geprüfte Jahresrechnung mit entsprechenden Empfehlungen vorlegt.

4.1.3 Der Sonderhaushalt Evangelische Militärseelsorge

Der Militärseelsorgevertrag bestimmt in Artikel 2 Absatz 2:

> „Der Staat sorgt für den organisatorischen Aufbau der Militärseelsorge und trägt ihre Kosten."

Und im Schlußprotokoll heißt es zu Artikel 7:

> „Die Angehörigen der personalen Seelsorgebereiche und der Militärkirchengemeinden sind verpflichtet, kirchliche Abgaben zu entrichten, den zuständigen Stellen bleibt eine nähere Regelung vorbehalten."

Im Blick auf diese den Gliedkirchen der EKD zufließenden Mittel aus den Soldatenkirchensteuern heißt es im Kirchengesetz zur Regelung der evangelischen Militärseelsorge in § 8 Absatz 2:

> „Soweit in den Gliedkirchen Kirchensteuern von Angehörigen der personalen Seelsorgebereiche oder der Militärkirchengemeinden eingehen, sind die Gliedkirchen verpflichtet, zu den durch staatliche Mittel nicht gedeckten Kosten der Militärseelsorge entsprechend beizutragen."

Die Synode der EKD war sich von Anfang an darüber im klaren, daß die staatliche Finanzierung der Militärseelsorge nicht alle Wünsche der Militärseelsorge würde erfüllen können. Diese Annahme hat sich in der Praxis als richtig und für die

Militärseelsorge lebenswichtig gezeigt. So wurden erhebliche kirchliche Mittel für die Rüstzeitarbeit der evangelischen Militärseelsorge bereitgestellt, wobei die Mittel eingeschlossen sind, die für Ankauf und Errichtung eigener Rüstzeitheime aufgewendet wurden oder als Zuschuß an kirchliche Träger, um Heimplätze in kirchlichen Häusern für die Militärseelsorge zu garantieren. Weitere Mittel wurden aufgewendet als Zuschuß für Kirchengemeinden, die damit ihrerseits Pfarrhäuser für die Militärgeistlichen erwarben oder bauten. Nicht ausreichend waren auch die Mittel, die von seiten des Bundes für das religiöse Schrifttum und für die Pfarrerfortbildung bereitgestellt wurden. Schließlich wurden die Militärpfarrer mit Hilfe von Kirchensteuermitteln mit notwendigen technischen Geräten ausgestattet für Gottesdienste, Rüstzeiten, Gemeindeveranstaltungen, aber auch für den Lebenskundlichen Unterricht.

Grundlage der Bereitstellung von Mitteln aus dem Kirchensteueraufkommen der Soldaten ist eine – zwar jederzeit widerrufliche – Erklärung, daß die Gliedkirchen dem Haushalt des Militärbischofs bis zu zwei Drittel des Aufkommens aus den Kirchensteuern der Soldaten zur Verfügung stellen. In der Anfangszeit meldete der Militärbischof den jeweiligen Bedarf. Das Oberrechnungsamt der EKD prüfte die ordnungsgemäße Verausgabung. Auf der Synode der EKD in Kassel 1974 wurde hinsichtlich der Aufstellung dieses Haushaltsplans ein verändernder Beschluß gefaßt. Der Sonderhaushalt bekam die offizielle Bezeichnung: Sonderhaushalt Evangelische Militärseelsorge. Die Aufstellung dieses Haushalts wurde dem Beirat für die Evangelische Militärseelsorge und einem Finanzausschuß übertragen. Die Feststellung des Haushalts ist dann Angelegenheit des Rates der EKD, nachdem der Haushaltsausschuß der Synode der EKD den Entwurf des Beirats geprüft hat. Ebenso ist der Rat der EKD zuständig für die Entlastung des abgelaufenen Haushaltes. Die Verwaltung des Sonderhaushaltes Evangelische Militärseelsorge ist heute eine selbständige kirchliche Verwaltungsstelle.

4.2 Der Katholische Militärbischof

In Artikel 27 des Reichskonkordates heißt es lapidar:

> „Die Leitung der Militärseelsorge obliegt dem Armeebischof. Seine kirchliche Ernennung erfolgt durch den Heiligen Stuhl, nachdem letzterer sich mit der Reichsregierung in Verbindung gesetzt hat, um im Einvernehmen mit ihr eine geeignete Persönlichkeit zu bestimmen."

Es mag erstaunen, daß der erste Katholische Militärbischof für die Deutsche Bundeswehr, Joseph Kardinal Wendel, am 4. Februar 1956 auf der Basis dieser Bestimmung durch den Papst ernannt werden konnte. Kirchlicherseits ging man zwar – mehr oder weniger ausgesprochen – von der Weitergeltung der Statuten von 1935 aus, in der auch Aussagen über den Militärbischof enthalten waren. Seitens des staatlichen Vertragspartners war es zumindest fraglich, ob er seinerseits an der

Weitergeltung festhalten konnte, bzw. ob die Bestimmung der Statuten überhaupt noch praktisch anwendbar waren. Ein Vergleich mit den Artikeln 10 bis 15 des Militärseelsorgevertrages, die sich mit dem Evangelischen Militärbischof – seiner Rechtsstellung und seinen Aufgaben – befassen, wirft zumindest die Frage auf, warum Entsprechendes hinsichtlich des Katholischen Militärbischofs fehlt.

4.2.1 Staatskirchenrechtliche Regelungen

Die staatskirchenrechtlichen Aussagen zum Amt, zu den Kompetenzen und Aufgaben des Katholischen Militärbischofs sind wenig umfangreich. Das Reichskonkordat bestimmt lediglich, daß dem „Armeebischof" (Vescovo militare) die Leitung der Militärseelsorge obliegt. Er wird im Benehmen mit der deutschen Regierung durch den Heiligen Stuhl ernannt. Er besorgt die kirchliche Ernennung der Militärpfarrer. Weitere Einzelheiten wurden dann in dem schon erwähnten Apostolischen Breve genannt, mit dem die Statuten für die Militärseelsorge in der Deutschen Reichswehr publiziert wurden. An ihre Stelle traten dann die Statuten für die Seelsorge in der Deutschen Bundeswehr, die allerdings erst am 31. Juli 1965 erlassen wurden. Die Regelungen des Militärseelsorgevertrages über den Militärbischof können hingegen wohl nur indirekt im Analogieschluß insofern herangezogen werden, als staatlicherseits im Sinne der Gleichbehandlung beider Konfessionen die Übernahme von Verpflichtungen anerkannt wird.

Überhaupt zeigten schon die Verhandlungen bei der Errichtung der Militärseelsorgen, daß der Staat in keiner Weise Einfluß auf die Kompetenzbestimmung und -abgrenzung der kirchlichen Spitzen der Militärseelsorgen ausüben wollte. Diese Zurückhaltung resultierte einerseits aus der Rechtsstellung, die der demokratische Rechtsstaat den Kirchen beimißt. Andererseits war auch klar, daß eine katholische Militärseelsorge nur auf der Basis des abgeschlossenen Reichskonkordates möglich war. Dieser spezifisch katholische „Rahmen" wurde sodann auch der evangelischen Seite angeboten, die ihn nach eigenen theologischen Grundlagen und praktischen Bedürfnissen füllen konnte. Dem Staat lag vielmehr vordringlich daran, daß die entscheidenden, ihn selbst unmittelbar berührenden Rechtsgrundsätze gleich und die davon abhängige organisatorische Struktur der Militärseelsorgen analog waren. Dies kommt signifikant in der Nr. 10 der ZDv 66/1 zum Ausdruck: Die Militärbischöfe nehmen die kirchliche Leitung der Militärseelsorge wahr, stehen in keinem Dienstverhältnis zum Staat, werden im Einvernehmen mit dem Staat ernannt und ihre Aufgaben sind staatskirchenrechtlich durch Vertrag vereinbart. Der Staat beschränkt sich also auf eine rein funktionale Sicht des Amtes des Militärbischofs, soweit dieser als kirchlicher Leiter der Militärseelsorge die Wahrnehmung der in die kirchliche Zuständigkeit fallenden Organisationsaufgaben sicherstellt. Die Art der jeweiligen Einbettung in das kirchliche Recht bleibt dabei unberücksichtigt.

Es fällt nun auf, daß die im Benehmen mit der Bundesregierung erlassenen päpstlichen Statuten von 1965 nur wenige direkte Bestimmungen über den Militärbischof enthalten, die über das allgemeinkirchliche Recht und die Instructio über die Militärbischöfe „Sollemne semper“ von 1951 hinausgehen. Der entsprechende Hinweis auf die Instructio in Artikel 30 der Statuten, wo zugleich auf die „eigenen Regelungen“ der Statuten verwiesen wird, verfolgt wohl vor allem den Zweck, die Rechtslage hinsichtlich der Militärseelsorge bei Abschluß des Reichskonkordates möglichst umfänglich im Lichte des Dokumentes von 1951 zu interpretieren. Den Militärbischof unmittelbar über schon bestehendes kirchliches Recht hinaus im Hinblick auf den staatlichen Vertragspartner zu binden, unternehmen die Statuten nur in wenigen Punkten. Die in Artikel 6 vorgeschriebene Errichtung der Kurie am Sitz der Bundesregierung ist eine sinngemäße Repetition des im Konkordat Vereinbarten. Anders sieht es mit der Pflicht des Militärbischofs aus, die kirchlichen Seelsorgebezirke nur im Benehmen mit der zuständigen Bundesbehörde zu errichten und zu verändern (vgl. Artikel 7 Statuten). Damit wird jedoch indirekt der Tatsache Rechnung getragen, daß die Schaffung der haushaltsmäßigen Planstellen für die Militärgeistlichen durch den Staat vorgenommen wird. Insofern versteht es sich von selbst, daß zwischen dem Militärbischof und der staatlichen Seite ein Einvernehmen über die Anzahl der Seelsorgebezirke hergestellt werden muß.

Die in Artikel 8 der Statuten vorgesehene Pastoralverordnung des Militärbischofs wurde bisher nicht erlassen. Insofern war das hierzu angeordnete Benehmen mit der zuständigen Bundesbehörde auch nicht herzustellen. Schließlich stellt auch die Bestimmung in Artikel 9, wonach die Vorschriften und Richtlinien des Militärbischofs in einem eigenen Verordnungsblatt zu veröffentlichen sind, ein Zugeständnis an den Staat dar, dessen administrativen Bedürfnissen auf diese Weise Rechnung getragen wird.

Wenn dem Militärbischof weiterhin auferlegt wird, sich bei der Anstellung der Militärgeistlichen – auch nebenamtlicher – mit dem Staat ins Benehmen zu setzen, so entspricht dies ausschließlich praktischen Folgerungen der im Reichskonkordat vorgesehenen staatlichen Verbeamtung der Militärgeistlichen. Über diese Materie hinaus findet sich in den Statuten in bezug auf den Militärbischof kein Sonderrecht, das ihn im Blick auf den Staat in besonderer Weise verpflichtete. Hingewiesen werden muß jedoch noch auf eine Selbstbindung, die der Heilige Stuhl eingegangen ist: In Artikel 2 der Statuten verpflichtet sich der Apostolische Stuhl, zum Militärbischof nur einen in der Bundesrepublik Deutschland residierenden Diözesanbischof zu ernennen. D.h. zuerst, daß ein Hilfsbischof (Weihbischof) dieses Amt nicht wahrnehmen kann. Außerdem müßte der Militärbischof, sofern er – etwa bei Vollendung des 75. Lebensjahres – auf sein Bistum verzichtet, zugleich auch vom Amt des Militärbischofs abberufen werden. Hinter dieser Verbindung des Amtes des Militärbischofs mit dem eines residierenden Diözesanbischofs steht nicht nur die in einer Reihe anderer Länder geübte Praxis,[106]) sondern das schon in den Vorverhand-

[106]) Vgl. Ph. Hofmeister, „Die Militärseelsorge in neuerer Zeit“, Münchener Theologische Zeitschrift, München, 1960, S. 123–140, S. 137f.

lungen über die Errichtung der katholischen Militärseelsorge seitens der Fuldaer Bischofskonferenz vertretene Anliegen, daß dieser unbedingt der Konferenz angehören solle. Dies schien auf dem gewählten Wege gewährleistet.[107])

Alle diese Gesichtspunkte treten jedoch in den Hintergrund, wenn die grundlegende Frage gestellt wird, welcher Zusammenhang zwischen der kirchlichen Stellung des Militärbischofs und dem staatlichen Interesse einer exemten katholischen Militärseelsorge besteht. Das staatliche Interesse, die Katholiken innerhalb der Streitkräfte auf dem Weg der Exemtion der Hirtengewalt der Ortsbischöfe zu entziehen, war ja nie ein Versuch, in innerkirchliche Verhältnisse einzugreifen, oder gar sich ein besonders willfähriges Instrument eigener Absichten zu verschaffen. Es resultiert vielmehr aus der schlichten Erkenntnis, daß eine katholische Militärseelsorge wirksam überhaupt nur existieren kann, wenn sie unter der kirchenrechtlich normierten eigenständigen Leitungsgewalt eines „Militärbischofs" steht.

4.2.2 Kirchliche Stellung

Nach katholischer Lehre gibt es keine kirchliche Wirklichkeit ohne Bischof. „In den Bischöfen", so heißt es in der Kirchenkonstitution des Zweiten Vatikanischen Konzils (Nr. 21), „denen die Priester zur Seite stehen, ist also inmitten der Gläubigen der Herr Jesus Christus, der Hohe Priester, anwesend". Demzufolge unterliegen auch alle Formen der Seelsorge der bischöflichen Leitung. Nur dem Bischof kommt die Weihe- und Leitungsvollmacht zu, die für die Verkündigung des Evangeliums, die Spendung der Sakramente und die kirchliche Ordnung unbedingt erforderlich ist. Nur im Auftrag des Bischofs können Priester, Diakone und Laien jene Dienste leisten, die nach katholischem Verständnis für das Heil der Gläubigen unabdingbar notwendig sind. Dies ist gemeint, wenn von der Jurisdiktion die Rede ist. Die aus dem Hirtenamt der Bischöfe abgeleitete Leitungsvollmacht erstreckt sich auf den äußeren und den inneren (Gewissens-) Bereich. Sie umfaßt Gesetzgebung, Rechtsprechung und Verwaltung. Ohne eine rechtmäßige Vollmacht können die kirchlichen Heilsdienste erlaubterweise nicht geleistet werden; häufig ist die entsprechende Bevollmächtigung sogar Voraussetzung für die Gültigkeit einer kirchlichen Handlung, wie etwa bei der Spendung des Bußsakramentes oder der Assistenz bei der Eheschließung. Es liegt auf der Hand, daß der Militärpfarrer seinen geistlichen Aufgaben tatsächlich nur dann gerecht werden kann, wenn er über die hinreichende jurisdiktionelle Ermächtigung verfügt.

Das Kernproblem einer katholischen Militärseelsorge liegt nun darin, daß die bischöfliche Jurisdiktion grundsätzlich territorial geordnet ist. Der Bischof hat die für die Seelsorge erforderlichen Vollmachten, die er dann an seine Priester delegieren kann, nur für das Gebiet seiner eigenen Diözese. Streitkräfte hingegen sind in nationalen oder – wie heute im westlichen Bündnis – im internationalen Rahmen

107) Vgl. Steuber, a.a.O., S. 72

organisiert und disloziert. Daß sich im Kriegsfall zusätzliche Komplikationen und Probleme einstellen, liegt auf der Hand. Um nun eine katholische Militärseelsorge sicherstellen zu können, ist es erforderlich, Diözesengrenzen überschreitende jurisdiktionelle Vollmachten für die Militärgeistlichen zu erlangen. Nach wie vor ist zur Übertragung derartiger Rechte auch eine nationale Bischofskonferenz nicht befugt. Ausschließlich der Papst kann aufgrund des ihm zustehenden universalen Jurisdiktionsprimates quasi die Vollmachten der örtlichen Bischöfe aus wichtigem Grund einschränken und Sonderregelungen treffen. In der Exemtion, wenn man sie im strikten Sinne versteht, werden die Rechte der örtlich zuständigen Bischöfe vollständig aufgehoben. Die im Mittelalter in diesem Sinne beobachtbare Praxis etwa hinsichtlich verschiedener Ordensgemeinschaften hat im heutigen katholischen Kirchenverständnis keinen Raum mehr. Darum wird in jedem Fall, in dem der Papst die bischöflichen Zuständigkeiten begrenzt, eine ganz besondere Notwendigkeit vorliegen. Außerdem wird dabei Sorge getragen, daß die bischöflichen Rechte nicht vollständig aufgehoben werden. In der seit der Instructio „Sollemne semper" gefundenen Struktur „kumulativer Jurisdiktion", wobei dem örtlichen Bischof immer eine sekundäre subsidiäre Jurisdiktion über die Soldaten und ihre Familien verbleibt, wird diesem Gesichtspunkt Rechnung getragen.

Auch im neuen kirchlichen Gesetzbuch von 1983 wird dem Papst in can. 372 § 2 die Einrichtung besonderer Jurisdiktionsbereiche vorbehalten, die nicht unbedingt territorial abgrenzbar sein müssen. Die Militärseelsorge stellt den bedeutendsten Anwendungsfall dieser Bestimmung dar.[108]) Um eine solche Quasi-Teilkirche zu bilden, überträgt der Papst jurisdiktionelle Vollmachten, die denen eines Bischofs nahekommen. In diesem Sinne ist der Militärbischof genannte Jurisdiktions-Prälat Inhaber ordentlicher Vollmacht. Ihr rechtlicher Grund, Umfang und Geltungsbereich sowie ihre Dauer und Delegierbarkeit ergibt sich bei der Militärseelsorge aus der schon genannten Instructio „Sollemne semper" sowie den jeweiligen Einzeldekreten, durch die die Militärseelsorge in einem bestimmten Land eingerichtet wird. Letzteres sind im vorliegenden Fall die „Statuten für die Seelsorge in der Deutschen Bundeswehr".

Der Militärbischof („vicarius castrensis") verfügt nach Artikel 3 der Statuten über die „ordentliche, persönliche und besondere, von jener der übrigen Bischöfe nicht abhängige Jurisdiktion", die unmittelbar vom Apostolischen Stuhl erteilt wird („jurisdictio ordinaria, personalis, specialis, vicaria"). „Ordentlich" ist diese Vollmacht insofern, als sie nicht auf begrenzte Dauer einer bestimmten Person übertragen wird, sondern sich auf ein auf Dauer errichtetes Amt bezieht. Von Bedeutung ist dies insofern, als nur ordentliche Jurisdiktion in vollem Umfang delegiert werden kann. Eine ausdrückliche Bestätigung findet dies in der Regelung des Artikel 6 der Statuten, wonach dem Militärbischof explizit das Recht übertragen wird, einen Generalvikar zu ernennen, der zudem – über die allgemein kirchenrechtliche

[108]) Nach dem Päpstlichen Jahrbuch 1984 (s. S. 942–947) ist eine besonder Militärseelsorge als eigener Jurisdiktionsbereich in 27 Staaten errichtet.

Regelung der Kompetenzen von Generalvikaren hinaus – im Falle der Vakanz des Amtes des Militärbischofs dessen Jurisdiktion weiterhin ausübt.

„Persönlichen“ und „besonderen“ Charakter hat die Jurisdiktion des Militärbischofs insofern, als sie sich auf einen klar abgrenzbaren Personenkreis, nämlich die katholischen Soldaten und in die Streitkräfte integrierten zivilen Mitarbeiter der Bundeswehr sowie die katholischen Familienangehörigen der Berufs- und Zeitsoldaten erstreckt (vgl. Artikel 4 Statuten).[109]) Der personalen, besonderen Jurisdiktion unterstehen weiterhin die hauptamtlichen Militärgeistlichen sowie solche im Nebenamt, sofern sie in der Militärseelsorge tätig werden (vgl. Artikel 17 Statuten). Überraschenderweise gilt dasselbe nicht für die in Artikel 18 der Statuten genannten Hilfskräfte, d.h. besonders die Pfarrhelfer, und auch nicht für die Beamten, Angestellten und Arbeiter in der Kurie des Militärbischofs, soweit sie nicht Militärgeistliche sind.

Der Hinweis, daß der Militärbischof seine notwendigen Vollmachten „unmittelbar vom Apostolischen Stuhl“ erhält, bedeutet einerseits, daß er nicht von Ortsbischöfen oder der nationalen Bischofskonferenz rechtlich abhängig ist. Andererseits wird deutlich, daß, zumindest nach der älteren kirchenrechtlichen Literatur, der „vicarius castrensis“ Stellvertreter eines anderen ist, dessen Vollmacht er nicht in vollem Umfang innehat, sondern sozusagen im Auftrag anwendet: „Feldvikare sind wirklich Vikare des einen Feldvikars, nämlich des Papstes.“[110]) Konsequenterweise wird dem Militärbischof auferlegt, eine Pastoralverordnung, die von grundsätzlicher Bedeutung ist, vor der Veröffentlichung dem Apostolischen Stuhl vorzulegen (Artikel 8 Statuten).

Zu den Pflichten des Militärbischofs gehört es dann auch, wie alle Diözesanbischöfe die regelmäßige Visitatio Liminum, die für europäische Bischöfe im Fünf-Jahres-Abstand vorgeschrieben ist, beim Papst zu leisten. Im selben Jahr muß er einen „Status-Bericht“ vorlegen, in dem anhand eines von der zuständigen römischen Kongregation vorgegebenen Fragebogens umfassend über die Lage des Jurisdiktionsbereiches zu berichten ist.

Sowohl die Instructio „Sollemne semper“ wie auch die Statuten von 1965 zentrieren sich stark auf den Gedanken, daß der Militärbischof mit den Ortsbischöfen eng zusammenarbeiten soll. Er unterrichtet sie über die Errichtung von Seelsorgebezirken und ihre Veränderung (Artikel 7 Statuten) und informiert sie ebenso über alle Fragen, die die in ihren Bistümern tätigen Militärgeistlichen betreffen (Artikel 15). Er holt ihre Zustimmung vor der Bestellung nebenamtlicher Militärgeistlicher ein und bittet sie um Erlaubnis, falls er Gottesdienste im Freien an solchen Orten

[109]) Die in Artikel 5 der Statuten genannte Jurisdiktion über Militärgebäude und Schulen sowie Krankenhäuser und Gefängnisse der Bundeswehr, aber auch Kirchen und Kapellen, die ausschließlich von der Militärseelsorge genutzt werden, ist zwar eine territoriale, sie erstreckt sich aber nicht auf sich dort aufhaltende Personen, die nicht ohnehin schon zum personalen Jurisdiktionsbereich gehören.

[110]) Dekret der Konsistorialkongregation „Ad Sacra Limina“ (über die von den Militärbischöfen zu unternehmende Romfahrt (visitatio liminum) vom 28. Februar 1959, Acta Apostolicae sedis 51 (1959), S. 272–274, S. 273

zulassen will, die nicht militärische Anlagen oder sonstwie Soldaten reserviert sind (Artikel 22). Von großer praktischer Bedeutung sind die in Artikel 24 und 27 beschriebenen Pflichten hinsichtlich der Gewinnung der Militärgeistlichen, der Benutzung von Kirchen und der wechselseitigen Unterstützung durch Geistliche.

Insgesamt gesehen hat sich die Idee der sogenannten „kumulativen Jurisdiktion" und die sich daran anschließende Praxis im Sinne der seelsorglichen Notwendigkeiten sehr bewährt. Durch die Einrichtung eines Quasi-Personalbistums sollte ja die Handlungsfähigkeit der Seelsorger sichergestellt werden. Dazu gehört die kirchenrechtlich erforderliche Bevollmächtigung auf dem Weg der Delegation ebenso wie die Sicherstellung einheitlicher Organisationsstrukturen. Zugleich wird jedoch die Entstehung einer Kirche im ekklesialen und gesellschaftlichen Ghetto vermieden, da durch die geforderte Zusammenarbeit zwischen Militärgeistlichkeit und Ortsgeistlichen ebenso wie zwischen Militärbischof und seiner Kurie und den anderen Bischöfen, ihren Einrichtungen und Behörden, ein fortlaufender theologischer und pastoraler Austausch erfolgt. Als besonders glücklich hat sich die Verbindung des Amtes des Militärbischofs mit dem eines residierenden Diözesanbischofs erwiesen. Die bisherigen drei Militärbischöfe Kardinal Wendel, Bischof Dr. Hengsbach und Erzbischof Dr. Kredel nahmen und nehmen innerhalb der Fuldaer bzw. Deutschen Bischofskonferenz wichtige Positionen ein. Als Mitglieder des „Ständigen Rates" und Vorsitzende bedeutender Kommissionen der Deutschen Bischofskonferenz – Bischof Dr. Hengsbach leitet die Kommission für weltkirchliche Fragen, Erzbischof Dr. Kredel diejenige für sozial-karitative Fragen – erfahren die Angelegenheiten der Militärseelsorge durch diese personelle Verknüpfung innerhalb des deutschen Episkopats die erforderliche Aufmerksamkeit. Dementsprechend konnte auch etwa durch die Interventionen des früheren Militärbischofs Hengsbach während des Zweiten Vatikanischen Konzils und der Synode der Bistümer in der Bundesrepublik Deutschland oder von Militärbischof Kredel bei der Vorbereitung des Wortes der Deutschen Bischofskonferenz „Gerechtigkeit schafft Frieden" im Hinblick auf die katholischen Soldaten die Militärseelsorge entsprechend gewichtet wirksam werden.

4.2.3 Pastorales Wirken

Die Art und Weise, wie katholische Militärbischöfe für die Seelsorge in der Bundeswehr bisher praktisch wirken konnten, hing natürlich nicht nur von dem bezeichneten rechtlichen Rahmen ab. Eine große Rolle spielen naturgemäß Aspekte, die mit den einzelnen Persönlichkeiten zusammenhängen, aber auch die äußeren Situationen in Staat, Gesellschaft und Kirche, die jeweils eigene Anforderungen an den Inhaber des Leitungsamtes der „Kirche unter den Soldaten" stellen. Der Umfang, in dem sich der Militärbischof seinen mit diesem Amt verbundenen Aufgaben widmen kann, wird natürlich dadurch entscheidend beeinflußt, daß er es neben seiner Aufgabe als Diözesanbischof und den sich daraus ergebenden Verpflichtungen wahrnehmen muß. Die im Alltag des öfteren gestellte Frage nach dem „Pensum" stellt oft nicht in Rechnung, daß ein Diözesanbischof, der zugleich

Kommissionsvorsitzender ist, neben seinen Aufgaben im Heimatbistum zahlreiche überdiözesane Aufgaben wahrzunehmen hat. Der Jurisdiktionsbereich der Militärseelsorge mit seinen eigentümlichen Aufgaben und Schwierigkeiten und einer in sich abgeschlossenen Struktur erfordert sicherlich einen erheblichen zusätzlichen Einsatz. Als Erschwernis ergibt sich dabei auch, daß zwischen der Bonner Kurie des Militärbischofs und seinem Residenzialsitz im Bistum erhebliche Entfernungen liegen können.

Hinsichtlich der allgemeinen Leitung und Verwaltung des Jurisdiktionsbereiches hat der Militärbischof in seinem Militärgeneralvikar einen wichtigen Helfer.[111]) Gerade aufgrund der allgemein kirchenrechtlichen Zuordnung von Bischof und Generalvikar – der Generalvikar verfügt als „alter ego" seines Ordinarius über dieselben jurisdiktionellen Vollmachten wie dieser – läßt sich die einheitliche Leitung der Militärseelsorge mit der Entlastung des Bischofs vereinbaren. Trotzdem liegt auf diesem Gebiet ein Schwerpunkt des bischöflichen Wirkens.

Über das Band hinaus, daß jeden Bischof mit seinen Priestern verbindet, trägt der Militärbischof besondere Sorge für seine Militärgeistlichen. Wenn Priester aus den Diözesen und den Ordensgemeinschaften für eine Reihe von Jahren unter seiner Leitung tätig werden, so erfordert dies sozusagen eine neue „Beheimatung auf Zeit". Die vom Zweiten Vatikanischen Konzil besonders betonte enge Verbindung zwischen dem Bischof und seinem Presbyterium, d.h. natürlich auch zu jedem seiner Priester, spielt gerade dann eine besondere Rolle, wenn dieses Presbyterium erst zusammenwachsen muß – und das unter erschwerten Bedingungen. So widmet der Militärbischof allen die Militärgeistlichen betreffenden Personalfragen, aber auch – im Rahmen der Möglichkeiten – der persönlichen Begegnung die erforderliche Zeit. Den Vorsitz, den er im Priesterrat führt, stellt dabei eine wichtige Hilfe dar. Auch die Leitung der jährlichen Gesamtkonferenz der hauptamtlichen Militärgeistlichen durch den Militärbischof dient diesem Zweck. Im Rahmen aller offiziellen Besuche bei der Truppe nutzt der Militärbischof sich bietende Gelegenheiten, mit den Militärgeistlichen zusammenzutreffen.

Visitationen im strengen kanonischen Sinne hält der Militärbischof nicht. Diese Aufgabe wurde den dienstaufsichtführenden Militärgeistlichen bzw. Bereichs-Dekanen übertragen. Mehrmals im Jahr jedoch führt er – ebenso wie der Evangelische Militärbischof – offizielle Besuche bei der Truppe durch.[112]) Als Vertreter der katholischen Kirche in der Bundesrepublik Deutschland im Bereich der Bundeswehr nutzt er diese Gelegenheit, um sich möglichst umfassend über die wichtigen Fragen der Streitkräfte zu informieren. Daß Fragen nach dem Menschen dabei einen vorrangigen Platz einnehmen, ergibt sich aus dem Charakter von Seelsorge. Da diese aber nicht nur mit dem Heil, sondern auch mit dem Wohl, den innerweltlichen

[111]) Zum Militärgeneralvikar s. u. S. 82f.

[112]) Vgl. ZDv 10/8 Nr. 20 bis 23

Lebensbedingungen, zu tun haben, werden regelmäßig eine Reihe von Problemen sozialen Charakters erörtert. Andererseits hat der Militärbischof bei derartigen Besuchen die Möglichkeit, wichtige Aussagen der katholischen Kirche zu besonderen Aufgaben der Weltgestaltung, nicht zuletzt zum Dienst und Auftrag des Soldaten und der Streitkräfte aus ethischer Sicht, in Reden und Vorträgen zu verdeutlichen. Die vielfältige Möglichkeit zur persönlichen Begegnung mit Soldaten aller Dienstgradgruppen und Teilstreitkräfte bietet darüber hinaus die Chance, Seelsorgefragen quasi „an der Basis" auszumachen und zu besprechen. Besonderen Wert legten alle bisherigen Katholischen Militärbischöfe darauf, anläßlich der offiziellen Besuche Standortgottesdienste zu halten. Darin realisiert sich ein im katholischen Verständnis von Kirche ganz zentraler Aspekt: Kirche – auch „Kirche unter Soldaten" – erreicht dort ihre Vollgestalt, wo sie sich in der eucharistischen Feier mit ihrem Bischof verbindet. Vor allem in im Ausland gelegenen Standorten der Bundeswehr spendet der Militärbischof häufig auch in solchen Gottesdiensten das Sakrament der Firmung, während im Inland zumeist die Diözesanbischöfe oder ihre Weihbischöfe um diesen sakramentalen Dienst gebeten werden.

Außerhalb des offiziellen Programms der Besuche bei der Truppe besucht der Militärbischof die örtlichen Seelsorgebezirke. Auf diese Weise lernt er die Dienststellen der Militärgeistlichen, ihr räumliches und soziales Umfeld, aber auch viele Menschen kennen, die vor Ort Gemeinde bilden. Pfarrgemeinderäte finden so häufig Gelegenheit, Sorgen, Fragen und Bitten, die auf den Nägeln brennen, unmittelbar mit ihrem Militärbischof zu besprechen. Auch an der jährlich stattfindenden „Woche der Begegnung", zu der sich die „Zentrale Versammlung", d.h. die Delegierten und Repräsentanten der Pfarrgemeinderäte und der Gemeinschaft Katholischer Soldaten zusammenfinden, nimmt der Militärbischof teil. Alljährlich lädt er die aktiven und pensionierten katholischen Generale und Admirale am Wochenende vor Palmsonntag zu einer geistlichen Besinnung ein. Hinter all diesen Bemühungen steht das Ziel, die vom Papst übertragene Vollmacht als wahrhaft bischöfliche zu realisieren. Denn der Militärbischof soll ja, wie Artikel 1 der Statuten es sehr nachdrücklich zum Ausdruck bringt, „die Seelsorge unter den zur Deutschen Bundeswehr gehörenden Katholiken ordnen, leiten und wirksam gestalten" – und zwar dadurch, daß er „die christliche Lehre, die Sakramente der Kirche und die seelsorgliche Leitung leichter und fruchtbarer zugänglich" macht. Dabei reicht der Bogen von dem Tun, das jedem Pfarrer aufgetragen ist, bis hin zu jenem Dienst, den die Kirche der Gesellschaft, dem Staat und den christlichen Brüdern in anderen Konfessionen schuldet. Zu diesem letztgenannten Bereich gehört etwa der Gottesdienst, den der Militärbischof während der jährlichen Kommandeurtagungen der Bundeswehr hält, ebenso Gespräche, die er in gewissen zeitlichen Abständen zusammen mit dem Evangelischen Militärbischof mit dem Bundesminister der Verteidigung führt, aber auch das jährliche Zusammentreffen mit dem Evangelischen Militärbischof, das einem umfassenden Meinungsaustausch über alle anstehenden Fragen dient.

4.3 Das Evangelische Kirchenamt für die Bundeswehr Das Katholische Militärbischofsamt

4.3.1 Der Charakter der Kirchenämter

Die Zentrale Dienstvorschrift 66/1 Militärseelsorge spricht in bezug auf das Evangelische Kirchenamt für die Bundeswehr und das Katholische Militärbischofsamt einfach von den zentralen Dienststellen der Militärseelsorge. Beide Dienststellen sind einerseits Bundesbehörden, die dem Bundesminister der Verteidigung unmittelbar nachgeordnet sind, andererseits kirchliche Behörden, wobei sich der Charakter des Katholischen Militärbischofsamtes nach kirchlichem Recht bestimmt, dessen Geltung wiederum staatskirchenrechtlich gesichert ist. Beide Ämter sind entsprechend den Statuten für die Militärseelsorge in der Deutschen Bundeswehr (Artikel 6) am Sitz der Bundesregierung bzw. des Militärseelsorgevertrages (Artikel 14) am Sitz des Bundesministers der Verteidigung eingerichtet.

Für alle Angelegenheiten beider Zweige der Militärseelsorge, soweit der Staat und für ihn der Bundesminister der Verteidigung zuständig sind, wurde im Bundesverteidigungsministerium in der Abteilung Verwaltung und Recht ein eigenes „Kirchenreferat" geschaffen (VR I 4). Über dieses Referat wurden schon alle Verhandlungen geführt zur Einrichtung der katholischen und der evangelischen Militärseelsorge. In der Existenz dieses Referates der Abteilung Verwaltung und Recht dokumentiert sich deutlich, daß der Staat ausschließlich für organisatorische Fragen der Militärseelsorge zuständig ist und die Kosten der Militärseelsorge trägt, aber keinerlei Einfluß auf die inhaltliche Arbeit der Militärseelsorge nehmen will. Über das Referat VR I 4 wird gemeinsam für beide Zweige der Militärseelsorge ein eigener Gesamthaushaltsplan aufgestellt (Kapitel 1406), der insgesamt Teil des Haushaltsplans des Bundesverteidigungsministeriums ist. Er wird als ganzer auch dem Bundesfinanzminister gegenüber begründet und vertreten, nicht über einzelne im Bundesverteidigungsministerium zuständige Referate, sondern in allen Teilen ausschließlich über das Referat VR I 4.

Hinsichtlich ihres kirchenrechtlichen Status unterscheiden sich die beiden Ämter jedoch. In den „Statuten für die Seelsorge in der Deutschen Bundeswehr" vom 5. August 1965 heißt es in Artikel 6 im Zusammenhang mit der Jurisdiktionsgewalt des Katholischen Militärbischofs:

„Der Militärbischof errichtet seine Kurie am Sitz der Bundesregierung entsprechend den Vorschriften des kanonischen Rechtes (can. 363, 364)."

Damit ist der besondere, über die Eigenschaft einer Bundesoberbehörde hinausgehende kirchliche Charakter des Katholischen Militärbischofsamtes deutlich angezeigt.

Das allgemeine kirchliche Recht verpflichtet die Diözesanbischöfe zur Einrichtung einer zentralen Behörde, in der der Beamtenstab des Bischofs zur Regierung des Bistums zusammengefaßt ist. Eine solche Kurie gliedert sich in der Regel in die

Verwaltung unter Leitung des Generalvikars und das bischöfliche Gericht, dem der Offizial vorsteht. Bei der Kurie des Katholischen Militärbischofs hat der Militärgeneralvikar beide Funktionen inne mit der Einschränkung, daß die kanonische Ehegerichtsbarkeit ausschließlich den Ortsbischöfen obliegt (vgl. Artikel 21 Statuten).

Der Umfang der Kurie des Militärbischofs richtet sich nach c 363 § 2 CIC, wobei zu berücksichtigen ist, daß ein und derselben Person mehrere Ämter übertragen werden können. Im einzelnen sind dabei praktische Bedürfnisse ausschlaggebend. Die Organisationsstruktur der Kurie läßt sich dabei unter einem funktionalen und einem rechtlichen Gesichtspunkt darstellen. Rechtlich betrachtet gewinnt die Kurie des Katholischen Militärbischofs ihre Einheit durch die Stellung zum Militärbischof und ihre einheitliche Leitung durch seinen Militärgeneralvikar. Dabei ist es prinzipiell unerheblich, ob Teileinheiten der Kurie neben kirchlichen auch staatliche Aufgaben wahrnehmen. Die Summe letzterer rechtfertigt die Bezeichnung „Katholisches Militärbischofsamt" für eine Anzahl einzelner Funktionen. Daneben sind aber auch die „Generalvikariat des Katholischen Militärbischofs" genannte Einheit für die Verwaltung kirchlicher Mittel aus den Kirchensteuern der Soldaten und das Archiv des Katholischen Militärbischofs integrale Bestandteile der Kurie.
Funktional gesehen sind jedoch die einzelnen Aufgaben kirchlicher Art so einer Gliederung in Referate zugeordnet, daß eine möglichst weitreichende Parallelität zur Organisationsstruktur des Evangelischen Kirchenamtes für die Bundeswehr erhalten bleibt.

Für das Evangelische Kirchenamt für die Bundeswehr ist die Bestimmung seines kirchlichen Charakters schwieriger. Im Kirchengesetz zur Regelung der evangelischen Militärseelsorge kommt es überhaupt nicht vor. Im Militärseelsorgevertrag wird es in Artikel 14 erwähnt, allerdings nur mit der Bestimmung „zur Wahrnehmung der zentralen Verwaltungsaufgaben ...".

Eine von seiten der Kirche geregelte Funktion des Amtes gibt es nicht. Sie läßt sich nur aus dem Namen Kirchenamt schließen und aus der Tatsache, daß Militärseelsorge ganz allgemein als gesamtkirchliche Arbeit verstanden wird. Der kirchliche Charakter des Amtes ist abzuleiten aus den Inhalten seiner Arbeit und auch aus der Tatsache, daß nicht nur der Militärgeneraldekan, sondern auch vier von den sechs Referatsleitern Theologen sind.
Sowohl der erste als auch der amtierende Militärbischof haben, wohl auch der mangelnden Klarheit wegen, den kirchlichen Charakter des Amtes immer wieder hervorgehoben.

4.3.2 Die Leiter der Ämter

Der Leiter des Katholischen Militärbischofsamtes ist der Militärgeneralvikar, der Leiter des Evangelischen Kirchenamtes für die Bundeswehr der Militärgeneraldekan. Beide Leiter sind Bundesbeamte auf Lebenszeit. Sie unterstehen, soweit es sich um die Wahrnehmung staatlicher Verwaltungsaufgaben handelt, dem Bundesminister der Verteidigung. Für die Militärgeistlichen in ihrer Eigenschaft als Bundesbeamte sind sie deren unmittelbare Dienstvorgesetzte. Der Militärgeneralvikar ist zudem nach kirchlichem Recht Vorgesetzter der Militärgeistlichen und des gesamten Hilfspersonals. Hinsichtlich der kirchlichen Einbindung jedoch bestehen wiederum Unterschiede. Über den Militärgeneralvikar heißt es in Artikel 6 der Statuten für die Seelsorge in der Deutschen Bundeswehr: „Der Militärbischof hat das Recht, einen Generalvikar zu ernennen, der ihn in allem, was die Seelsorge der zur Deutschen Bundeswehr gehörenden Katholiken betrifft, zu unterstützen hat und in sinnentsprechender Anwendung mit den Vollmachten ausgestattet ist, die das kirchliche Gesetzbuch für den Generalvikar vorsieht." Und Artikel 10 sieht vor, daß der Generalvikar für den Fall einer Vakanz die Jurisdiktion und die mit dem Amt des Militärbischofs verbundenen Vollmachten ausübt, „falls der Heilige Stuhl nicht anders vorgesorgt hat". Eingeschränkt wird diese Stellvertretung nur dadurch, daß der Militärgeneralvikar während der Vakanz keine Neuerungen vornehmen kann.

Die kirchenrechtliche Stellung des Militärgeneralvikars bemißt sich nach den Regelungen des kirchlichen Gesetzbuches über die Generalvikare (can. 475 bis 481 CIC 1983). Er wird vom Militärbischof ernannt, der ihm ordentliche Gewalt (potestas ordinaria) überträgt, damit er ihm bei der Leitung des gesamten Jurisdiktionsbereiches zur Seite steht. Generalvikare können grundsätzlich vom zuständigen Bischof frei ernannt und abberufen werden. Sie sollen Doktor oder Lizentiat des Kirchenrechtes oder der Theologie und im religiösen Leben qualifiziert sein. Sie sollen über praktische Verwaltungserfahrung verfügen.

Der Generalvikar erhält umfassende Vollmachten. Ihm kommt – mit bestimmten Ausnahmen – „die ausführende Gewalt zu, die der Diözesanbischof von Rechts wegen hat, um alle Verwaltungsakte erlassen zu konnen" (can. 479 § 1 CIC 1983). Andererseits muß der Generalvikar seinen Ordinarius „über alle wichtigeren Angelegenheiten, einerlei ob sie noch zu erledigen oder bereits erledigt sind, unterrichten" und darf „niemals gegen den Willen und die Absicht" des Bischofs handeln (vgl. can. 480 CIC 1983). Auf diese Weise ist sichergestellt, daß die Verwaltung des Jurisdiktionsbereiches vom „alter ego" des Bischofs in rechtlicher und faktischer Hinsicht durchgängig im Sinne des Ordinarius wahrgenommen wird.

Für den Leiter des Evangelischen Kirchenamtes für die Bundeswehr, den Militärgeneraldekan, gilt zunächst, daß er im Kirchengesetz zur Regelung der evangelischen Militärseelsorge nicht erwähnt wird. Im Militärseelsorgevertrag heißt es über ihn in Artikel 15, daß er „auf Vorschlag des Militärbischofs" berufen wird. Diesen Vorschlag macht der Militärbischof dem Rat der EKD und der Kirchenkonferenz. Nach dem Militärseelsorgevertrag „untersteht" der Militärgeneraldekan dem Militärbischof, soweit es die kirchliche Seite der Militärseelsorge betrifft. Der Militärbischof kann nach Artikel 15 Absatz 3 im Einzelfall dem Militärgeneraldekan Befugnisse übertragen, für die er selbst nach Artikel 12 zuständig ist.

Als Bundesoberbehörden sind sowohl das Militärbischofsamt als auch das Evangelische Kirchenamt für die Bundeswehr präsidial verfaßt, d.h., die Leiter der Ämter tragen die letzte Verantwortung für die Entscheidungen, die von seiten der Ämter getroffen werden.

Als Leiter der Ämter nehmen der Militärgeneralvikar und der Militärgeneraldekan an den Sitzungen des Beirates Innere Führung und auf Einladung regelmäßig an den Kommandeurtagungen der Bundeswehr teil. Alle das direkte Verhältnis Bundeswehr–Militärseelsorge betreffenden Angelegenheiten, Fragen und Probleme werden bei monatlich stattfindenden „Arbeitsessen" besprochen, an denen die Leiter der beiden Ämter teilnehmen von seiten der Militärseelsorge, von seiten des Ministeriums der Referatsleiter VR I 4 und der Unterabteilungsleiter VR I sowie der Referatsleiter Fü S I 4 und der Stabsabteilungsleiter Fü S I. Im Führungsstab der Streitkräfte ist das Referat Fü S I 4 Gesprächspartner für die Kirchenämter, bzw. für beide Zweige der Militärseelsorge in allen Fragen, die die konkrete Arbeit der Militärseelsorge in den Streitkräften betreffen.

4.3.3 Die Struktur der Kirchenämter

Im Gegensatz zu der heutigen Referatseinteilung der Kirchenämter haben beide mit drei Referenten (heute Referatsleiter) die Arbeit begonnen, einem juristischen Referenten und zwei theologischen Referenten.

4.3.3.1 Leiter des Referates I (Zentralreferat) des Evangelischen Kirchenamtes für die Bundeswehr ist der Justitiar. Das entsprechende Referat des Katholischen Militärbischofsamtes wird vom Militärgeneralvikar selbst geleitet. Der Justitiar untersteht ihm unmittelbar.

Der Justitiar berät den Militärbischof, den Leiter des Amtes und die Referatsleiter in allen die Militärseelsorge betreffenden Rechts-, Verwaltungs- und Finanzfragen. Diese Rechtsfragen berühren die Bereiche Kirchenrecht, Staatsrecht, Beamten- und Soldatenrecht, Disziplinarrecht, Arbeitsrecht, Verwaltungsrecht, Personalvertretungsrecht und Völkerrecht. Soweit die Militärseelsorge betroffen ist, wirken die Justitiare bei der Abfassung von Zentralen Dienstvorschriften mit, ebenso bei Richtlinien und Grundsatzverfügungen. Der Justitiar des Evangelischen Kirchenamtes für die Bundeswehr ist außerdem zuständig für den inneren Dienst des Amtes.

4.3.3.2 Beiden Militärbischöfen ist von seiten des Bundes ein Persönlicher Referent zugestanden. Zu seinen Aufgaben gehört die organisatorische und administrative Unterstützung des Militärbischofs bei offiziellen Besuchen in der Truppe und Visitationsreisen und eine diesbezügliche Unterrichtung des Bischofs über Vorkommnisse im Zusammenhang mit solchen Reisen. Sie sind außerdem zuständig für Protokollfragen. Auf Weisung des Leiters des Evangelischen Kirchenamtes für die Bundeswehr bearbeitet hier der Persönliche Referent vor allem kirchenrechtliche Angelegenheiten der Militärseelsorge. Er ist außerdem mitverantwortlich für die Redaktion des Verordnungsblattes des Evangelischen *Militärbischofs.* Der Persönliche Referent des Katholischen *Militärbischofs* gibt in dessen Auftrag die wöchentliche Presseinformation „nimm“ heraus. In dem von ihm geführten Persönlichen Sekretariat des Katholischen *Militärbischofs* wird dessen Korrespondenz erledigt.

4.3.3.3. Von den beiden zur Grundausstattung der Kirchenämter gehörenden Referenten war der eine zuständig für die Personalfragen der Militärseelsorge, heute Leiter des Referats II, des Personalreferates. Die Personalreferenten des Militärbischofsamtes bzw. des Evangelischen Kirchenamtes für die Bundeswehr vertreten den Militärgeneralvikar bzw. den Militärgeneraldekan bei deren Abwesenheit. Die Personalreferenten sind zuständig für Personalplanung und Personalführung im Bereich der Militärseelsorge und für die Planung des Personalersatzes. Diese Aufgaben nehmen sie sowohl gegenüber dem Verteidigungsministerium wahr hinsichtlich der mit dem Beamtenstatus der Militärgeistlichen zusammenhängenden Fragen und für die Hilfskräfte der Militärseelsorge, als auch gegenüber den Diözesen bzw. Gliedkirchen der EKD, die die Geistlichen für die Militärseelsorge bereitstellen. Die Personalreferenten sind auch für die Regelung der personellen Bedarfsdekkung im Verteidigungsfall zuständig.

4.3.3.4. Der zweite theologische Referent war in der Anfangszeit ganz allgemein zuständig für alle Fragen der Seelsorge. Das Seelsorgereferat in den Kirchenämtern ist heute das Referat IV. Dieses Referat ist zuständig für theologische Grundsatzfragen, die die Praxis der Militärseelsorge berühren, im Katholischen Militärbischofsamt für Grundsatzangelegenheiten der liturgischen und pastoralen Dienste der Militärgeistlichen. Dazu gehören auch der Lebenskundliche Unterricht, die Planung der Themen und die Bereitstellung von Unterrichtsmaterialien für die Militärgeistlichen und die Soldaten einschließlich der Medien. Außerdem ist es zuständig für die mit den Standortgottesdiensten und Feldgottesdiensten zusammenhängenden Fragen einschließlich Liturgie und Kirchenmusik. Der Referatsleiter im Evangelischen Kirchenamt für die Bundeswehr koordiniert die Arbeit der Militärgeistlichen an den Schulen und Hochschulen der Bundeswehr und am Zentrum Innere Führung. Im Katholischen Militärbischofsamt liegt diese Aufgabe im Referat III. Im Seelsorgereferat wird das Schrifttum für die Militärseelsorge erstellt. Und schließlich gehört die Pflege der ökumenischen Verbindung zu den Aufgaben des Referates (auch diese Aufgabe wird im Katholischen Militärbischofsamt vom Referat III wahrgenommen), wobei nach evangelischem Ökumeneverständnis nicht nur die Verbindungen zur katholischen Militärseelsorge darunter zu verstehen sind, sondern auch die Verbindungen zu den protestantischen Zweigen der Militärseelsorge in den befreundeten und NATO-Staaten und zum Ökumenischen Rat der Kirchen in Genf.

Für die evangelische Militärseelsorge ist der Leiter des Referates IV auch zuständig für Fragen der Kriegsdienstverweigerung aus Gewissensgründen in der Truppe

(Katholisches Militärbischofsamt: Referat III). In dieser Eigenschaft ist er Mitglied des EKD-Ausschusses für Fragen der Kriegsdienstverweigerung und des Zivildienstes. Und er nimmt an der Konferenz der gliedkirchlichen Referenten für Erwachsenenbildung teil.

4.3.3.5. Mitte der 60er Jahre wurde in den Kirchenämtern ein drittes theologisches Referat eingerichtet, heute Referat V. Dieses Referat ist zuständig für die Förderung des Gemeindelebens in den personalen Seelsorgebereichen (kath.: Seelsorgebezirken) und Militärkirchengemeinden. Im Katholischen Militärbischofsamt sind ihm insbesondere die Grundsatzfragen pastoraler Dienste in den Gemeinden und die Zusammenarbeit mit den Gremien der kirchlichen Mitverantwortung (Pfarrgemeinderäte, Zentrale Versammlung, Gemeinschaft Katholischer Soldaten), das kirchliche Matrikel- und Verordnungswesen sowie die Dienstaufsicht über die Militärgeistlichen in den Bundeswehrkrankenhäusern und deren Fortbildung und die Bereitstellung von geeignetem Verteilmaterial für die Krankenhäuser (Katholisches Militärbischofsamt: Referat III). Die Referatsleiter V sind weiter zuständig für die Seelsorge bei Bundeswehrübungen und Manövern, für die Seelsorge an Bord und bei den fliegenden Verbänden der Bundeswehr, und für die Seelsorge an Arrestanten sowie bei Sonderfällen wie z.B. Selbstmordversuchen, Unglücksfällen und ähnlichem.

Zur Vorbereitung der Begleitung der übenden Truppe von Pfarrern und Pfarrhelfern werden im Zusammenhang mit den Herbstübungen der Bundeswehr Einweisungslehrgänge gemeinsam für beide Zweige der Militärseelsorge durchgeführt. Hier werden alle Kenntnisse vermittelt, die Pfarrer und Pfarrhelfer wissen und beherrschen müssen, damit eine reibungslose Begleitung der übenden Truppe und eine optimale Seelsorge gewährleistet sind.

Ein weiterer Schwerpunkt ist die Rüstzeitarbeit bzw. die Durchführung von Exerzitien und Werkwochen. Diese in besonderem kirchlichen Interesse durchgeführten Veranstaltungen dienen der Vertiefung von Glaubensfragen (Katholisches Militärbischofsamt: Referat IV).

Schließlich ist der Referatsleiter V Kontaktreferent zum Bereich der Inneren Führung (Katholisches Militärbischofsamt: Referat III). Auf evangelischer Seite kommt dazu die Pflege der Verbindung zur EKD und seinem Kirchenamt, zum Beirat für die Evangelische Militärseelsorge, zu den gliedkirchlichen Referenten für Militärseelsorge, zur Polizei- und Grenzschutzseelsorge und zu anderen Werken und Einrichtungen der EKD.

Im Evangelischen Kirchenamt für die Bundeswehr ist in diesem Referat aus Mitteln des Sonderhaushaltes Evangelische Militärseelsorge zusätzlich die Planstelle für einen freien Mitarbeiter eingerichtet, die mit einem pensionierten Offizier der Bundeswehr besetzt wird. Seine Aufgaben ergeben sich aus seinen besonderen Kenntnissen: Beratung in allen Fragen der Zusammenarbeit mit militärischen

Dienststellen, militärische Fachberatung und Mitarbeit bei allen Vorgängen, die militärische Probleme berühren.

4.3.3.6 Mitte der 70er Jahre kam schließlich ein vierter theologischer Referent dazu, heute Leiter des Referates III. Schwerpunkt dieses Referates ist die Pfarrerfortbildung. Es hatte sich von Anfang an als notwendig erwiesen, daß die Militärgeistlichen für ihren Dienst in der Bundeswehr in besonderer Weise zugerüstet werden mußten, und daß dafür die allgemeine kirchliche Fortbildung nicht ausreichen würde. Von daher war die Einrichtung dieses Referates 1976 längst überfällig.

Für den evangelischen Zweig der Militärseelsorge wurde 1971 an der Sozialakademie der EKD in Friedewald/Westerwald ein Seminar für Gruppenseelsorge eingerichtet, das heute als Seminar für Pfarrerfortbildung den größten Teil dieser Fortbildung wahrnimmt. Zuständig für dieses Seminar ist der Referatsleiter III, sowohl was die inhaltliche Ausgestaltung als auch die organisatorische Durchführung betrifft. Weiter obliegt dem Referatsleiter III im Evangelischen Kirchenamt für die Bundeswehr die Betreuung der Dienststellen der Militärseelsorge im Ausland.

4.3.3.7 Schließlich wurde Anfang der 70er Jahre für alle Angelegenheiten des Haushalts-, Kassen- und Rechnungswesens und der allgemeinen Verwaltung ein eigenständiges Referat VI eingerichtet und dieser gesamte Aufgabenbereich aus dem Referat I ausgegliedert. Die Leitung dieses Referates wurde einem Verwaltungsfachmann übertragen, nach dem Stellenplan ein Regierungsoberamtsrat. Er ist Beauftragter für den Bundeshaushalt, zuständig für die Aufstellung des Haushaltsvoranschlages, für die Verteilung der Haushaltsmittel und die Überwachung des Mittelverbrauchs und des Mittelabflusses. Da für beide Zweige der Militärseelsorge ein gemeinsamer Haushalt aufgestellt wird, ist hier eine besonders intensive Zusammenarbeit zwischen den beiden Kirchenämtern notwendig, vor allem, wenn es um unterschiedliche Schwerpunktsetzung bei einzelnen Haushaltsstellen und einen dadurch notwendigen Mittelausgleich geht. Im Evangelischen Kirchenamt für die Bundeswehr ist der Referatsleiter VI ebenfalls zuständig für die Koordination der Beiträge des kirchlichen Haushalts als Kontaktreferent zum Sonderhaushalt Evangelische Militärseelsorge.

Im Rahmen der Zuständigkeit für den Haushalt geht es auch um die materielle Ausstattung der Dienststellen der Militärseelsorge.

4.3.3.8 In der Kurie des Katholischen Militärbischofs wurde schließlich 1981 aus kirchlichen Mitteln das Referat „Militärseelsorge und Öffentlichkeit" eingerichtet, dem die laufende Beobachtung und Analyse von Fragen und Entwicklungen im kirchlichen, politischen und gesellschaftlichen Bereich übertragen ist, soweit sie – unter theologischen Aspekten – für die Militärseelsorge von Bedeutung sind. Der Referatsleiter ist außerdem zuständig für die Öffentlichkeitsarbeit des Militärbischofs und nimmt die Funktion eines Pressereferenten des Katholischen Militärbischofsamtes wahr. Er koordiniert außerdem die Kontakte zum vom Katholischen Militärbischof getragenen „Institut für Theologie und Frieden“ in Barsbüttel bei Hamburg. Die Kurie verfügt zudem über ein eigenes „Kirchliches Archiv“.

Presse- und Öffentlichkeitsarbeit werden im Evangelischen Kirchenamt für die Bundeswehr im Referat IV wahrgenommen.

4.3.3.9 Die Struktur der Kirchenämter und die Aufzählung der Zuständigkeiten der Referate machen deutlich: Die Kirchenämter fungieren als zentrale Leitungsbehörde der katholischen bzw. evangelischen Militärseelsorge und erfüllen zahlreiche kirchliche und staatliche Aufgaben. Der kirchlich-staatliche Doppelcharakter, der die gesamte Militärseelsorge bestimmt, prägt auch die Kirchenämter. Sie gleichen einem „Nadelöhr“, durch welches Weisungen und Impulse reflektiert, verantwortlich umgesetzt und in den Gesamtbereich der Militärseelsorge hinein vermittelt werden. Das Übergewicht der theologischen Referatsleiter ist deutliches Indiz für die kirchliche Funktion der Ämter im Sinne des Artikels 2 des Militärseelsorgevertrages: „(1) Die Militärseelsorge als Teil der kirchlichen Arbeit wird im Auftrag und unter Aufsicht der Kirchen ausgeübt.“

Bei den komplizierten Organisationsstrukturen bedarf es bei den meisten Maßnahmen einer sorgfältigen Abstimmung. Aus diesem Grunde finden in den Kirchenämtern wöchentlich Referatsleitersitzungen statt, die der regelmäßigen Information über die Arbeit in den Referaten dienen und die Grundlage für Entscheidungsprozesse und für alle Fälle, die die Zuständigkeit mehrerer Referate betreffen oder Grundsatzfragen der Militärseelsorge überhaupt, schaffen.

Eine ähnliche, wenn auch erweiterte Funktion haben die monatlich stattfindenden „Routinesitzungen“, gemeinsame Referatsleiterbesprechungen des Katholischen Militärbischofsamtes und des Evangelischen Kirchenamtes für die Bundeswehr. Auch hier geht es um gegenseitige Information nicht nur der eigenen Arbeit, sondern auch Information über kirchliche, theologische und kirchenpolitische Entwicklungen. Die Treffen dienen aber auch der Abstimmung, soweit die Vertretung der Belange der beiden Zweige der Militärseelsorge gegenüber dem Verteidigungsministerium dies erfordert.

Schließlich finden einmal im Vierteljahr gemeinsame Besprechungen der Vertreter beider Kirchenämter mit den für die Belange der Militärseelsorge zuständigen Vertretern des Führungsstabes der Streitkräfte und dem Leiter des zuständigen Referates VR I 4 statt. Die Koordination und Organisation dieser Besprechungen liegt beim Referat Fü S I 4, über welches die Verbindungen beider Zweige der Militärseelsorge zum Führungsstab der Streitkräfte laufen. Bei diesen Besprechungen steht die Information der Militärseelsorge über Entwicklungen, Vorhaben und Tendenzen in der Bundeswehr, die die Arbeit der Militärseelsorge berühren, bzw.

die Mitarbeit der Militärseelsorge erfordern, im Vordergrund. Aber auch umgekehrt informieren beide Zweige der Militärseelsorge über kirchliche und kirchenpolitische Entwicklungen.

4.4 Gremien der Mitverantwortung in der katholischen Militärseelsorge

Aus dem Geist des Zweiten Vatikanischen Konzils, seiner Theologie und der daraus erwachsenen kirchlichen Erneuerungsbewegung stellte sich in der katholischen Kirche erneut und unter neuen Gesichtspunkten die Frage der Mitverantwortung aller getauften Christen im Rahmen ihrer religiösen Sendung. Durch Anregungen bzw. Beschlüsse des Konzils selbst sowie der die Konzilsbeschlüsse für den Bereich der Bundesrepublik Deutschland anwendenden Gemeinsamen Synode der Bistümer in Würzburg wurden beratende und beschlußfassende Gremien der Mitverantwortung von Priestern und Laien geschaffen. Diese gesamtkirchliche Entwicklung wurde auch im Jurisdiktionsbereich des Katholischen Militärbischofs mitvollzogen.

Noch während des Konzils hatte Militärbischof Dr. Hengsbach vor der Gesamtkonferenz der hauptamtlichen Militärgeistlichen in Maria Laach am 3. Oktober 1963 die theologischen und pastoralen Grundzüge dieses Neubeginns vorgestellt.[113]) Unter Berufung auf die zur selben Zeit auf dem Konzil behandelte Kirchenkonstitution nannte er im Begriff des Apostolates die entscheidende Klammer, in der alle Lebens- und Erscheinungsformen der geistlich handelnden Kirche übereinkommen. Das „Volk Gottes", dem Bischöfe, Priester und Laien angehörten, habe sowohl einen Heils- als auch einen Weltauftrag. Auch die Laien hätten teil an der priesterlichen Sendung Christi, was ihre aktive Beteiligung an beiden Aspekten der Heilssendung der Kirche im Gefolge haben müsse. In der „Heiligen Ordnung" müsse dies natürlich in Einheit mit dem Bischof und unter dem Bischof geschehen. Die allgemeinen Entwicklungen in der Welt wie auch die Neubesinnung des Konzils müßten zu einem Wandel der Formen der Zusammenarbeit zwischen hierarchischem Apostolat und Laienapostolat führen. Es bedürfe insbesondere ständiger Koordination und Kooperation der Apostolatsarbeit.

Besondere Notwendigkeit, den Grundgedanken gemeinsamen apostolischen Dienens durch alle Christen gerade im Bereich der Militärseelsorge zu realisieren, sah der Militärbischof aufgrund der in den Streitkräften herrschenden Fluktuation und der äußeren wie inneren Diasporasituation. Gerade für die Laien, so folgerte Militärbischof Hengsbach, ergebe sich darum der Auftrag, einerseits das Gefüge einer christlichen Kirchengemeinde aktiv mitaufzubauen, andererseits das Milieu des Soldatischen durch ihr christliches Zeugnis zu prägen. Die konkreten Aufgabenbereiche werden als Hilfen in der Seelsorge, Unterstützung der Bildungsarbeit und

[113]) „Laienarbeit in der Militärseelsorge", Militärseelsorge 5 (1963), S. 86–98

Freizeitgestaltung sowie der Durchdringung des beruflichen Milieus genannt. Er lud gleichzeitig schon bestehende Gruppen wie etwa den Königsteiner Offizierkreis ein, sich in diese neuen Formen aktiver Mitverantwortung einzugliedern. Die Militärgeistlichen werden aufgefordert, im folgenden Jahr 1964 in allen Seelsorgebezirken „Pfarrausschüsse“ einzurichten.[114]) Als Anforderungen an die organisatorische Struktur dieser Pfarrausschüsse nannte der Militärbischof ihre „Universalität“ – alle Gruppen von Soldaten und anderen Mitgliedern des Jurisdiktionsbereiches sollten vertreten sein –, der „Praktikabilität“ – die Anzahl der Mitglieder der Ausschüsse sollte zwischen sechs und zwölf Personen liegen – und der „Gliederung“, d. h. diese Ausschüsse sollten durch einen Sprecher oder Obmann repräsentiert werden.

Die Folgejahre zeigten, daß sich die Einführung dieser „Pfarrausschüsse“ bewährt hatte. Während der Gesamtkonferenz der Katholischen Militärgeistlichen in Untermarchtal zog Militärbischof Hengsbach am 17. April 1969 ein erstes Resümee.[115]) Angesprochen wurde zwar auch die in der katholischen Kirche weit verbreitete „Ratlosigkeit mit den Räten“, damit verband sich jedoch die Forderung, den Neubeginn konsequent fortzusetzen. Insbesondere die Laienräte seien für Meinungsbildung, Meinungsäußerung und Aktion unbedingt erforderlich. Ihre Sorge sei die konkrete, zeitgerechte Gestaltung des Dienstes der Kirche. Die „Einheit der Sendung in der Verschiedenheit der Gaben“ fordere ein differenziertes Miteinander der katholischen Christen in ihrem Heils- und Weltauftrag.

Das in vielen Diözesen der Bundesrepublik schon praktizierte Modell der „Pfarrgemeinderäte“ im Sinne einer Mischform von Katholikenrat und Seelsorgerat – der erstere vereinigt die Initiativen der Katholiken in ihrem spezifischen Weltauftrag, der letztere wird verstanden als beratendes Gremium von Priestern, Ordensleuten und Laien für die Leitungsaufgaben des Bischofs – wird nunmehr auch als Modell für die Laien-Mitverantwortung im Jurisdiktionsbereich des Katholischen Militärbischofs anerkannt. Seine Hauptmerkmale zeichnete der Militärbischof in der Notwendigkeit des institutionalisierten Gesprächs, der Plattform der Kontakte und in seinem repräsentativen Charakter, den er durch Wahlen gewinnen sollte. Analogien zum politischen Raum scheinen demnach eher vordergründig. Die Pfarrgemeinderäte sind auch Ausdruck christlicher Weltverantwortung insofern, als eben nicht nur das Gewissen des einzelnen, die Prinzipien kirchlicher Lehre und die Sachnotwendigkeiten das Handeln der Christen bestimmen könnten angesichts der gestellten Aufgaben, sondern daß dazu das gemeinsame Bemühen der Glaubenden unersetzlich sei: „Die Aufgaben der nachkonziliaren Beratungsgremien sind die Aufgaben des Zeugnisses der Liebe in Einheit aller Kräfte des Volkes Gottes miteinander und mit dem Amt; die Arbeitsweise dieser Gremien aber ist die immer eine und doch so vielgestaltige Liebe. Wer aber Einheit und Liebe tief genug, lebendig genug, nahe

[114]) Ebd., S. 97f.; vgl. H. Schneider, „Der Pfarrausschuß in der Militärkirchengemeinde: Überlegungen vor einem Neubeginn“, ebd., S. 109–114

[115]) „Aufgaben und Arbeitsweise der nachkonziliaren Beratungsgremien“, Militärseelsorge 11 (1969), S. 186–209

genug an der Wirklichkeit kirchlichen und gesellschaftlichen Lebens versteht, der findet in diesem Satz mehr gesagt als die Ausflucht in eine Selbstverständlichkeit.[116])

Im Rahmen dieser Entwicklung ordnete der Militärbischof die Bildung der „Beratenden Ausschüsse beim Katholischen Standortpfarrer",[117]) die Schaffung einer „Beratenden Versammlung beim Katholischen Militärbischof" und auch die Einsetzung eines Priesterrates[118]) an.

4.4.1 Die Pfarrgemeinderäte

Die „Ordnung für den Pfarrgemeinderat in den Seelsorgebezirken der katholischen Militärseelsorge"[119]) orientiert sich am Modell des Beschlusses „Räte und Verbände" der Gemeinsamen Synode (Rahmenordnung für Strukturen der Mitverantwortung in der Diözese 1.1 bis 1.16). Damit wurde auch dem Auftrag der Synode entsprochen, in nichtterritorialen Gemeinden derartige Strukturen der Mitverantwortung aufzubauen. Ein Pfarrgemeinderat wird errichet „beim Katholischen Standortpfarrer ..." bzw. beim Leiter der jeweiligen Dienststelle der Katholischen Militärseelsorge. Er dient der „Verwirklichung des Heils- und Weltauftrages der Kirche". Aufgabe des Pfarrgemeinderates ist es, in allen Fragen, die den Seelsorgebezirk betreffen, je nach Sachbereichen beratend oder beschließend mitzuwirken. In dieser unterschiedlichen Kompetenz zeigt sich die Doppelfunktion des Pfarrgemeinderates einerseits als Pastoralrat für den verantwortlichen geistlichen Gemeindeleiter, andererseits als koordinierendes Gremium der Laienaktivität in ihrem spezifischen Weltauftrag.

Die Aufgaben des Pfarrgemeinderates bestehen nach der „Ordnung" in der Unterstützung des Militärgeistlichen in seinem seelsorglichen Auftrag, in der Bewußtseinsbildung, Motivation zur Glaubensunterweisung, Gottesdienstgestaltung, im diakonischen und caritativen Bereich, in der Beratung und nicht zuletzt in der Beobachtung gesellschaftlicher Entwicklung, in die die Position der Katholiken des Seelsorgebezirks eingebracht werden soll. Weitere Aufgabenfelder sind genannt in der Ökumene, Mission und Dritte Welt, katholische Organisationen, Öffentlichkeitsarbeit und schließlich allgemein in der Beratung, etwa auch des Militärbischofs, wenn er sich bei der Besetzung der Dienststelle über die örtliche Situation und die besonderen Bedürfnisse informieren will. Aktiv und passiv wahlberechtigt sind alle Mitglieder des Jurisdiktionsbereichs des Katholischen Militärbischofs, die das 16. Lebensjahr vollendet haben. Sie wählen in einem vierjährigen Turnus den Pfarrgemeinderat, dessen Mitglieder zu zwei Dritteln gewählt sein sollen. Nur in besonderen Ausnahmefällen kann ein Pfarrgemeinderat durch den für den Seelsorgebezirk verantwortlichen Militärgeistlichen im Benehmen mit dem Wehrbereichsdekan benannt werden.

---

[116]) Ebd., S. 207

[117]) Vgl. VOBl. 5/1969, S. 19f.

[118]) Vgl. VOBl. 5/1969, S. 35–37

[119]) Vgl. VOBl. 15/1979, S. 53–56

Im Gegensatz zu vergleichbaren Gremien der evangelischen Kirche sind die Kompetenzen des Pfarrgemeinderates also durch die spezifischen Zuständigkeiten des kirchlichen Amtes begrenzt. Dem wird auch dadurch Sorge getragen, daß der Pfarrgemeinderat im Hinblick auf den besonderen Verantwortungsbereich des geistlichen Gemeindeleiters für die Verkündung, die Feier der Liturgie und der Sakramente nur mit Zustimmung des Pfarrers Beschlüsse fassen kann. Da es sich jedoch zugleich um einen Laienrat handelt, wird der Vorsitzende aus dem Vorstand gewählt. Es handelt sich in der Regel also um einen Laien. Die Pfarrgemeinderäte können nach Bedarf Sachausschüsse bilden, die z.B. den Standortpfarrer bei der Vorlage des kirchlichen Haushaltsplanes beraten und bei der Planung von Veranstaltungen etc. mitwirken.

Diese Ordnung der Pfarrgemeinderäte hat sich in der gesamten Praxis der Militärseelsorge bewährt. In über 100 Seelsorgebezirken existieren derartige Pfarrgemeinderäte, in denen sich auch eine Großzahl von Soldatenfrauen und Jugendlichen aus Soldatenfamilien engagieren.[120])

Die ebenfalls von der Gemeinsamen Synode der Bistümer vorgesehenen Gremien der sogenannten „mittleren Ebene" existieren im Bereich der katholischen Militärseelsorge in Form der „Arbeitskonferenz beim Katholischen (Wehr-) Bereichsdekan", die der Beratung des jeweiligen dienstaufsichtsführenden Militärgeistlichen dient und von diesem ein- bis zweimal im Jahr einberufen wird. Zugleich dient die Arbeitskonferenz der Koordinierung und der Information über die Laienarbeit in den jeweiligen Wehrbereichen. Mitglieder dieser Arbeitskonferenz sind Delegierte der Pfarrgemeinderäte und Vertreter der örtlichen Kreise der „Gemeinschaft Katholischer Soldaten".

4.4.2 Zentrale Versammlung

Bei dem unter der Bezeichnung „Zentrale Versammlung der katholischen Soldaten im Jurisdiktionsbereich des Katholischen Militärbischof" genannten Gremium handelt es sich um eine Repräsentanz der Laien, wie sie das Konzilsdekret über das Apostolat der Laien (Nr. 26) des Zweiten Vatikanischen Konzils fordert. In diesem Sinne ist es vom Katholischen Militärbischof anerkannt. Es handelt sich dabei jedoch nicht um ein „Parlament", sondern um eine Delegiertenversammlung, die einmal im Jahr in Form der „Woche der Begegnung" zusammentritt. Ihre Aufgabe besteht, wie das Zweite Vatikanische Konzil fordert, in der Förderung der apostolischen Tätigkeit und der Koordination der Kräfte des Laienapostolats. Die „Zentrale Versammlung" ist damit kein Pastoralrat, sondern ein reiner Laienrat.

Dies kommt auch in der 1979 in der gegenwärtig geltenden Fassung erlassenen „Ordnung für die Zentrale Versammlung" zum Ausdruck.[121]) Hier werden als

[120]) Die Arbeit der Pfarrgemeinderäte wie auch der anderen Laien-Mitverantwortungsgremien wird durch die Bestimmung der ZDv 66/1, Ziff. 24 erfaßt.

[121]) Vgl. VOBl. 15/1979, S. 56f.

Aufgaben genannt: Beobachtungen von Entwicklungen im gesellschaftlichen, staatlichen und kirchlichen Leben und Vertretung der Anliegen der Katholiken aus dem Jurisdiktionsbereich des Katholischen Militärbischofs in der Öffentlichkeit; Motivation dieser Gläubigen, Stellungnahme zu Fragen des öffentlichen und kirchlichen Lebens und entsprechende Beratung des Militärbischofs und seiner Gremien und Durchführung gemeinsamer Initiativen und Veranstaltungen der Katholiken innerhalb der Militärseelsorge.

Die Zentrale Versammlung entsendet weiterhin Vertreter in das Zentralkomitee der deutschen Katholiken, die die Anliegen und Aufgaben der Katholiken des Jurisdiktionsbereichs auf überdiözesaner Ebene wahrnehmen sollen.

Die Zusammensetzung der „ZV" soll gewährleisten, daß in der Tat alle Gruppen innerhalb des differenzierten „Systems" der katholischen Militärseelsorge vertreten sind. Die Delegierten werden auf den „Arbeitskonferenzen" auf (Wehr-) Bereichsebene gewählt. Eine gleich große Anzahl von Delegierten der „Gemeinschaft Katholischer Soldaten" gehört der ZV an. Die laufenden Geschäfte werden durch einen bis zu neunköpfigen Vorstand wahrgenommen, der auf vier Jahre gewählt wird. Er muß wenigstens zweimal im Jahr zusammentreten. Der Katholische Militärbischof entsendet einen „Geistlichen Beirat" in diesen Vorstand. Dieses Amt wird vom Leiter des Referates „Kirche und Gemeinde" im Katholischen Militärbischofsamt wahrgenommen.

4.4.3 Priesterrat

Das Zweite Vatikanische Konzil hatte in seinem Priesterdekret in Nr. 7 die Schaffung eines Gremiums vorgesehen, durch das im besonderen Sinne die Verbundenheit aller Priester mit ihrem Bischof aufgrund der Teilhabe „an ein und demselben Priestertum und Amte Christi" zum Ausdruck kommt. In diesem Sinne ist der Priesterrat ein „Zeichen der Mitverantwortung für die wirksame Gegenwart der Kirche unter den Soldaten. Er ist ferner Zeichen der Verbundenheit der Priester untereinander und zugleich Hilfe, diese gemeinsame Verantwortung und Verbundenheit deutlich werden zu lassen."[122]) Die Gemeinsame Synode erläutert in ihrem Beschluß „Räte und Verbände" die Zielsetzung der Priesterräte damit, daß die Priester aufgrund ihrer Weihe und ihrer geistlichen Sendung als Glieder des einen Presbyteriums an der Leitung des Bistums teilhaben. Dies drückt sich im Priesterrat aus. Alle die Seelsorge betreffenden Fragen sollen die Bischöfe hier zur Sprache bringen.

Der Priesterrat in der katholischen Militärseelsorge handelt im Auftrag und im Namen aller hauptamtlichen Militärgeistlichen. Er ist in erster Linie ein wichtiges Organ der Vermittlung zwischen Bischof und Geistlichen. Sein Vorsitzender ist der

[122]) Vgl. „Geschäftsordnung des Priesterrates", VOBl. 5/1969, S. 35–37

Militärbischof, der sich durch den Militärgeneralvikar vertreten lassen kann. Ihm zur Seite steht der zuständige Referatsleiter V im Katholischen Militärbischofsamt. Mitglieder des Priesterrates sind für jeweils drei Jahre gewählte Vertreter, wobei auf jeweils 25 hauptamtliche Militärgeistliche ein Delegierter kommt. Dienstaufsichtführende Militärgeistliche wählen ihren Vertreter aus ihrer Mitte. Eine Wiederwahl ist grundsätzlich nicht möglich, nur der Vertreter der dienstaufsichtführenden Militärgeistlichen kann einmal wiedergewählt werden. Die gewählten Mitglieder des Priesterrates wählen für jeweils ein Jahr den „Moderator“, der für die Aufstellung der Tagesordnung zuständig ist. Während der Sitzungen des Priesterrates obliegt ihm die Gesprächsleitung. Jedes Jahr sind wenigstens drei Sitzungen des Priesterrates durchzuführen.

Der Priesterrat hat – in der strikten Begrenzung des Begriffs – nur beratende Stimme. Seine Beratungsgebiete erstrecken sich auf die Ausübung des Lehramtes durch den Militärbischof, Fragen des Pastorals und des priesterlichen Dienstes, der Weiterbildung der Militärgeistlichen, der Thematik und Gestaltung der Gesamtkonferenz, der ökumenischen Zusammenarbeit, Thematik und Methodik des Lebenskundlichen Unterrichts und Einzelfragen.

4.5 Die Wehrbereichsdekane

Über die Wehrbereichsdekane wird weder in den Statuten für die Seelsorge in der Deutschen Bundeswehr, noch im Militärseelsorgevertrag bzw. im Kirchengesetz zur Regelung der Evangelischen Militärseelsorge eine Aussage gemacht. In § 19 Abs. 1 Militärseelsorgevertrag und in der ZDv 66/1 werden sie als die „dienstaufsichtsführenden“ Militärgeistlichen erwähnt, die ständig in der Militärseelsorge bleiben, also Beamte auf Lebenszeit sind.

Der organisatorische Rahmen für diese Dienstaufsicht ist die territoriale Gliederung der Bundeswehr. Für jeden der sechs Wehrbereiche ist jeweils ein Evangelischer und ein Katholischer Wehrbereichsdekan zuständig. Zusätzlich wurde Ende 1962 wegen der besonderen Verhältnisse jeweils ein Dekan beim Flottenkommando ernannt, zuständig für den Bereich der schwimmenden und fliegenden Verbände der Bundesmarine. Die Dienstaufsicht über die Militärgeistlichen bei Einheiten und Verbänden der Bundeswehr, die im Ausland stationiert sind, nimmt im Evangelischen Kirchenamt für die Bundeswehr der Referatsleiter III, im Katholischen Militärbischofsamt der Referatsleiter V wahr.

Der Wehrbereichsdekan ist der Ort, über den sämtliche Informationen und Verfügungen der Kirchenämter an die Standortpfarrer gelangen, wie umgekehrt auch die Berichte der Standortpfarrer an die Kirchenämter über die jeweiligen Wehrbereichsdekane laufen. In beiden Fällen verstärkt, erläutert, kommentiert der Wehrbereichsdekan, wobei er sowohl die besondere Situation seines Wehrbereiches als auch das Gesamtfeld und -interesse der Militärseelsorge zu berücksichtigen hat.

Regelmäßig, meist monatlich, führt der Wehrbereichsdekan sogenannte Konvente bzw. Dienstbesprechungen mit den Militärgeistlichen seines Wehrbereiches durch. Sie dienen in der evangelischen Militärseelsorge der Pfarrerfortbildung im Blick auf die Unterstützung der praktischen und seelsorgerlichen Arbeit an den Standorten. Sie sind zugleich Konferenzen, bei denen alle Probleme besprochen werden, die sich aus der Arbeit vor Ort ergeben.

Ebenso führt der Wehrbereichsdekan Dienstbesprechungen mit den Pfarrhelfern durch, bei denen es einerseits um Verwaltungsfragen geht, zum anderen um Fragen, die den über die Verwaltung hinausgehenden pastoralen bzw. diakonischen Aufgabenbereich der Pfarrhelfer betreffen. In der katholischen Militärseelsorge ist dem dienstaufsichtführenden Militärgeistlichen Aufgabe und Vollmacht der bischöflichen Visitation gemäß can. 555 CIC 1983 übertragen. Zugleich ist der Wehrbereichsdekan so etwas wie der Seelsorger der Pfarrer und der übrigen Mitarbeiter der Militärseelsorge in seinem Wehrbereich. Er selbst hat in der Regel keinen eigenen personalen Seelsorgebereich.

Zum Aufgabenbereich des Wehrbereichsdekans gehört ferner der Kontakt zu Befehlshabern im Wehrbereich bzw. des Flottenkommandos, zu den Offizieren und Soldaten der Stäbe, zum Präsidenten und zu den Dezernenten der Wehrbereichsverwaltung. Auf diesem Wege bekommt der Wehrbereichsdekan die notwendigen Informationen über das soldatische Alltagsleben. Dies ist Voraussetzung für die wirklichkeitsnahe praxisbezogene Arbeit der „Kirche unter den Soldaten". In diesem Zusammenhang führt der Wehrbereichsdekan Offizierswerkwochen bzw. -rüstzeiten in seinem Wehrbereich durch.

Ein besonderer Schwerpunkt der Arbeit der Wehrbereichsdekane liegt darin, mit dafür Sorge zu tragen, daß die Dienstposten in seinem Wehrbereich besetzt sind. Die Bestimmung der Statuten für die Seelsorge in der Deutschen Bundeswehr (Artikel 15): „Der Militärbischof hat den örtlichen Oberhirten die Namen der Militärgeistlichen zu nennen, die in ihre Diözesen entsandt oder von dort abberufen werden . . .", bzw. die Bestimmungen des Gesetzes zur Regelung der evangelischen Militärseelsorge (§ 19): „Die Gliedkirchen schlagen dem Militärbischof die für die Militärseelsorge benötigten Geistlichen in der erforderlichen Zahl vor . . .", sehen in der Praxis so aus, daß die Wehrbereichsdekane das schwere Geschäft der „Pfarrerwerbung" betreiben. Sie sprechen Pfarrer auf den Dienst in der Kirche unter den Soldaten an. Sie ermitteln aufgrund ihrer Kontakte zu den Diözesen bzw. Landeskirchen Geistliche, die für diesen Dienst in Frage kommen. Sie führen Informationstagungen für „zivile" Pfarrer durch, auf denen über Militärseelsorge, aber auch über die Bundeswehr und mit der Bundeswehr zusammenhängende Probleme informiert wird. Im Einvernehmen mit den Kirchenämtern und mit den Diözesen bzw. Landeskirchenämtern bereitet der Wehrbereichsdekan die Einstellung neuer Militärgeistlicher vor. Für den Fall, daß im Bereich der evangelischen Militärseelsorge der Militärbischof die Einführung eines Militärgeistlichen nicht selbst vornimmt, sondern an den Wehrbereichsdekan delegiert, nimmt dieser die Einführung in einem Standortgottesdienst vor.

Aber nicht nur in bezug auf die Besetzung der Stellen in der Militärseelsorge, sondern auch sonst gehört es zu den Aufgaben der Wehrbereichsdekane, die Verbindung zwischen Militärseelsorge und den im jeweiligen Wehrbereich liegenden Diözesen bzw. Landeskirchen zu halten. Das bedeutet für die Evangelischen Wehrbereichsdekane nicht nur die Verbindung zu den Landeskirchenämtern. Sie vertreten die Belange der Militärseelsorge auch in den Synoden der Landeskirchen. Dabei haben die meisten Wehrbereichsdekane mit mehreren Landeskirchen und Synoden in ihrem Gebiet zu tun. Nur der Wehrbereich VI (Bayerische Landeskirche) und der Wehrbereichsdekan I (Nordelbische Landeskirche) sind räumlich jeweils mit einer Landeskirche identisch.

Durch die Vermittlung der Wehrbereichsdekane kommt es in den letzten Jahren zunehmend auch zu Informationsgesprächen zwischen den Leitungen der Landeskirchen und den Bischöfen mit Kommandeuren und Offizieren der Bundeswehr.

Einmal im Vierteljahr findet im Evangelischen Kirchenamt für die Bundeswehr in Bonn die Dekanekonferenz statt. An ihr nehmen der Evangelische Militärbischof, der Leiter des Kirchenamtes und die Referatsleiter sowie die Wehrbereichsdekane teil. Im Katholischen Militärbischofsamt entspricht dem die Zentrale Dienstbesprechung unter der Leitung des Militärgeneralvikars. Daneben existiert hier im strikten Sinne eine Dekanekonferenz, an der unter der Leitung des Katholischen Militärbischofs der Militärgeneralvikar, die Referatsleiter des Katholischen Militärbischofsamtes als der Kurie des Militärbischofs und die dienstaufsichtführenden Militärgeistlichen teilnehmen. Bei dieser Einrichtung handelt es sich um ein Beratungsgremium des Katholischen Militärbischofs. In gleicher Weise ist auch in der evangelischen Militärseelsorge die Dekanekonferenz Beratungsgremium des Militärbischofs. Darüber hinaus dienen in der evangelischen Militärseelsorge die Dekanekonferenzen (in der katholischen Militärseelsorge die Zentralen Dienstbesprechungen) der Information und Diskussion über alle die Militärseelsorge betreffenden Fragen und Probleme. Die Wehrbereichsdekane bringen hier die Erfahrung aus den Standorten ihres Bereiches ein. Die Kirchenämter informieren über Vorhaben und langfristige Planungen, bringen aber auch die notwendigen Informationen über die Bundeswehr ein. Die Dekanekonferenzen bzw. Zentralen Dienstbesprechungen dienen der notwendigen Absprache über den Dienst und der Vorbereitung und Diskussion von Entscheidungsgrundlagen sowie der grundsätzlichen theologischen bzw. pastoralen Diskussion aller mit der „Kirche unter den Soldaten“ zusammenhängenden Fragen.

4.6 Die Militärgeistlichen

4.6.1 Rechtsstellung

Die Militärgeistlichen nehmen als die von ihren Kirchen mit der Seelsorge an den Soldaten und ihren Familienangehörigen beauftragten Priester bzw. Pastoren einen zentralen Platz in den beiden Zweigen der Militärseelsorge ein. Sowohl die geschichtlichen Erfahrungen in deutschen Streitkräften als auch ein Vergleich mit der Arbeit der Militärseelsorge in den Armeen anderer Länder zeigen, daß die rechtliche Konzeption, die den Dienst der Militärseelsorge bestimmt, von höchster Bedeutung auch für die konkrete Ausgestaltung des Auftrags der Militärgeistlichen ist.

Auf die die Militärgeistlichen betreffenden Teile der Verhandlungen zum Militärseelsorgevertrag ist schon hingewiesen (siehe S. 17f.; 49). Bei der Einrichtung der katholischen Militärseelsorge in der Bundeswehr war als verbindlicher Rahmen zuerst die Bestimmung des Artikels 27 Reichskonkordat vorgegeben, wonach die kirchliche Ernennung der Militärgeistlichen erst nach einem „vorgängigen Benehmen" mit der zuständigen staatlichen Behörde durch den Militärbischof erfolgen darf. Dies kann einerseits erst auf der Basis einer förmlichen Erlaubnis des für den einzelnen Geistlichen zuständigen Diözesanbischofs geschehen, der zu diesem Zweck ein entsprechendes Eignungszeugnis ausstellt. Weiterhin war bestimmt, daß die Militärgeistlichen kanonische Pfarrechte erhalten. Alles weitere sollte nach den Bestimmungen des Reichskonkordats – mit Ausnahme der Regelung der beamtenrechtlichen Verhältnisse der Militärgeistlichen durch den Staat – durch ein Apostolisches Breve festgelegt werden. Dabei war davon auszugehen, daß das 1935 erlassene Apostolische Breve „Decessores nostros" auf eine Seelsorge in den neuen Streitkräften faktisch weithin nicht mehr anwendbar war.

Bei den Vorverhandlungen zur Einrichtung der katholischen Militärseelsorge zwischen dem Kommissariat der katholischen Bischöfe und der Dienststelle Blank wünschte Prälat Böhler schon im Februar 1952, abweichend von der Praxis der früheren Wehrmachtseelsorge, grundsätzlich einen Wechsel der Militärgeistlichen. In einem Gespräch im Juni desselben Jahres, an dem auch Bischof Keller und Theodor Blank teilnahmen, beriefen sich die Vertreter der katholischen Kirche auf die Instructio „Sollemne semper" vom 20. April 1951, nach der dem Militärbischof nur eine kumulative Jurisdiktion zusätzlich, wenn auch grundsätzlich vor der des Ortsbischofs, zukommt. Daraus folgt für die Militärgeistlichen, daß auch sie ihre pfarrliche Jurisdiktion nur neben der des zuständigen Ortspfarrers ausüben. Ebenfalls sollte mit dem Eintritt in die Militärseelsorge kein Ausscheiden aus dem Klerus der Heimatdiözese (Exkardination) verbunden sein. Schließlich rührt auch die Forderung, daß Militärgeistliche in Friedenszeiten die allgemein übliche Kleriker-Kleidung und keine militärische Uniform tragen sollen, aus den Vorschriften der genannten Instructio.[123])

[123]) Vgl. K. Steuber, a.a.O., S. 72f.

In demselben Gespräch brachten die Vertreter beider Kirchen den Wunsch vor, „daß ein Vorgesetzten- und Unterstellungsverhältnis sowie ein Disziplinarverhältnis nur innerhalb der Hierarchie der Geistlichen der Streitkräfte gegeben sein sollte. Fachvorgesetzte und Disziplinarvorgesetzte sollen also identisch sein ... . Die Wehrmachtsgeistlichen bedürfen, da sie in keinem Fall militärische Aufgaben wahrnehmen, keines militärischen Ranges; die zivilen Bezeichnungen: Pfarrer, Dekan und Generaldekan entsprechen ihrer Stellung und ihren Aufgaben."[124]) Im weiteren Verlauf dieser Verhandlungen konkretisierten sich die kirchlichen Vorstellungen dergestalt, daß Militärgeistliche als Beamte auf Zeit – gedacht war an eine Dauer von acht Jahren – von den Diözesen wie von den Landeskirchen freigestellt, in der Militärseelsorge Dienst tun sollten. Auf einen Militärgeistlichen sollten etwa 1500 Soldaten seiner Konfession entfallen. In diesem Zusammenhang muß bedacht werden, daß auch die Streitkräftestruktur zu diesem Zeitpunkt noch weithin unklar war. Kirchlicherseits war man bereit, eine solche Planungszahl zu akzeptieren, so daß auf diesem Wege eine erheblich wirksamere Seelsorgearbeit als in der früheren Wehrmacht möglich sein sollte. Die kirchliche Verhandlungspartei war sich dabei allerdings zugleich bewußt, daß damit eine erheblich größere Anzahl von Dienstposten zu besetzen war.

Man legte darum von katholischer Seite Wert darauf, daß Ordensgeistliche auch schon in Friedenszeiten als Militärpfarrer Dienst tun konnten, – und zwar „unter Rücksicht auf den derzeitigen Priestermangel", wie es in einer entsprechenden Gesprächsnotiz des Verteidigungsministeriums hieß. Staatlicherseits war man unter diesem Gesichtspunkt bereit, die nach Artikel 14 Abs. 2 Nr. 2 Reichskonkordat erforderliche Ausnahmegenehmigung für die Seelsorgetätigkeit der Ordensgeistlichen in den zukünftigen Streitkräften zu erteilen (Dispens vom Nachweis erforderlicher Vorbildung und des Pfarrkonkurses). Bei einer Besprechung zwischen der Vereinigung der deutschen Ordensoberen, Vertretern der Fuldaer Bischofskonferenz und der Dienststelle Blank in Würzburg-Himmelpforten erklärten sich die Vertreter der Orden im September 1954 bereit, ca. 20% der Stellen der zukünftigen Militärgeistlichen zu besetzen. Sie machten diese Zusage jedoch davon abhängig, daß der Staat bereit sei, die Ordensgeistlichen und die Studierenden der Orden gleichermaßen wie den Klerus und die Priesteramtskandidaten der Diözesen vom Wehrdienst zurück- bzw. freizustellen.

In Informationsgesprächen zwischen den beiden Kirchen machte die katholische Seite schließlich Bedenken gegen eine in den Grundzügen 1954 staatlicherseits immer noch vorgesehene große Anzahl lebenszeitlich verbeamteter Militärpfarrer geltend. Die katholischen Bischöfe beharrten darauf, daß nur die Referenten der künftigen „Militärpropstei" und die dienstaufsichtführenden Militärgeistlichen Beamte auf Lebenszeit sein sollten.

[124]) Gesprächsvermerk des BMVg über die Besprechung vom 17. Juni 1952, zit. bei K. Steuber, a.a.O., S. 73

Auf der Basis dieser Vorverhandlungen, in denen die Grundzüge der künftigen Regelungen festgelegt worden waren, geschah die rechtliche Ausgestaltung der Verhältnisse der Militärgeistlichen in einem zweistufigen Verfahren. Die staatskirchenrechtlichen Bestimmungen, die die beamtenrechtliche Stellung der Militärgeistlichen betreffen, finden sich im Abschnitt V des Militärseelsorgevertrages vom 22. Februar 1957. Sie gelten für beide Zweige der Militärseelsorge. Die kirchenrechtliche Festlegung von Stellung und Aufgaben der katholischen Militärgeistlichen erfolgte dann definitiv, nachdem seit 1956 nach allgemeinen kirchenrechtlichen Gesichtspunkten in Verbindung mit den zusätzlichen Absprachen, wie sie in den Vorverhandlungen dargelegt wurden, verfahren worden war, im zweiten Abschnitt der päpstlichen Statuten für die Seelsorge in der deutschen Bundeswehr vom 31. Juli 1965. Für die evangelischen Militärgeistlichen finden sich die kirchenrechtlichen Regelungen im „Kirchengesetz zur Regelung der evangelischen Militärseelsorge in der Bundesrepublik Deutschland“ vom 8. März 1957, Abschnitt IV.

Im Artikel 16 des Militärseelsorgevertrages wird zuerst der tragende Grundsatz für die Militärgeistlichen in den neuen Streitkräften formuliert: „Die Militärgeistlichen stehen in einem geistlichen Auftrage, in dessen Erfüllung sie von staatlichen Weisungen unabhängig sind.“ Als persönliche Voraussetzung für die Übernahmefähigkeit in den Militärseelsorgedienst wird sodann festgelegt, daß Militärgeistliche die für die Übernahme des Pfarramtes – auch nach den Vorschriften des Reichskonkordats – erforderlichen Bedingungen erfüllen müssen (mindestens dreijähriges theologisches Studium an einer deutschen staatlichen Hochschule), zur Ausübung des Pfarramtes in einer Gliedkirche berechtigt sein und mindestens drei Jahre bereits in der Seelsorge tätig gewesen sein müssen. Bei Einstellung sollen sie das 35. Lebensjahr nicht überschritten haben. Durch die letztgenannten Erfordernisse, von denen in beiderseitigem Einvernehmen dispensiert werden kann, sollte sichergestellt werden, daß nur berufserfahrene und auch körperlich leistungsfähige Pfarrer gewonnen werden.

Die Einstellung erfolgt dann auf Vorschlag des jeweiligen Militärbischofs zuerst in einem dreimonatigen Dienstverhältnis auf Probe im Angestelltenstatus. Er muß sich dabei, wie es in Artikel 18 des Militärseelsorgevertrages heißt, des „Einverständnisses der zugehörigen Gliedkirche versichern“. Damit ist sichergestellt, daß der Staat in keiner Weise in positivem Sinn auf die Auswahl der Militärgeistlichen Einfluß nehmen kann. Er kann lediglich unter bestimmten Bedingungen, die sich wiederum aus dem allgemeinen Beamtenrecht ergeben müssen, einen vom Militärbischof präsentierten Anwärter zurückweisen. Aber auch die Militärbischöfe haben von sich aus keine freie Auswahl ihrer Geistlichen, da sie sich des Einverständnisses der Gliedkirchen versichern müssen bzw. die Diözesanbischöfe diese Geistlichen entsenden. Durch diese doppelte Sicherung und die in Artikel 19 Absatz 1 und 3 des Militärseelsorgevertrages bestimmte begrenzte Dienstzeit der Militärgeistlichen auf sechs bzw. acht Jahre mit einer Verlängerungsmöglichkeit von höchstens vier Jahren ist es faktisch ausgeschlossen, daß sich ein vom allgemeinen kirchlichen Leben abkoppelndes „Feldprediger-Korps" bildet.

Ernennung, Beförderungen und Versetzungen von Militärgeistlichen bedürfen des Einverständnisses des jeweiligen Militärbischofs, der auch in anderen wichtigen Entscheidungen in personellen Angelegenheiten zu konsultieren ist. Auch auf die Entlassung von Militärgeistlichen hat der Staat keinen entscheidenden Einfluß. Hinsichtlich des Unterstellungsverhältnisses der Militärgeistlichen wird dem Militärbischof ebenfalls die maßgebliche Stellung eingeräumt. Gemäß Artikel 22 des Militärseelsorgevertrages obliegt die Dienstaufsicht in kirchlichen Angelegenheiten ausschließlich dem Militärbischof, dem Militärgeneraldekan bzw. Militärgeneralvikar sowie den vom Militärbischof mit der Dienstaufsicht betrauten Militärgeistlichen, d.h. den (Wehr-)Bereichsdekanen. Die Militärgeistlichen als Bundesbeamte haben zwar im Bundesminister der Verteidigung die oberste Dienstbehörde, in ihrer fachlichen und disziplinarrechtlichen Unterstellung haben sie jedoch geistliche Vorgesetzte. Die Leiter der Kirchenämter sind unmittelbare Dienst- und Disziplinarvorgesetzte der Militärgeistlichen in ihrer Eigenschaft als Bundesbeamte.

Auf diesem Wege wurde ein staatskirchenrechtliches Modell geschaffen, das als einzigartig bezeichnet werden darf. Im Rechtssinne wird einerseits die traditionellerweise staatlicherseits geforderte Einbindung der Militärgeistlichen in eine öffentlich-rechtliche Stellung zum Staat erfüllt, wobei die in der deutschen Rechtsgeschichte übliche Form der Verbeamtung ihre Bestätigung erfuhr. Damit sichert der Staat sein Recht, die aus einem Dienstverhältnis innerhalb der Streitkräfte hinsichtlich der Erwartungen an die Loyalität der hier Dienstleistenden und die unabdingbare, wesentlich durch Sicherheitsgesichtspunkte bestimmte Aufsicht sicherzustellen. Andererseits werden die gerade durch die geschichtlichen Erfahrungen in deutschen Streitkräften begründeten, kirchlicherseits erhobenen Forderungen nach ausschließlich kirchlicher Leitung und rechtlicher wie faktischer Autonomie der kirchlichen Seelsorge unter Soldaten erfüllt. Auch die grundlegenden, das Verhältnis zwischen Staat und Kirche in der Bundesrepublik Deutschland tragenden, verfassungsrechtlichen Prinzipien finden in diesem Modell ihren sinngemäßen Ausdruck.

Die nach langen Verhandlungen zwischen Kirche und Staat sowie auch nach umfassenden Erfahrungen der schon bestehenden militärseelsorglichen Praxis durch Papst Paul VI. 1965 erlassenen Statuten für die Seelsorge in der deutschen Bundeswehr weisen in ihren Einzelbestimmungen dem Sinne nach vielfach auf die Regelungen des Militärseelsorgevertrages zurück. So heißt es in Artikel 11 der Statuten, daß die „Militärgeistlichen bei ihrer seelsorglichen Tätigkeit ausschließlich kirchlichem Recht unterworfen und von staatlichen Weisungen unabhängig" sind. Dies kommt unter anderem auch dadurch besonders sinnfällig zum Ausdruck, daß die Statuten dem Katholischen Militärbischof eine förmliche kirchliche Ernennung der Militärgeistlichen auferlegen, die von einer Überprüfung der in Artikel 27 des Reichskonkordats genannten Einstellungsvoraussetzungen abhängig gemacht wird.

Für den Militärbischof wird das Recht reklamiert, Amtssitz und Stelle der Militärgeistlichen – im Benehmen mit dem Staat – zu ändern. Hier wird deutlich, daß hinsichtlich des Dienstes der Militärgeistlichen immer die beiden Ebenen des Auftrages, d.h. die Übertragung kirchlicher Jurisdiktion und die beamtenrechtlich gegebenen, sich ausschließlich auf die Person des Betreffenden beziehenden Gesichtspunkte, unterschieden werden müssen.

Die Statuten regeln aber insbesondere die Stellung der Militärgeistlichen innerhalb des kirchlichen Rechts. Ihre Einbindung in das allgemeine Klerikerrecht und damit ihre Gleichstellung mit dem Diözesanklerus kommt unter anderem dadurch zur Geltung, daß sie nach Artikel 12 der Statuten grundsätzlich den allgemeinen und den partikulären Kirchengesetzen des Aufenthaltsortes, die in der Regel der Diözesanbischof erläßt bzw. anwendet, unterliegen. Dies gilt insbesondere für die Standespflichten und das liturgische Recht. Weiterhin zeigt sich dies in der Bestimmung, daß Militärgeistliche nicht aus dem Herkunftsbistum exkardiniert werden. Das bedeutet einerseits, daß kein Geistlicher gegen den Willen seines Ortsordinarius in der Militärseelsorge tätig werden kann; das bedeutet weiterhin, daß jeder Militärgeistliche automatisch wieder unter die Jurisdiktion dieses seines Heimatbischofs zurückfällt. Das hat etwa für den Fall Bedeutung, daß der Militärbischof von der in Artikel 23 des Militärseelsorgevertrages vorgesehenen Bestimmung Gebrauch macht, die Verwendung eines Militärgeistlichen im Dienst der Kirche außerhalb der Militärseelsorge, sofern ein wichtiges Interesse der Kirche vorliegt, dem Staat gegenüber geltend zu machen. Der Heimatbischof hat demnach aus wichtigem Grunde das de jure „Rückruf-Recht“, das er jedoch nur nach Anerkennung durch den Militärbischof zur Anwendung bringen kann. Auch im Falle einer kirchlichen Maßregelung, etwa der Suspension vom priesterlichen Dienst, die nach demselben Artikel des Militärseelsorgevertrages zur Entlassung aus dem Bundesbeamtenverhältnis führt, kehrt der Militärgeistliche in den Dienst seines Heimatbistums bzw. seines Ordens zurück. Mit ihrer kirchlichen Ernennung unterliegen nach Artikel 17 der Statuten die hauptamtlichen Militärgeistlichen für ihre gesamte Amtszeit im vollen Umfang der Jurisdiktion des Militärbischofs. Militärgeistliche im Nebenamt unterstehen ihm nur insofern, als sie ihre Tätigkeit im Bereich der Militärseelsorge ausüben. Das bedeutet, daß – da dem Militärbischof nach Artikel 3 der Statuten für den äußeren wie für den inneren Bereich die „ordentliche, persönliche und besondere, von jener der übrigen Bischöfe nicht abhängige Jurisdiktion“, die er unmittelbar vom Apostolischen Stuhl erhält, zukommt – er in allen kirchlichen Fragen die volle Leitungsgewalt über die Militärgeistlichen ausübt. Dies gilt insbesondere auch hinsichtlich der Lehre und der besonderen Klerikerpflichten wie überhaupt in allen disziplinären Angelegenheiten. Der Sache nach kann also davon gesprochen werden, daß der hauptamtliche Militärgeistliche während seiner Dienstzeit in der Militärseelsorge im Militärbischof seinen einzigen Ordinarius hat.

Der kumulative Charakter der Jurisdiktion des Militärbischofs mit der des jeweiligen Ortsbischofs kommt, was die Stellung der Militärgeistlichen anbetrifft, in den

Bestimmungen über die Information des Heimatbischofs zum Ausdruck. Er wird über alle Veränderungen im Einsatz des Militärgeistlichen unterrichtet. Dasselbe gilt für Beförderungen und ähnliches. Eine Pflicht zur Information besteht aber auch gegenüber den Ortsbischöfen, in deren Diözese ein Militärgeistlicher tätig wird, der aus einem anderem Bistum stammt. So werden seitens des Militärbischofs über alle relevanten Vorgänge, die die Tätigkeit und die Person von Militärgeistlichen betreffen, sowohl der Heimatbischof als auch der Ortsordinarius des Gebietes informiert, in dem der Militärgeistliche seinen Seelsorgebezirk hat.

Wenn die päpstlichen Statuten in Artikel 16 Regelungen zur Bestellung von nebenamtlichen Militärgeistlichen, die in der Regel als Standortpfarrer im Nebenamt in abgelegeneren, kleinen Standorten Dienst tun, treffen, so geht es auch dabei wohl nicht ausschließlich oder vorrangig um die rechtliche Absicherung pragmatischer Kooperationsverhältnisse, sondern um die Ausgestaltung der grundlegenden Fragen nach der rechtlichen Qualität und der Reichweite der Jurisdiktion des Militärbischofs und seiner Militärgeistlichen. Danach kann der Militärbischof Welt- oder Ordensgeistliche zu Militärgeistlichen im Nebenamt ernennen, nachdem er die vorherige Zustimmung des Ortsbischofs bzw. des Ordensoberen eingeholt und das Benehmen mit dem Staat hergestellt hat. In solchen Fällen werden private Dienstverträge abgeschlossen, die für den betreffenden Geistlichen neben der Bestimmung des Einsatzortes und der Beschreibung des Umfangs der wahrzunehmenden Aufgaben lediglich Fragen der finanziellen Vergütung, des Versicherungsschutzes usw. regeln. Die Übertragung der kirchlichen Jurisdiktion erfolgt im Auftrag des Militärbischofs durch den Militärgeneralvikar. Somit handelt der betreffende nebenamtliche Militärgeistliche etwa auch dann unter der Verantwortung des Militärbischofs, wenn er im Geltungsbereich der ihm von seinem Ortsordinarius übertragenen Jurisdiktion Amtshandlungen an Soldaten vornimmt.

Im Bereich des Kirchenrechts bestätigen also die päpstlichen Statuten von 1965 die Stellung der Militärgeistlichen als wirkliche Pfarrer, zumindest, was ihre tatsächlichen Vollmachten anbetrifft. Nach Artikel 20 der Statuten „genießen die Militärgeistlichen bei der Ausübung der Seelsorge – in sinnentsprechender Anwendung – pfarrliche Rechte und Vollmachten“. Insofern ist die Frage müßig, ob Militärgeistliche in dem Sinne des CIC Pfarrer sind, als ihnen Personalpfarreien oder kirchlich errichtete Ämter übertragen werden. Sie können grundsätzlich alles tun, was einem Ortspfarrer hinsichtlich seiner Gemeindeglieder an Rechten und Pflichten übertragen wird. Dadurch wird die Entfaltung einer dem Vollzug nach eigenständigen, wenn auch vielfach in der Praxis mit der Ortsseelsorge eng kooperierenden Militärseelsorge ermöglicht. Der Gesichtspunkt der Exemtion hat heute seinen tragenden Sinn ausschließlich in dieser Zwecksetzung; das seelsorgerliche Handeln der Militärgeistlichen, die Gemeindebildung der Kirche unter den Soldaten, ja die Entfaltung aller kirchlichen Lebensäußerungen soll in optimaler Weise den besonderen Situationen angepaßt werden, die mit der Struktur und den dienstlichen Vollzügen in modernen Streitkräften verbunden sind. Dazu gehört ein hohes Maß an Differenzierung, arbeitsteiliger Organisation und Mobilität. Exemtion beweist ihre Leistungsfähigkeit an der Basis der Militärseelsorge, d.h. in erster Linie in der Seelsorgearbeit der Militärgeistlichen, und zwar gerade dadurch, daß die Unabhängigkeit von diözesanen Weisungen es ermöglicht, eine enge Kooperation mit der örtlichen Seelsorge in der alltäglichen Praxis flexibel auszugestalten.

Für die evangelischen Militärgeistlichen bestimmt § 16 des Kirchengesetzes zur Regelung der evangelischen Militärseelsorge, daß die Militärgeistlichen während der Zeit ihres Dienstes in der Kirche unter den Soldaten Geistliche ihrer Gliedkirchen bleiben. Ihre Bindung an die Weisungen ihrer kirchlichen Vorgesetzten ruht während dieser Zeit. An die Stelle tritt die Dienstaufsicht des Militärbischofs in kirchlichen Angelegenheiten. Die Militärgeistlichen bleiben damit selbstverständlich an das Ordinationsgelübde und Bekenntnis ihrer Gliedkirchen gebunden (§ 15 des Kirchengesetzes), ebenso an die allgemeinen Rechte und Pflichten als kirchliche Amtsträger nach den entsprechenden Ordnungen ihrer Gliedkirchen. Nach Ablauf der Dienstzeit kehren die Militärgeistlichen in den Dienst ihrer Gliedkirchen zurück (§ 21 des Militärseelsorgevertrages).

Die Tatsache, daß die Militärgeistlichen Geistliche ihrer Gliedkirchen bleiben, wird doppelt unterstrichen: Einerseits durch die Auflage an die Geistlichen, die Gemeinschaft mit ihrer Gliedkirche aufrecht zu erhalten, zum anderen dadurch, daß das Aufrechterhalten dieser Gemeinschaft zwischen Gliedkirche und Geistlichem ausdrücklich dem Militärbischof auferlegt wird (§ 17 des Kirchengesetzes).

Die enge Bindung zwischen den Gliedkirchen und den Militärgeistlichen kommt auch dadurch zum Ausdruck, daß die Militärgeistlichen im Bereich ihrer Gliedkirchen in der Militärseelsorge eingesetzt werden sollen. Bei Verwendung anderer Geistlicher hat sich der Militärbischof mit der jeweiligen Gliedkirche ins Benehmen zu setzen. Das gilt in jedem Falle für die Pfarrer bei den schwimmenden und fliegenden Verbänden der Bundesmarine.

Die Gliedkirchen haben sich in dem Kirchengesetz zur Regelung der evangelischen Militärseelsorge verpflichtet, die erforderliche Zahl der benötigten Geistlichen vorzuschlagen (§ 19 des Kirchengesetzes). Diese gesetzliche Regelung stößt sich in der Realität an der Tatsache, daß kein Pfarrer ohne sein Einverständnis in den Dienst der Militärseelsorge beurlaubt werden kann. Die Aufgabe, Pfarrer für diesen Dienst zu gewinnen, haben die Landeskirchen zudem weitgehend der Militärseelsorge überlassen.

Regelungen in bezug auf die nebenamtlichen Militärgeistlichen finden sich im Kirchengesetz zur Regelung der evangelischen Militärseelsorge nicht. Ihr Dienst in der Militärseelsorge ist durch einen Vertrag zwischen dem Bundesminister der Verteidigung und dem jeweiligen Geistlichen geregelt, nachdem die Gliedkirche ihre Zustimmung zu dem nebenamtlichen Dienst in der evangelischen Militärseelsorge gegeben hat.

4.6.2 Seelsorgebezirke – Seelsorgebereiche

Im Unterschied zu den intensiven Beratungen in der evangelischen Kirche und den langwierigen Verhandlungen mit dem Staat über die Organisationsformen, in denen die Militärseelsorge ausgeübt werden sollte und die in Abschnitt II des Militärseelsorgevertrages bestimmt sind, ließen sich für den Bereich der katholischen Militärseelsorge aufgrund der kirchenrechtlichen Voraussetzungen auf quasi pragmatische Weise Strukturen entwickeln. Aufgrund der Natur der dem Militärbischof übertragenen Jurisdiktionsgewalt und der damit verbundenen Möglichkeit der Delegation ist es für die praktische Seelsorge rechtlich faktisch irrelevant, ob Standortpfarreien, Garnisonspfarreien oder auch im rechtlichen Sinn errichtete Personalpfarreien gebildet werden. Artikel 7 der Statuten nennt das Recht des Militärbischofs, im Benehmen mit der zuständigen Bundesbehörde Seelsorgebezirke zu errichten und zu verändern, deren Zweck in erster Linie darin besteht, den Kreis der der Jurisdiktion eines bestimmten Militärgeistlichen unterstehenden Christen klar abzugrenzen.

Im Abschnitt II, Artikel 6 des Militärseelsorgevertrages wird für die evangelische Militärseelsorge festgelegt, daß sie in personalen Seelsorgebereichen ausgeübt wird. Diese werden von den beteiligten Gliedkirchen gebildet und zwischen diesen und dem Militärbischof vereinbart nach vorheriger Verständigung mit dem Bundesminister der Verteidigung. Zu den personalen Seelsorgebereichen gehören die Berufssoldaten, die Soldaten auf Zeit, die in der Bundeswehr tätigen Beamten und Angestellten, die im Verteidigungsfall der Truppe zu folgen haben, die Frauen und Kinder der eben genannten und die Wehrpflichtigen während der Zeit ihres Grundwehrdienstes. Alle pfarramtlichen Tätigkeiten – Gottesdienste, Amtshandlungen und Seelsorge – sind auf diese personalen Seelsorgebereiche begrenzt, wobei das Kirchengesetz zur Regelung der evangelischen Militärseelsorge in § 4 bestimmt, daß sich Gottesdienste und Amtshandlungen nach den Ordnungen der zuständigen Gliedkirchen richten.

In bezug auf die katholischen Militärgeistlichen heißt es im Artikel 20 der Statuten, daß sie pfarrliche Rechte und Vollmachten genießen. Das hat zur Folge, daß sie dies gerade im Bereich der Sakramentspendung tun. Signifikant wird dies im Hinblick auf die Vollmacht zur Eheschließung und, wenn auch heute de facto ohne praktische Bedeutung, bei der Spendung des Bußsakramentes. Der katholische Militärgeistliche kann die Eheassistenz und die Spendung des Bußsakramentes den ihm unterstehenden Katholiken überall auf der ganzen Welt ohne weitere Berücksichtigung territorialer Zuständigkeit leisten. Bezüglich der Eheassistenz kann er auch eine Delegation vornehmen, d.h. einen anderen Geistlichen entsprechend bevollmächtigen. Daß neben diesen Zuständigkeiten und Vollmachten des katholischen Militärpfarrers kumulativ, d.h. zusätzlich eine entsprechende Vollmacht auch bei dem zuständigen Ortspfarrer liegt, berührt den eigentlichen Charakter der Rechte des Militärpfarrers nicht.

Für die evangelische Militärseelsorge bestimmt Artikel 8 des Militärseelsorgevertrages, daß die Angehörigen der personalen Seelsorgebereiche Glieder der Ortskirchengemeinde sind, bei denen der personale Seelsorgebereich gebildet wird. Mit den personalen Seelsorgebereichen sind nämlich keine Parochialrechte verbunden. Das bedeutet, daß es keine zentralen Satzungs- und Verwaltungsorgane gibt, also je nach Gliedkirche keine Kirchenvorstände, Presbyterien oder Kirchengemeinderäte. Die Militärgeistlichen gehören vielmehr jeweils zu den Kirchenvorständen der Ortskirchengemeinde, bei der der personale Seelsorgebereich gebildet ist. Die von den Militärgeistlichen durchgeführten Amtshandlungen werden jeweils an dem Ort in die Kirchenbücher eingetragen, an dem die Amtshandlungen vollzogen werden. Militärgeistliche selbst führen nur Nebenkirchenbücher.

Für die praktische Tätigkeit der Militärgeistlichen ist weniger die rechtliche Qualität der Seelsorgebezirke/-bereiche von Belang, denn ihre empirische Situiertheit. Dies gilt zuerst einmal im wörtlich-geographischen Sinne. Die Umschreibung der Seelsorgebezirke/-bereiche erfolgt durch eine Aufzählung der Ortsnamen von Standorten. Standortpfarrer im eigentlichen Sinne des Wortes ist der Militärpfarrer hingegen nur dort, wo er seinen Dienstort und in der Regel auch seinen Wohnsitz hat. Der Militärgeistliche erhält mit der Zuordnungsliste eine Übersicht jener selbständigen militärischen Dienststellen, die zu seinem Seelsorgebezirk/-bereich gehören. Hier sind nahezu alle möglichen Kombinationen nicht nur denkbar, sondern sie kommen auch in der Realität vor. So können Soldaten verschiedener Teilstreitkräfte ebenso zum selben Seelsorgebezirk/-bereich gehören wie etwa Kampftruppen, Schulen, Krankenhäuser, Depots und ähnliches mehr. Aus diesen Merkmalen wird ohne weiteres ersichtlich, welch komplexe Anforderungen an den personalen Dienst eines Militärgeistlichen gestellt sein können.

Seelsorgebezirke/-bereiche können daher einerseits nach den besonderen Erfordernissen seelsorgerlicher Tätigkeit unterschieden werden. Differenzierungen sind so etwa möglich zwischen Seelsorgebezirken in Großstädten, in Orten mittlerer Größe und in Einödstandorten. Ein weiteres Kriterium besteht in der Lage der einzelnen Dienststellen innerhalb des Seelsorgebezirkes.

Die „Hilfen für den pastoralen Dienst der Militärseelsorge“ [124a]) sprechen für die katholische Militärseelsorge sogar von einer „Distriktseelsorge“. Diese existiert vor allem im Bereich der sogenannten Diaspora. Aus diesen unterschiedlichen Typen, die aus der Lage des Seelsorgebezirks resultieren, ergeben sich verschiedene Formen insbesondere in der Gemeindebildung. So sind häufig katholische Soldaten in Großstädten in die örtlichen Pfarrgemeinden integriert. Dagegen wird der Militärgeistliche in den Orten mittlerer Größe vom Ortspfarrer und seinen Mitarbeitern häufig als wichtige Hilfe angesehen, in Einzelfällen wurden katholischen Militär-

---

[124a]) Dokumentation zur Katholischen Militärseelsorge, Heft 5, hrsg. vom KMBA, S. 58f.

geistlichen mit Einverständnis des Militärbischofs durch den Ortsbischof sogar die Vollmachten und Aufgaben eines Ortspfarrers übertragen, die sie neben ihrer Jurisdiktion im Bereich der Militärseelsorge wahrnehmen. Eine solche Regelung ist für den Bereich der evangelischen Militärseelsorge nicht möglich.

Weitere Typen von Seelsorgebezirken ergeben sich etwa an Offizierschulen und Akademien der Bundeswehr, den Universitäten der Bundeswehr, an Truppenschulen, bei hohen Stäben, bei Liegeplätzen für Marineeinheiten, fliegenden Verbänden, Raketeneinheiten der Luftwaffe, auf Truppenübungsplätzen und dort, wo die Betreuung eines Bundeswehrkrankenhauses zu den Aufgaben des Militärpfarrers gehört.

Im räumlichen Zentrum des Seelsorgebezirkes befindet sich in der Regel der Dienstsitz des Militärgeistlichen, wo er sein Dienst- und Geschäftszimmer hat. In den Bataillonsunterkünften verfügt er über Besprechungszimmer zur Abhaltung von Sprechstunden; ebenfalls kann er dort Unterrichtsräume für den Lebenskundlichen Unterricht und für Gottesdienste nutzen. Besprechungszimmer gibt es in Bundeswehrkrankenhäusern, wo sich auch zum Teil Kapellen befinden. Über eigene Garnisonskirchen verfügt die Militärseelsorge in der Regel nicht, da seit Beginn des Aufbaus der Bundeswehr zwischen Staat und Kirche Einvernehmen darin bestand, daß grundsätzlich Kirchen und andere Gotteshäuser der Ortskirchengemeinden genutzt werden sollten. Darin wurde auch seitens des Staates ein wesentliches Mittel der sozialen Integration der Soldaten in die Gesellschaft gesehen. Um hierbei den Diözesen und örtlichen Kirchengemeinden finanziell zu helfen, wurden Mittel aus der Bundesfinanzhilfe zum Bau und zur Ausstattung von Kirchen bereitgestellt. Für die weitere Nutzung wurden dann Verträge abgeschlossen.

Besondere Situationen finden sich in Seelsorgebezirken/-bereichen in Standorten im Ausland. Solche existieren in Beja/Portugal, Brunssum/Niederlande, Budel/Niederlande, Decimomannu/Italien, Fort Bliss/USA, beim NATO-Hauptquartier S.H.A.P.E./Belgien, in Washington, D.C./USA und zusätzlich für die katholische Militärseelsorge in Fontainebleau/Frankreich.

Für die katholische Militärseelsorge gilt, daß an diesen Orten Formen der Seelsorge vorherrschen, die sich weithin mit denen der ordentlichen Pfarreiseelsorge decken. Entsprechend ist auch die Ausstattung in personeller und materieller Hinsicht, wobei zusätzliche Aufwendungen aus kirchlichen Mitteln erforderlich sind. Pfarrhaus, Gemeindezentrum, Kindergarten und Kapelle bestimmen das Bild.

Für den Bereich der evangelischen Militärseelsorge ist in Artikel 6 Absatz 2 des Militärseelsorgevertrages zusätzlich festgelegt, daß es den Gliedkirchen überlassen bleibt, auch Militärkirchengemeinden als landeskirchliche Personalgemeinden zu errichten. Das geschieht sinnvollerweise dort, wo der überwiegende Teil der Bevölkerung Soldaten sind. Solche Militärkirchengemeinden gibt es in Munster und in Sigmaringen. Sie haben im Unterschied zu den personalen Seelsorgebereichen volle Parochialrechte.

4.6.3 Aufgaben

Die Aufgaben der Militärgeistlichen ergeben sich aus dem kirchlichen und geistlichen Auftrag der Militärseelsorge. Er ist einerseits zu spezifizieren durch die Umschreibung der Militärseelsorge als „Ortsseelsorge", als Seelsorge am Arbeitsplatz, bzw. eine solche, die vom Arbeitsplatz ausgeht. Sie ist weiterhin charakterisiert durch Elemente, die sich aus der Gruppe der Menschen ergeben, die kirchlich dem Militärbischof anvertraut sind; nämlich die Soldaten und ihre Familien.

Für die evangelischen Militärgeistlichen heißt es in Artikel 4 des Militärseelsorgevertrages: „Aufgabe des Militärgeistlichen ist der Dienst am Wort und Sakrament und die Seelsorge."

Ein Spezifikum der katholischen Militärseelsorge resultiert aus dem Grundkonzept der Verbundseelsorge, die sich aus der kumulativen Jurisdiktion von Militärbischof und Ortsbischöfen herbestimmt. Militärgeistliche können alles tun, was ein Pfarrer tut, sie werden in aller Regel aber zu gezielten Einzelabsprachen, auch was konzeptionelle Ansätze angeht, mit der Ortsseelsorge kommen. So wird etwa die Vorbereitung der Soldatenkinder auf das Bußsakrament, die Erstkommunion und die Firmung in der Regel durch die Ortsseelsorge geleistet. Insgesamt bestimmen sich die Aufgaben der katholischen Militärgeistlichen, entsprechend der ekklesiologischen Bestimmungen des Priesters als Helfer seines Bischofs, aus dem Auftrag, den der Militärbischof durch den Papst erhalten hat, nämlich die Seelsorge unter den katholischen Soldaten der Bundeswehr und ihren Angehörigen „zu ordnen, zu leiten und wirksam zu gestalten, und dies besonders hinsichtlich der christlichen Lehre, der Sakramente der Kirche und der seelsorglichen Leitung".

Eine Beschreibung der Tätigkeitsbereiche des Militärgeistlichen findet sich in der Merkschrift „Militärseelsorge" vom August 1956.[125]) Dort werden aufgeführt: Militärgottesdienste, kirchliche Amtshandlungen, kirchliches Gemeindeleben, Sprechstunden, Mitwirkung bei militärischen Feiern, Mitwirkung bei der Betreuung der Soldaten, Lebenskundlicher Unterricht. Innerhalb dieser Aufgabenfelder ergeben sich jedoch aufgrund der obengenannten Kriterien Differenzierungen. Bei grundwehrdienstleistenden Soldaten etwa spielt der Lebenskundliche Unterricht eine besondere Rolle, da hier der Ort ist, wo der junge Soldat dem Militärgeistlichen zuerst begegnet. Oft trifft er nach Jahren kirchlich distanzierten Verhaltens wieder einen Priester bzw. Pfarrer, der sich ihm als Ansprechpartner anbietet. Exerzitien, Werkwochen und Rüstzeiten mit diesem Kreis junger Soldaten, ihre Gewinnung für die jährliche Lourdes-Wallfahrt und vor allem Einzelgespräche spielen eine wesentliche Rolle. Auch über den Standortgottesdienst oder etwa den Besuch im Sanitätsbereich oder im Krankenhaus oder in der Arrestzelle ist die Begegnung zwischen Militärgeistlichen und Soldaten möglich.

[125]) ZDv 66/1, Nr. 19–30

Die Seelsorge an Berufs- und längerdienenden Zeitsoldaten wird sich häufig auf andere Momente stützen. Einerseits ergeben sich Formen einer dienstlichen Zusammenarbeit zur Gewährleistung des Rechts auf Seelsorge und freie Religionsausübung bei den Untergebenen. Anfragen an das Berufsethos des christlichen Soldaten haben bei diesem Personenkreis andere Qualität und Intensität. Das erfordert neben der lebenskundlichen Arbeitsgemeinschaft ein verstärktes Angebot von Intensivformen der Seelsorge wie etwa Exerzitien, Werkwochen, Rüstzeiten, Akademieveranstaltungen und Wallfahrten oder internationale Zusammenkünfte. Auch bei gleichem Rahmen oder vergleichbaren Formen werden sich pastoral andere Inhalte ergeben. Bei dem genannten Personenkreis ergibt sich auch – zumal bei den häufig versetzten Offizieren – die erhöhte Notwendigkeit einer systematischen Familienseelsorge.

Um das besondere Gewicht der Rüstzeiten zu unterstreichen, hat der evangelische Militärbischof 1975 eigene Richtlinien dafür erlassen. Darin heißt es über Zweck und Ziel von Rüstzeiten: „Rüstzeiten im Rahmen der Militärseelsorge sind ein Angebot der Kirche. Sie geben dem einzelnen Teilnehmer die Möglichkeit, in der Auseinandersetzung des Glaubens und Lebens einen eigenen Standpunkt zu gewinnen. Die Vermittlung von Sachinformationen, die Konfrontation mit dem Wort Gottes, das Erleben der Gesprächsoffenheit und die Erfahrung der Lebens- und Arbeitsgemeinschaft der Teilnehmer untereinander helfen den Teilnehmern, eigene Maßstäbe zu entwickeln." Neben den eigentlichen Soldatenrüstzeiten werden auch Wochenendrüstzeiten für Soldatenfamilien angeboten. Besondere Rüstzeiten können der Begegnung der Soldaten mit Kriegsdienstverweigerern, dem Gespräch miteinander und dem Sich-kennenlernen, dienen.

Für die Rüstzeiten gibt es in einigen Wehrbereichen eigene Rüstzeitheime der evangelischen Militärseelsorge. Wo dies nicht der Fall ist, werden kirchliche Einrichtungen mitbenutzt.

Soldaten die an Rüstzeiten, Werkwochen oder Exerzitien teilnehmen wollen, soll vom nächsten Disziplinarvorgesetzten Sonderurlaub gemäß der geltenden Soldatenurlaubsverordnung gewährt werden.

Angesichts der durch die gesamtgesellschaftliche Situation in der Bundesrepublik Deutschland bedingten Faktoren, die das kirchliche Verhalten der Gläubigen beeinflussen, wird in der katholischen Militärseelsorge der Sakramentenpastoral sehr großer Wert beigemessen, jedoch ist hier mit besonderen Schwierigkeiten zu rechnen. Die Feier der Liturgie im Standortgottesdienst, aber auch am Wochenende oder außerhalb des Dienstes während der Woche, oft nur für kleine Gruppen, hat auch hierdurch ihr besonderes Gewicht. Es ist eine lange Tradition in beiden Zweigen der Militärseelsorge, daß auch ökumenische Wortgottesdienste ihren selbstverständlichen Platz haben.

Ein besonderer Bereich der seelsorgerlichen Tätigkeit ist die Begleitung der Soldaten auf den Truppenübungsplätzen, bei Übungen im Ausland und während der Manöver der Bundeswehr. Hier geht es vor allem um die seelsorgerliche Betreuung der

Soldaten während dieser Zeit und die Durchführung von Feldgottesdiensten. Besonders wichtig ist dieser Dienst für die Pfarrer bei den schwimmenden Verbänden der Bundesmarine in bezug auf die Begleitung der Soldaten bei längeren Ausbildungsreisen.

Die genannten Aufgaben werden vor allem bei den Wehrpflichtigen, aber nicht nur hier, ergänzt durch vielfältige Weisen der Beratung, der Vermittlung an andere kirchliche oder soziale Dienste, und auch durch gesellschaftliche Begegnungen, die sich im Bereich des Dienstes oder außerhalb ergeben. Daraus ergibt sich für den Militärgeistlichen eine besonders enge Zusammenarbeit mit den Truppenärzten, den Rechts- und Sozialberatern der Bundeswehr.

In ihrer Eigenschaft als Bundesbeamte sind die Militärgeistlichen Dienststellenleiter. Die Dienststelle ist Beschäftigungsdienststelle des Pfarrhelfers. Der Militärgeistliche ist verantwortlich für die Regelung des Dienstbetriebes, der Dienstaufsicht, der Arbeitseinteilung und Festsetzung der Arbeitszeit des Pfarrhelfers. Ferner gehört die Verantwortung für die zugewiesenen Haushaltsmittel, das anvertraute Material und den Dienstkraftwagen zum Aufgabenbereich des Militärgeistlichen. Schließlich hat der Militärgeistliche die Bestimmungen betreffend Zugang und Umgang mit Verschlußsachen zu beachten und einzuhalten.

4.6.4 Einweisung in den Dienst und Fortbildung

Der besondere Dienst in der Militärseelsorge erfordert eine besondere Einweisung der Geistlichen vor allem in die Bereiche ihrer Tätigkeit, die außerhalb des bisherigen Arbeitsfeldes und Erfahrungshorizontes liegen. Hier haben sich im wesentlichen fünf Schwerpunkte für die Einweisung herausgebildet: Eine besondere Einweisung erfährt der Militärgeistliche in seiner neuen Eigenschaft als Dienststellenleiter in den Bereich der Verwaltung, der Struktur der Militärseelsorge und der Kirchenämter. Es ist verständlich, daß diese Einweisung in besonders enger Zusammenarbeit mit den Kirchenämtern und deren Mitarbeitern durchgeführt wird. Der zweite Schwerpunkt der Einweisung ist das neue Arbeitsfeld Bundeswehr. Der Militärgeistliche muß die Strukturen der Bundeswehr kennen und vor allem wissen, was innerhalb der Bundeswehr Innere Führung bedeutet. Dies ist für das Verständnis der Bundeswehr und die eigene Arbeit des Militärgeistlichen unerläßlich. Dabei geht es auch um den Auftrag der Bundeswehr. Dieser Einweisungsteil wird in Zusammenarbeit mit dem Zentrum Innere Führung in Koblenz durchgeführt. Ein dritter Schwerpunkt ist die Didaktik und Methodik des Lebenskundlichen Unterrichts, der ja einen Großteil der Arbeitszeit des Militärgeistlichen in Anspruch nimmt. Ein weiterer Schwerpunkt ist die Einweisung in die besondere Zusammenarbeit mit den Truppenärzten. Hier geht es auch um die Auffrischung der Kenntnisse in Erster Hilfe, um Kenntnisse im Kriegsvölkerrecht und die Seelsorge im Katastrophenfall. Dieser Teil der Einweisung geschieht in Zusammenarbeit mit der Sanitätsakademie der Bundeswehr in München. Und schließlich geht es um die Einweisung in die Begleitung der Truppe auf die Übungsplätze bzw. in die Manöver und das Verhalten der Militärgeistlichen in diesen besonderen Situationen. Diese Einweisung geschieht in Zusammenarbeit mit einer Kampftruppenschule der Bundeswehr.

Ein wesentlicher Bestandteil der Einweisung sind neben diesen fünf Schwerpunkten alle Fragen der Friedensethik und deren theologische Grundlagen.

Die evangelische Militärseelsorge hat alle Einweisungslehrgänge, die für neueingestellte Militärgeistliche verbindlich sind, ab 1984 zu drei elftägigen Einweisungsgrundlehrgängen zusammengefaßt, die hintereinander jeweils im Herbst eines Jahres durchgeführt werden sollen. In der katholischen Militärseelsorge werden die Einweisungslehrgänge nach den Schwerpunkten und zeitlich getrennt angeboten.

Unterschiedlich geregelt ist auch die Begleitung des neueingestellten Militärgeistlichen durch einen oder mehrere erfahrene Militärgeistliche in den ersten Wochen nach Dienstantritt.

Über diese Einweisungslehrgänge hinaus haben beide Zweige der Militärseelsorge ein eigenes Fortbildungsangebot für die gesamte Zeit der Tätigkeit in der Militärseelsorge.

Für die evangelische Militärseelsorge sind auch die regelmäßig stattfindenden Militärpfarrerkonvente auf Wehrbereichsebene Teil der Pfarrerfortbildung. Neben der Regelung der dienstlichen Angelegenheiten stehen theologische, ethische oder aktuell-politische Fragen und Probleme im Mittelpunkt dieser Konvente. Dazu werden Referenten eingeladen.

Beide Zweige der Militärseelsorge führen einmal im Jahr eine Gesamtkonferenz für alle ihre Militärgeistlichen durch. Diese Gesamtkonferenzen stehen jeweils unter einem theologischen, gesellschaftswissenschaftlichen oder ethischen Thema, das in Form von Vorträgen, Vorlesungen, Seminaren oder Gruppengesprächen behandelt wird. Zu jeder Gesamtkonferenz der katholischen Militärgeistlichen gehören zusätzlich Veranstaltungen zu pastoralen Fragen der Militärseelsorge.

Die Themen für diese Gesamtkonferenzen werden im Bereich der evangelischen Militärseelsorge von dem Pfarrkonvent des Wehrbereiches vorgeschlagen, der abwechselnd die jeweilige Gesamtkonferenz ausrichtet. Die letzte Entscheidung liegt beim Evangelischen Militärbischof. In der katholischen Militärseelsorge hat der Priesterrat ein wesentliches Mitspracherecht bei der Themenfindung.

Die Gesamtkonferenz wird eröffnet durch einen Gottesdienst des jeweiligen Militärbischofs und einen Empfang, zu dem Repräsentanten aus Bundeswehr, Politik, öffentlichem Leben und Kirchen eingeladen werden und der der Repräsentation der Militärseelsorge nach außen dient.

4.6.5 Militärgeistliche mit besonderem Auftrag

Die Militärseelsorge hatte von Anfang an erkannt, daß ihr eine besondere Verantwortung für die Soldaten der Bundeswehr dort zukommt, wo diese Soldaten ausgebildet werden: an den Offizier- und Truppenschulen, an der Führungsakademie der Bundeswehr und am Zentrum Innere Führung (früher Schule der Bundeswehr für Innere Führung). In besonderer Weise berücksichtigt werden die Universitäten der Bundeswehr und das Sozialwissenschaftliche Institut der Bundeswehr bzw. dessen Vorläufer, das Wissenschaftliche Institut für Erziehung und Bildung in den Streitkräften.

Beide Zweige der Militärseelsorge waren von daher nicht nur bemüht, den Ausbildungseinrichtungen Militärgeistliche zuzuordnen, die weitgehend von anderen Aufgaben entlastet sind. Sie waren auch bemüht, hier einen besonderen Beitrag zu leisten im Blick auf die Klärung und Vertiefung der mit dem Soldatenberuf zusammenhängenden ethischen Fragen über die im Lebenskundlichen Unterricht hinaus gebotenen Möglichkeiten.

Schon in einem Erlaß des Bundesverteidigungsministeriums Fü B I 4 vom 10. August 1960 an die Kommandeure der Schulen der Bundeswehr wird die besondere Stellung der Militärgeistlichen hervorgehoben: „In allen religiösen Fragen sind sie die berufenen Berater des Kommandeurs und der Lehroffziere (ZDv 66/1 Nr. 34). Zu Besprechungen mit Offizieren und Unteroffizieren über sittliche Fragen sollen sie hinzugezogen werden (ZDv 66/1 Nr. 36). Sie werden auch in Erziehungsfragen wichtige Helfer sein können. Zu allen grundsätzlichen Problemen sollen sie Gelegenheit zur Stellungnahme haben (ZDv 66/1 Nr. 35).“ Über den Lebenskundlichen Unterricht hinaus sollen die Militärgeistlichen nach diesem Erlaß Arbeitskreise einrichten und Rüstzeiten und Exerzitien durchführen.

Es crgab sich aus dem Charakter der Offizier- und Truppenschulen, daß der hier erteilte Lebenskundliche Unterricht sich in besonderer Weise auf die Situation und die künftige Verwendung der Lehrgangsteilnehmer beziehen mußte. Dem trägt auch ein Erlaß des Ministerium VR I 4 vom 5. November 1969 Rechnung, der die Stellung der Schulpfarrer durch die unmittelbare Zuordnung zu den Akademien und Offizierschulen unterstreicht und ihnen ausdrücklich die Aufgabe überträgt, „in den Fächern Lebenskunde und Ethik des Offizierberufes (Studiengebiet 1) zu unterrichten“. Dazu wurde es erforderlich, daß die Militärpfarrer an den Schulen ihren Unterricht miteinander abstimmen und wissen, welche besonderen Themen sie im Rahmen dieses Unterrichts behandeln, da die Schulen im Rahmen der Ausbildung der Soldaten ihren festen Platz haben. Zu diesem Zweck veranstalten die Kirchenämter regelmäßige Schulpfarrer-Konferenzen, auf denen die Militärgeistlichen auf den besonderen Dienst an den Schulen vorbereitet werden und die notwendigen Absprachen treffen können.

Veränderungen im militärischen Ausbildungsbereich führten mancherorts dazu, daß sich die eine monatliche Doppelstunde Lebenskundlicher Unterricht immer schwieriger in die Lehr- und Ausbildungspläne einbringen ließ, daß es zudem unter pädagogisch-didaktischen Gesichtspunkten sinnvoller schien, die ethischen, aber auch andere Themen in zeitlich größeren Einheiten darzubieten. So entwickelten sich die Lebenskundlichen Seminare als Sonderform des Lebenskundlichen Unterrichts, die schließlich zu Beginn der 80er Jahre auch vom Bundesverteidigungsministerium anerkannt wurden, indem im Haushaltsplan dafür besondere Mittel bereitgestellt wurden. Um jedoch eine Aushöhlung des bisherigen Lebenskundlichen Unterrichtes zu vermeiden, beschränkte das Verteidigungsministerium seine Anerkennung auf bestimmte Lehrgänge an den Offizier- und Truppenschulen des Heeres. Außerdem darf auch hier nicht der gesamte Unterricht in Form von Lebenskundlichen Seminaren abgehalten werden, sondern nur die Hälfte (bei Lehrgängen bis zur Dauer von fünf Monaten, zwei Drittel des Lebenskundlichen Unterrichts). An den anderen Schulen der Bundeswehr gibt es Lebenskundliche Seminare im Rahmen von Ausnahmeregelungen.

Eine besondere Rolle spielen die Militärgeistlichen an der Führungsakademie und am Zentrum Innere Führung sowie die wissenschaftlichen Mitarbeiter für evangelische und katholische Theologie am Sozialwissenschaftlichen Institut der Bundeswehr und die Professoren für evangelische und katholische Theologie an den Universitäten der Bundeswehr.

Die Einrichtung dieser Dienstposten entspringt einem bestimmten Verständnis von der Aufgabe der Militärseelsorge im besonderen und der Theologie im allgemeinen. In einer Stellungnahme zum Rahmenkonzept für die Neuordnung der Ausbildung und Bildung in der Bundeswehr schreibt Generaldekan Albrecht von Mutius 1971:

> „a) Der Beitrag der Theologie und Kirche auf diesem Felde stellt für den einzelnen und die Gesellschaft insgesamt ein wesentliches Element zur kritischen Urteilsbildung dar.
>
> b) Sie stellt eine Plattform dar für das Gespräch der verschiedenen Dienstgrade und Dienstgradgruppen, in denen die Arbeit an aktuellen ethischen Fragen konkretisiert werden kann. Die notwendige Funktionalität kann so ergänzt werden durch die personalen Bezüge.
>
> c) Sie kann dazu beitragen, das Spezifische der soldatischen Existenz in größere Zusammenhänge einzuordnen, sie kann dadurch helfen, die Komplexität menschlichen Lebens und geschichtlicher Entwicklungen zu erkennen, ohne daran zu verzweifeln oder zu unzulässigen Vereinfachungen seine Zuflucht zu nehmen.
>
> d) Bei der Kommunikation zwischen den verschiedenen Bereichen menschlichen Lebens kann die Militärseelsorge katalysatorisch wirken, indem sie z.B. Informationsprozesse hin und her in Gang bringt.
>
> e) Der wissenschaftliche Beitrag wird sich in Sonderheit darauf richten, Beiträge aus dem Raum der Friedensforschung und der Anthropologie, aber durchaus auch aus der Theologie

selbst in den Prozeß der Bewußtseins- und Urteilsbildung einzubringen.

f) Die ökumenischen Beziehungen der Kirchen können wesentlich dazu beitragen, die durch den Lehrauftrag immer wieder gegebene Gefahr rationaler Verengung zu überwinden." [126])

Und im Blick auf die zukünftige Arbeit der Theologieprofessoren an den Hochschulen (jetzt Universitäten) der Bundeswehr weist der damalige Referent für die Schulpfarrer im Evangelischen Kirchenamt für die Bundeswehr, Militärdekan Hans von Seggern, 1973 auf die verschiedenen Funktionen von Theologie hin, u.a. als kommunikative Wissenschaft, die die in ihre Bestandteile aufgelösten Wissenschaften vom Menschen wieder zusammenführen könne und als Handlungswissenschaft, die zur Weltgestaltung anleite.

Die Professoren für evangelische und katholische Theologie an den Universitäten der Bundeswehr sind vollständig eingebunden in den Lehr- und Forschungsbetrieb der Hochschulen. Die Militärbischöfe haben hier lediglich ein Mitwirkungsrecht bei der Berufung der Professoren. Die Professoren haben ihre Funktion auch dort, wo es um die Vermittlung erziehungs- und gesellschaftswissenschaftlicher Inhalte geht, die nach dem Verständnis dieses Studiums für angehende Offiziere unbedingt notwendig sind zur Ergänzung des reinen Fachstudiums. Die besonderen Schwerpunkte der Theologie liegen bei den berufsethischen Fragen des Offiziers und den mit dem Friedensauftrag der Streitkräfte verbundenen Fragen.

An der Führungsakademie sind Militärgeistliche als Dozenten tätig. Außerdem gibt es dort Standortpfarrer, die der Akademie mit seelsorgerlichem Auftrag zugeordnet sind. Dem Zentrum Innere Führung sind Militärgeistliche als Standortpfarrer mit seelsorgerlichem Auftrag zugeordnet, die gleichzeitig in einem der Bereiche als Dozenten tätig werden. Als solche sind sie jedoch nicht an Weisungen des Kommandeurs gebunden, sondern ihm zugeordnet. Die Theologen am Sozialwissenschaftlichen Institut der Bundeswehr sind wissenschaftliche Mitarbeiter dieser Institution. Sie arbeiten nach Weisung seiner Leitung. In Absprache mit dem Institut können die Militärbischöfe ihnen jedoch besondere Aufträge erteilen. Als Militärgeistliche unterstehen sie disziplinarisch und in kirchlichen Angelegenheiten den Militärbischöfen.

Die Professoren für evangelische und katholische Theologie an den Universitäten der Bundeswehr treffen sich jährlich mit den Leitern des Evangelischen Kirchenamtes für die Bundeswehr und des Katholischen Militärbischofsamtes sowie den für Hochschulfragen zuständigen Referatsleitern zu einem Gedankenaustausch, wobei mit dem Studium und mit dem Auftrag der Professoren zusammenhängende Fragen erörtert werden.

---

[126]) Pflicht zum Frieden, Evangelische Militärseelsorge, epd-Dokumentation, Bd. 10, hrsg. v. Hans Wolfgang Heßler, Witten/Berlin 1973, S. 173

Außerdem gibt es an den Universitäten der Bundeswehr Militärgeistliche, die dem Präsidenten der Hochschule als Seelsorger auf Zusammenarbeit zugeordnet sind. Ihm gegenüber vertreten sie die Belange der Militärseelsorge. Diese Hochschulpfarrer sind im engeren Sinne jedoch nur zuständig für die Hochschulmitglieder, die Soldaten sind.

Eine zweite Gruppe von Militärgeistlichen mit besonderem Auftrag sind die Militärpfarrer an den Bundeswehrkrankenhäusern. Die Zeit des Krankseins bedeutet für den Soldaten nicht nur, daß er mit den unmittelbar mit der Krankheit zusammenhängenden Problemen fertig werden muß, sondern auch, daß er Zeit hat, über andere Fragen und Probleme nachzudenken, die mittelbar und unmittelbar mit seinem Dienst zusammenhängen. Der Militärgeistliche bietet sich hier als Gesprächspartner des Soldaten an. Beide Zweige der Militärseelsorge eröffnen den Militärgeistlichen an den Bundeswehrkrankenhäusern besondere Fortbildungsmöglichkeiten in klinischer Seelsorge. Die evangelischen und die katholischen Militärgeistlichen an Bundeswehrkrankenhäusern treffen sich einmal im Jahr zu Dienstbesprechungen mit einem Fortbildungsteil. Außerdem veranstalten beide Zweige der Militärseelsorge gemeinsam einmal im Jahr eine Tagung für Militärgeistliche an Bundeswehrkrankenhäusern gemeinsam mit in der Bundeswehr tätigen Ärzten. Diese Tagung unterstreicht noch einmal die Wichtigkeit der Zusammenarbeit zwischen Arzt und Militärgeistlichen. Auf ihr werden Themen behandelt, die für das tägliche Miteinander von Militärgeistlichen und Ärzten relevant sind.

4.7 Beratende Gremien in der evangelischen Militärseelsorge

4.7.1 Pfarrerrat

Im Bericht des Evangelischen Militärbischofs über die Militärseelsorge im Jahr 1970 heißt es: „Ein Gesprächskreis ‚Pfarrervertretung' ist im Berichtsjahr zweimal zusammengetreten. In ihm wurden alle die Fragen erörtert, die unter den Stichworten ‚Mitbestimmung' ‚Mitverantwortung' allenthalben kursieren."

Dem Unternehmen, in der evangelischen Militärseelsorge so etwas wie eine Pfarrervertretung einzurichten, waren enge Grenzen gesetzt durch den Militärseelsorgevertrag und die unterschiedlichen Bestimmungen in den Ordnungen der Gliedkirchen und durch das Bundesbeamtengesetz.

Von daher hat der Pfarrerrat selbst auf eine juristische Festlegung seiner Zuständigkeiten verzichtet. Sein Selbstverständnis hat er in einer Arbeitsordnung festgelegt, in der er seine Aufgaben beschreibt als geistliche Mitverantwortung der Militärpfarrer und die Förderung der Zusammenarbeit von Militärpfarrern und leitenden Organen der evangelischen Militärseelsorge. Dabei geht es besonders darum, Probleme des Truppenalltags in die Planungen der Militärseelsorge einzubringen, Probleme der Weiterbildung in der Militärseelsorge zu beraten und dabei Anregungen zu geben,

Anliegen der Militärseelsorge gegenüber der Verwaltung des Sonderhaushaltes und des Beirates für die Evangelische Militärseelsorge zu vertreten. Auf Wunsch will sich der Pfarrerrat auch zu Personalangelegenheiten bzw. Personalentscheidungen äußern.

Jeder Wehrbereichskonvent wählt zwei Militärpfarrer in den Pfarrerrat, die Auslandspfarrer einen. Der Pfarrerrat selbst wählt sich einen Sprecher, dessen Stellvertreter und den Schriftführer.

4.7.2 Beiräte

In einem Brief des Evangelischen Militärbischofs vom August 1971 an die Militärgeistlichen heißt es zu Beginn: „Von Anfang unserer Arbeit hielt ich es für einen schweren Mangel, daß der Staatsvertrag zur Regelung der Militärseelsorge wie das zugehörige Kirchengesetz nur einen sehr schwachen Ausdruck des synodalen Elements in der Einrichtung des Beirats vorsahen.“ Mit Beirat ist hier der in § 14 des Kirchengesetzes zur Regelung der evangelischen Militärseelsorge vorgesehene Beirat für die Evangelische Militärseelsorge gemeint (siehe 4.1.2).

Mit dem Brief des Evangelischen Militärbischofs vom August 1971 an die Militärgeistlichen sollen diese angeregt werden, nicht nur Mitarbeiter in den Seelsorgebereichen zu suchen und zu motivieren für die Vorbereitung und Gestaltung von Gottesdiensten, Rüstzeiten, gemeindlichen Veranstaltungen, für die Nachbarschaftshilfe und andere gemeindliche Aktivitäten. Vielmehr sollten mit solchen Mitarbeitern an den Standorten Beiräte gebildet werden, in denen vor allem das Mitspracherecht dieser Mitarbeiter nach den örtlichen Gegebenheiten geregelt werden sollte. Der Evangelische Militärbischof wies jedoch ausdrücklich darauf hin, daß aufgrund der besonderen Situation der Militärseelsorge die landeskirchlichen Gemeindeordnungen nicht übernommen werden könnten.

An zahlreichen Standorten hatten sich schon vorher Beiräte und Mitarbeiterkreise gebildet.

In einem Brief des Evangelischen Militärbischofs an die Militärgeistlichen vom 15. August 1977 wird die Einrichtung von Beiräten für jeden Standortpfarrer verbindlich gemacht. Aus den bisherigen Erfahrungen werden als besondere Aufgaben über die schon genannten aufgezählt:

- Die Zusammenarbeit mit kirchlichen Gruppen, Organen und Einrichtungen;

  die Mitwirkung und Mitverantwortung bei der Verwendung von Mitteln für gemeindefördernde und -bildende Maßnahmen;
- Übernahme von Aufgaben zur Aufrechterhaltung der Seelsorge bei Vakanzen;

– die Förderung der Integration in die örtlichen Kirchengemeinden und die Förderung der Zusammenarbeit zwischen Militärseelsorge und Truppe.

Weder eine rechtliche oder kirchenrechtliche Verankerung noch formale Bestimmungen sind für diese Beiräte vorgegeben. So ist gewährleistet, daß die örtlichen Gegebenheiten bestmöglichst berücksichtigt werden.

4.8 Laien im pastoralen Dienst der katholischen Kirche

Durch die Kirchenkonstitution des Zweiten Vatikanischen Konzils ist die biblische und altkirchliche Überzeugung von der Kirche als Volk Gottes und vom gemeinsamen Priestertum aller Gläubigen in der katholischen Kirche neu bewußt geworden. Die Gemeinsame Synode der Bistümer der Bundesrepublik Deutschland wandte in ihrem Beschluß „Die pastoralen Dienste in der Gemeinde" diese Erkenntnisse auf die deutsche Situation an. Daraufhin verabschiedete die Deutsche Bischofskonferenz am 2. März 1977 Grundsätze „Zur Ordnung der pastoralen Dienste" und am 19. September 1978 „Rahmenstatuten für Gemeindereferenten(innen) und Pastoralreferenten(innen) in den Bistümern der Bundesrepublik Deutschland". Außerdem wurden Rahmenstatuten für Ausbildung, Berufseinführung und Fortbildung dieser Dienste erlassen.

Der Schwerpunkt des Dienstes von *Gemeindereferenten* liegt in der allgemeinen Unterstützung des kirchlichen Amtes durch die Teilnahme an den drei Grunddiensten der Verkündigung, der Liturgie und der Diakonie. Einsatzfeld ist in der Regel die Pfarrgemeinde. Konkrete Arbeitsfelder ergeben sich etwa in der kirchlichen Begleitung von Gruppen, der Vorbereitung auf den Sakramentenempfang, der Gemeindekatechese, der Vorbereitung von Gottesdiensten, der Gemeindecaritas. Voraussetzung für die Übernahme des Dienstes des Gemeindereferenten, der wie alle kirchlichen Dienste vom Bischof übertragen wird, sind religiöse Lebensführung, kirchliche Praxis und eine in der Regel dreijährige theologische Fachschul-, Fachhochschul- oder vergleichbare Ausbildung, zu der ein berufspraktisches Jahr gehört. Nach einer zweijährigen Bewährung im Beruf – bis dahin wird die Berufsbezeichnung Gemeindeassistent geführt – muß eine zweite Dienstprüfung abgelegt werden.

Im Unterschied zum vorrangig unterstützenden Dienst der Gemeindereferenten richtet sich der Dienst von *Pastoralreferenten* primär auf bestimmte Sachgebiete bzw. Lebensbereiche des christlichen Weltzeugnisses. Die Eigenverantwortung des Pastoralreferenten ist in der Eigenständigkeit dieser Sachbereiche sowie in seiner Ausbildung – es wird ein abgeschlossenes theologisches Hochschulstudium und in manchen Diözesen eine Zusatzausbildung bzw. ein Zweitstudium gefordert – begründet. Die beruflichen Aufgabenbereiche des Pastoralreferenten, der vorrangig auf der mittleren Ebene (Pfarrverbände, Dekanate u. ä.) eingesetzt wird, liegen im Aufbau von Gruppen und der Förderung von Initiativen, der Jugendarbeit, Erwachsenenbildung und katholischen Verbandsarbeit sowie dem schulischen Religionsunterricht.

Die persönlichen Anforderungen entsprechen denen der Gemeindereferenten. Während ihres Hochschulstudiums gehören die Anwärter auf den Dienst des Pastoralreferenten einem „Bewerberkreis“ unter der Verantwortung des Ortsbischofs an, in dem sie eine spirituelle und pastoral-praktische Vorbereitung erfahren. Daran schließt sich eine dreijährige Berufseinführung der „Pastoralassistenten“ an, die sich in einen ca. einjährigen Vorbereitungsdienst und die Zeit der „ersten Dienstjahre“ gliedert, die mit der zweiten Dienstprüfung abgeschlossen werden. Die Berufsbezeichnung lautet jetzt Pastoralreferent.

Die pastoralen Laiendienste, zu denen Männer und Frauen grundsätzlich gleichermaßen zugelassen werden können, werden immer in Zuordnung zu verantwortlichen Priestern geleistet. Anstellungsträger sind die Diözesen, die auch jeweils die arbeitsrechtlichen Bedingungen regeln. Im Einzelfall und nach örtlichen Bedürfnissen kann auch die Beauftragung von Gemeinde- und Pastoralreferenten mit bestimmten Aufgaben des kirchlichen Amtes erfolgen, soweit sie Laien übertragbar sind. Eine wichtige Rolle spielt dabei der Grundgedanke, daß durch die Tätigkeit hauptamtlicher pastoraler Mitarbeiter das Engagement ehrenamtlich tätiger Laien nicht zurückgedrängt, sondern gefördert wird.

Es ist vorgesehen, daß im Rahmen der genannten Regelungen auch in der katholischen Militärseelsorge Pastoral*referenten* unter der Verantwortung von Militärgeistlichen zum Einsatz kommen, wenn Militärgeistliche für längere Zeit einen vakanten Seelsorgebezirk mitbetreuen müssen. Die Erteilung von Lebenskundlichem Unterricht wird eine ihrer zentralen Aufgaben sein.

4.9 Die Pfarrhelfer

Artikel 26 des Militärseelsorgevertrages sieht vor, daß den Militärgeistlichen vom Staat die zur Unterstützung bei gottesdienstlichen Handlungen und Verwaltungsaufgaben erforderlichen Hilfskräfte zur Verfügung gestellt werden. Im Schlußprotokoll wird dazu näher ausgeführt, daß jedem Militärgeistlichen außer denen im Evangelischen Kirchenamt für die Bundeswehr eine Hilfskraft zugeteilt wird, die evangelischen Bekenntnisses sein muß und die die Befähigung zum Hilfsdienst gegebenenfalls durch eine Prüfung nachweisen muß.

In den päpstlichen Statuten für die Seelsorge in der deutschen Bundeswehr sind diese Bestimmungen bis in die Formulierung hinein übernommen mit dem einen wesentlichen Unterschied, daß hier der Militärbischof das Recht hat, jene Hilfskräfte vorzuschlagen.

Im Erlaß des Bundesverteidigungsministeriums VR I 4 vom 17. September 1973 sind Richtlinien für die Pfarrhelfer in der Militärseelsorge aufgeführt. Danach stehen die Pfarrhelfer als Mitarbeiter der Militärgeistlichen im Angestelltenverhältnis. Ihre

Mitarbeit bedeutet Unterstützung bei Gottesdiensten, Amtshandlungen und in der Gemeindearbeit, Erledigung von Verwaltungsaufgaben und Führen des von den Militärpfarrern zustehenden Dienstkraftfahrzeuges. Der Militärgeistliche, dem der Pfarrhelfer zugewiesen wird, ist in fachlicher und allgemein-dienstlicher Hinsicht Vorgesetzter des Pfarrhelfers.

Voraussetzung für die Einstellung des Pfarrhelfers nach diesem Erlaß ist, daß er dem entsprechenden Bekenntnis angehört, je nach dem, ob er in der evangelischen oder katholischen Militärseelsorge arbeitet. Zusätzlich muß er eine kirchliche Einstellung haben, mindestens die Hauptschule mit Erfolg abgeschlossen haben und in geordneten Familien- und Vermögensverhältnissen leben. Pfarrhelfer sollen bei der Einstellung nicht älter als 35 Jahre sein, eine abgeschlossene Berufsausbildung oder wenigstens ausreichende Verwaltungserfahrungen mitbringen, über schreibtechnische Fähigkeiten verfügen und den Grundwehrdienst geleistet haben. Kirchlicherseits finden in der katholischen Militärseelsorge die am 19. September 1978 von der Deutschen Bischofskonferenz beschlossenen „Richtlinien für Pfarrhelfer“ sinngemäße Anwendung.

Die kirchliche Tätigkeit der Pfarrhelfer besteht zunächst aus den oben angegebenen Aufgaben in der Beratung der Soldaten und deren Angehöriger bei der Vorbereitung von Amtshandlungen, Mitwirkung bei besonderen Veranstaltungen wie Rüstzeiten, Exerzitien, Werkwochen, Arbeitskreisen, im Führen der Kirchenbücher und der Pfarrkartei. Die Verwaltung erstreckt sich auf die Beratung des Pfarrers in allen diesbezüglichen Angelegenheiten, auf die Erledigung des Schriftverkehrs nach Weisung des Dienststellenleiters, auf die Mitwirkung bei der Bewirtschaftung der Haushaltsmittel, auf die Verwaltung der Akten nach dem Einheitsaktenplan und die Überwachung des Terminkalenders. Er führt auch das Bestandsverzeichnis für die Ausstattung der Dienststellen an Geräten und Schriften.

Wenn auch der Dienst des Pfarrhelfers oft eher im Hintergrund geschieht, verlangt er doch ein erhebliches Maß an Umsicht, Überblick und Eigeninitiative zusätzlich zu den erforderlichen Kenntnissen. Das Ineinander von selbständiger Leistung und unentbehrlicher Mitarbeit verlangen ein hohes Maß an Berufsethos und eine entsprechende innere Einstellung.

Die ersten sechs Monate der Beschäftigung gelten als Probezeit. In dieser Zeit soll dem Pfarrhelfer ein Überblick über seine Aufgaben gegeben werden. Für die Einweisung ist der Militärpfarrer verantwortlich. Zusätzlich soll der Pfarrhelfer eine Einführung in jene Bereiche erhalten, mit denen er später auch zu tun hat: in die Dienststelle des Wehrbereichsdekans, des Kirchenamtes bzw. Militärbischofsamtes, der Standortverwaltung und der Truppenverwaltung. Diese Einweisung kann auch auf dem Wege der Abordnung erfolgen.

Um den Pfarrhelfern, die im Angestelltenverhältnis tätig sind, berufliche Entwicklungsmöglichkeiten anzubieten, wird ihnen von seiten der Militärseelsorge eine Fortbildung angeboten, die dem kirchlichen Bereich entlehnt ist und in Zusammenarbeit mit den Kirchen durchgeführt wird. Das Ergebnis dieser Fortbildung entspricht im kirchlichen Bereich der Ausbildung zum Diakon bzw. Seelsorgehelfer, in der katholischen Kirche in Entsprechung zu den Voraussetzungen zur Erteilung der Missio canonica. Nach Abschluß dieser Ausbildung muß der Pfarrhelfer zum Zwecke der Höhergruppierung nachweisen, daß mindestens 51% seiner Arbeitszeit aus diakonischen bzw. pastoralen Tätigkeiten besteht.

Die diakonischen bzw. pastoralen Tätigkeiten werden aufgegliedert in allgemeine und qualifizierte diakonische bzw. pastorale Tätigkeiten. Zu den allgemeinen diakonischen bzw. pastoralen Tätigkeiten gehören u.a. zusätzlich zu den kirchlichen Aufgaben etwa die Mitarbeit an Gemeindebriefen und bei der Schaukastengestaltung, das selbständige Herrichten gottesdienstlicher Räume und die Begleitung des Pfarrers bei besonderen Anlässen.

Unter qualifizierten „diakonischen" Tätigkeiten versteht man u.a.: Ratgeber in Sozial- und Fürsorgefragen, Mitarbeit in Soldaten- und Gemeindekreisen, Hausbesuche in Absprache mit dem Pfarrer, Kontaktpflege bei Übungsplatzaufenthalten, Mitarbeit in der Soldatenheimarbeit, Mitarbeit in der Jugendarbeit und Kindergottesdienstarbeit und kirchenmusikalische Betätigung.

Die Gesamttätigkeit der Pfarrhelfer setzt eine regelmäßige und intensive Fortbildung auf allen Tätigkeitsbereichen voraus. Diesem Ziel dienen u.a. in der evangelischen Militärseelsorge die Pfarrhelfer-Konvente auf Wehrbereichsebene, die darüber hinaus der notwendigen Absprache und Information über Aktuelles dienen, katholischerseits die jährlich stattfindenden Fortbildungskonferenzen, zu denen alle Pfarrhelfer eingeladen werden.

4.10 Ökumene

4.10.1 Ökumene in der Militärseelsorge

Die Beziehungen zwischen den beiden Kirchen, die Militärseelsorgedienst in der Bundeswehr leisten, geben logischerweise den Rahmen ab, in dem sich das christliche Zueinander der Militärseelsorgen entfaltet. Dies wird um so offensichtlicher, als die „Kirche unter Soldaten" als von den Konfessionen getragene und verantwortete Angebote organisiert werden. Die rechtliche und faktische theologische wie pastorale Unabhängigkeit der Kirchenämter und der Militärgeistlichen von den Streitkräften, die beim Aufbau der Militärseelsorge in der Bundeswehr von allen Parteien gewollt war, beseitigt historisch wohl aufgetretene Zwänge, selbst im eigentlich seelsorglichen Tun nicht mehr vertretbare Kompromisse im Hinblick auf die andere Konfession einzugehen. Aufgrund der besonderen Umstände in Deutschland bedeutete dies in früherer Zeit einen katholischerseits empfundenen Druck, verbindliche liturgische, disziplinäre und pastorale Richtlinien der eigenen Kirche dem militärischen Reglement oder auch einer protestantisch dominierten Alltagspraxis anpassen zu müssen.

Aufgrund der veränderten Rahmenbedingungen in der Militärseelsorge der Bundeswehr stellte sich dieses Problem jetzt grundsätzlich anders dar. Die Wahrung der allgemeinen kirchlichen Praxis war rechtlich gewährleistet. Die sich aus dem Dienstbetrieb der Streitkräfte ergebende Notwendigkeit, in technischer Hinsicht vieles gemeinsam zu planen und dann oft parallel durchzuführen, schafft natürlich alltägliche Kooperationsfelder, die in vergleichbarer Form und vor allem Intensität in den Ortsgemeinden nicht bestehen. Was jedoch in dieser Weise „kollegial" praktiziert wird, verdient noch nicht den Namen „Ökumene".

Erst die Fortschritte der innerprotestantischen ökumenischen Bewegung einerseits und die sich seit Ende der fünfziger Jahre abzeichnende Bereitschaft, den Prozeß der Annäherung der sich „ökumenisch" zusammenfindenden Kirchen der Reformation mit der katholischen Kirche als eigene und neue Qualität von Ökumene zu begreifen, vermittelten auch den beiden Militärseelsorgen theologische und geistliche Impulse, ihr gemeinsames Handeln unter spezifisch ökumenischen Aspekten zu begreifen. Das Zweite Vatikanische Konzil (1961 bis 1965) brachte dann den Durchbruch. Die Begegnung mit Christen anderer Konfession und ihren Gemeinschaften, in denen jetzt auch die katholische Kirche die eigentlich kirchlichen Elemente wieder zu sehen in der Lage war, wurde als Einladung aufgenommen, sich wechselseitig in der Förderung mit dem Ziel der vollkommenen Einheit zu ermutigen und auch dazu zu befähigen. Das Ökumenismus-Dekret des Konzils sieht in verantwortbaren Schritten auf die volle Einheit hin das Hinhören auf die „Zeichen der Zeit".

Schon vor Erlaß des „Ökumenischen Direktoriums" des römischen Einheitssekretariates vom Mai 1968 und den entsprechenden Erläuterungen der Deutschen Bischofskonferenz vereinbarten die beiden Militärbischöfe im April desselben Jahres Richtlinien für die Zusammenarbeit der Evangelischen und der Katholischen Militärseelsorge („Würzburger Richtlinien"), „die von dem Grundsatz ausgingen, daß die ökumenische Entwicklung im gesamtkirchlichen Raum im Bereich der Militärseelsorge maßgebliche Bedeutung haben müsse".[127]) Nach dreizehnjähriger Praxis erfuhren diese Richtlinien im März 1980 eine Überarbeitung.[128])

Die Richtlinien weisen darauf hin, daß die äußeren Umstände der Militärseelsorge und die Rücksichtnahme auf die Besonderheiten des militärischen Dienstes gegenseitige Unterrichtung, Unterstützung und gemeinsame Planung notwendig machen bzw. empfehlenswert erscheinen lassen. Als Grundlage dieser Kooperation wird die Vermeidung von Täuschung über nicht bestehende Übereinstimmung (etwa beim Abendmahl bzw. der Eucharistie), die Verminderung eines nivellierenden Interkonfessionalismus und die Wahrung notwendiger Eigenständigkeit genannt. Als Grundsatz für alle gemeinsamen Veranstaltungen gilt, daß diese nicht „interkonfessionellen", sondern „konfessionellen" Charakter haben sollen.

---

127) Vgl. VOBl. 3/1967, S. 13–15
128) Vgl. VOBl. 3/1980, S. 13–15

Für die Gottesdienste wurde zuerst festgestellt, daß sie aufgrund ihres Wesens bekenntnisgebunden sind. Militärgeistliche halten darum Gottesdienste regelmäßig für die Angehörigen ihres Bekenntnisses – und zwar an Sonn- und Feiertagen wie bei militärischen Übungen oder im Fall der Standortgottesdienste – getrennt. Bei parallel stattfindenden Gottesdiensten werden Fürbitten des Gebets und ggf. gemeinsame Schriftworte und Themen für die Predigt angeraten. Weiterhin wird mit Blick auf die Praxis in Landeskirchen und Bistümern die Feier ökumenischer Wortgottesdienste vorgeschlagen. Als mögliche Themen werden die Einheit im Glauben, Gerechtigkeit und Frieden angeführt. Anlässe für solche ökumenischen Gottesdienste werden vorrangig in solchen Situationen gesehen, in denen Volk oder Gemeinschaft gemeinsam danken oder bitten. Die Militärgeistlichen beider Kirchen sollen derartige Wortgottesdienste gemeinsam planen, leiten und durchführen.

Eine weitere Möglichkeit qualifizierten ökumenischen Tuns sehen die Richtlinien im gemeinsamen Beten aus verschiedenen Anlässen, auch in gemeinsamer Teilnahme am ökumenischen Gebet außerhalb der Militärseelsorge.

Es fehlt nicht ein Hinweis auf den für die Mannschaften konfessionell erteilten Lebenskundlichen Unterricht, für den jedoch die grundsätzlich gleiche Thematik für beide Konfessionen vorgesehen ist, wie auf die Arbeitsgemeinschaften für Offiziere und Unteroffiziere, die von den Militärgeistlichen gemeinsam bestritten werden. Die Möglichkeit gemeinsam vorbereiteter und geleiteter Arbeitstagungen zu mit dem Soldatenberuf zusammenhängenden Sinn- und Lebensfragen etwa an kirchlichen Akademien werden ebenfalls angeführt. An bestimmten Rüstzeiten bzw. Exerzitien/Werkwochen können bekenntnisverschiedene Eheleute teilnehmen. Die die Richtlinien bestimmende Grundintention besteht darin, daß die Gemeinsamkeiten zwischen den Christen und ihren Kirchen stärker bewußt, die Notwendigkeit der Überwindung von Hindernissen, soweit sie sich theologisch begründen läßt, anerkannt und die Forderung wechselseitigen Respekts im Glauben eingelöst werden. Gemeinsames Handeln von Christen und kirchlichen Amtsträgern wird nicht durch bloße Organisation oder technische Gesichtspunkte ökumenische Qualität gewinnen; es kommt letztlich und wesentlich darauf an, daß gewonnene und dann zu bezeugende Einheit aus der Kraft herauswächst, die die Kirchen – in oft historisch bedingt unterschiedlichen Formen – geistig und geistlich bestimmt.

Geduld ist vor allem dann angezeigt, wenn von außen herangetragene oder sehr stark von einer Seite favorisierte Erwartungen an einen Partner nicht oder noch nicht erfüllt werden können. Durch zahlreiche konfessionsverschiedene Ehen mit ihrer besonderen, der Militärseelsorge durchaus bewußten Not, aber auch einen zumal in der Öffentlichkeit sichtbar werdenden zunehmenden Verlust konfessioneller Identität vieler Christen werden Erwartungen laut in Richtung auf ein ökumenisch gedachtes Engagement, dem eine theologische und spirituell tragfähige Grundlage fehlt. Nicht übersehen werden darf dabei die Tatsache, daß die innere Geschlossenheit bzw. der Pluralismus in theologischen, geistlichen und pastoralen Fragen wie ihre spezifische ökumenische Wertung in beiden Kirchen erhebliche Unterschiede aufweist. Gerade in dieser Situation kommt es aber darauf an, auf möglichst vielen Ebenen und an vielen Orten die schon gewonnene ökumenische Praxis zu erhalten und theologisch wie geistlich zu vertiefen. So halten etwa die beiden Kirchenämter seit vielen Jahren gemeinsame monatliche Referatsleiterbesprechungen ab, die sinnigerweise – und sehr bewußt – „Routinesitzung" genannt werden. Hier werden jedoch nicht nur Verwaltungsprobleme erörtert, sondern auch ökumenisch relevante Grundsatzfragen. Alle Beteiligten, die gemeinsames Handeln von Christen in den Streitkräften, aus welchen Motiven auch immer, für wünschenswert halten, würden ihren Interessen und der Förderung wahrer Ökumene am meisten dienen, wenn die theologischen Dimensionen selbst in einem offenen Dialog verstärkt zur Sprache kämen.

4.10.2 Ökumenische Beziehungen der evangelischen Militärseelsorge

Neben den ökumenischen Beziehungen zur katholischen Militärseelsorge waren für die evangelische Militärseelsorge von Anbeginn die Beziehungen zu den protestantischen Militärseelsorgen der deutschsprachigen Nachbarländer, der NATO-Verbündeten und darüber hinaus der europäischen Länder überhaupt besonderes Anliegen. Schon im November 1957 fand in der Akademie Sankelmark eine erste internationale Offizierrüstzeit statt, der im Februar 1959 eine zweite folgte. Weihnachten 1958 fand in Fontainebleau der erste ökumenische Weihnachtsgottesdienst statt, an dem Mitglieder der französischen, deutschen, amerikanischen und kanadischen Soldatengemeinde teilnahmen.

Heute gehören internationale Offizier- und Unteroffizier-Rüstzeiten zum selbstverständlichen Jahresprogramm verschiedener Wehrbereiche. Dabei haben sich aufgrund auch der örtlichen Gegebenheiten besonders enge Beziehungen einzelner Wehrbereiche zu ausländischen Militärseelsorgen herausgebildet:
des Wehrbereiches VI zur österreichischen evangelischen Militärseelsorge, des Wehrbereiches V zur französischen, des Wehrbereiches IV zur schweizerischen und des Wehrbereiches III zur niederländischen Militärseelsorge.

Zur sehr kleinen österreichischen evangelischen Militärseelsorge bestehen darüber hinaus besonders enge Verbindungen bis hinein in die Unterstützung der Arbeit der Amtsbrüder. Ähnlich enge Kontakte gibt es zur niederländischen evangelischen Militärseelsorge. Einmal im Jahr findet ein längerer Erfahrungsaustausch zwischen den Leitungen beider Militärseelsorgen, abwechselnd in der Bundesrepublik und in den Niederlanden, statt.

Höhepunkte dieser Ökumene unter den Soldaten ist das internationale Soldatentreffen, zu dem die französische protestantische Militärseelsorge jährlich nach Südfrankreich einlädt. Das erste Treffen dieser Art fand 1962 in Musée du Desert statt, jenem Ort der Zuflucht für französische Protestanten in der Zeit der Glaubensverfolgung.

Drei deutsche Militärpfarrer und 95 Soldaten nahmen an diesem ersten Treffen teil, im folgenden Jahr waren es bereits 500 Soldaten. Nach einer durch interne französische Probleme bedingten Pause in den 70er Jahren findet dieses Treffen nun wieder jährlich unter Beteiligung von etwa 90 deutschen und insgesamt 500 internationalen Teilnehmern in der Nähe von Musée du Desert statt. Ein theologisches Thema, Bibelarbeiten in kleinen Gruppen, ökumenische Gottesdienste, Besichtigung der Stätten des französischen Protestantismus, viel Zeit für Kommunikation und Gedankenaustausch und ein ökumenischer Abendmahlsgottesdienst an der historischen Stätte in Musée du Desert sind feste Bestandteile dieses viertägigen Soldatentreffens.

Ein weiterer Schwerpunkt dieser ökumenischen Arbeit sind die ökumenischen Konferenzen, zu denen der Evangelische Militärbischof seit 1978 jährlich Militärgeistliche und Stabsoffiziere in das ökumenische Institut Bossey bei Genf (Schweiz) einlädt. Hier beschäftigen sich die Teilnehmer aus den europäischen Ländern und den USA mit Themen der Friedensethik. Gleichzeitig dienen diese Konferenzen der Begegnung der Militärseelsorge mit dem Ökumenischen Rat der Kirchen in Genf, aber auch mit den anderen ökumenischen Einrichtungen, der Konferenz Europäischer Kirchen, dem Lutherischen und Reformierten Weltbund. Wenn irgend möglich ist der Generalsekretär des Ökumenischen Rates der Kirchen zu einem ausführlichen Gespräch mit den Konferenzteilnehmern bereit. Diese Konferenzen verstehen sich auch als Beitrag der Militärseelsorge zur Arbeit des Ökumenischen Rates der Kirchen am Thema „Friedensethik".

Genf bietet durch den Ökumenischen Rat der Kirchen auch die Möglichkeit der Begegnung mit Kirchenvertretern aus dem östlichen Teil Europas und aus der Sowjetunion.

Es ist eine gute und ständige Einrichtung der evangelischen Militärseelsorge geworden, daß Vertreter der ausländischen Militärseelsorgen zu den jährlichen Gesamtkonferenzen der evangelischen Militärpfarrer eingeladen werden. Alle diese Beziehungen dienen auch dem Austausch über unterschiedliche Probleme und unterschiedliche Strukturen der Militärseelsorgen in den verschiedenen Ländern, wobei die Struktur der deutschen Militärseelsorge immer wieder ein besonderes Thema ist.

Zu erwähnen sind auch die jährlichen Konferenzen der Leitenden Militärgeistlichen der Luftwaffe und der Marine der Bündnispartner. Diese Konferenzen schließen nicht nur die katholische Militärseelsorge ein, sondern auch, wo vorhanden, die jüdische. Die Konferenzen finden jährlich in einem anderen Land statt. In Deutschland werden sie jeweils von beiden Zweigen der Militärseelsorge ausgerichtet. Sie dienen dem Erfahrungsaustausch, der Besprechung von aktuellen und strukturellen Problemen und sollen zugleich einen Eindruck von dem Land vermitteln, in dem jeweils diese Konferenz stattfindet.

Konkrete Bedeutung bekommen alle ökumenischen Beziehungen bei den Übungen und Manövern, an denen nicht nur Bundeswehrsoldaten, sondern auch in Deutschland im Rahmen der NATO stationierte Soldaten teilnehmen. In bezug auf diese ökumenische Zusammenarbeit konnten 1980 nach längeren Verhandlungen zwischen der evangelischen und katholischen Militärseelsorge und der Militärseelsorge der US-Army Europe „Richtlinien für die Zusammenarbeit (interoperability) zwischen der evangelischen und katholischen Militärseelsorge der Bundeswehr im Bereich des Heeres und der Militärseelsorge der US-Army Europe (USAREUR)" verabschiedet werden.

Sie sprechen von einer engen und umfassenden Zusammenarbeit, die sich im Gedankenaustausch, gemeinsamer Planung, gegenseitiger Hilfe und kooperativer Durchführung pastoraler Aufgaben vollzieht. Nach einer kurzen Darstellung der unterschiedlichen Strukturen der Militärseelsorge in der Bundeswehr und der Militärseelsorge in der US-Army wird zur konkreten Zusammenarbeit ausgeführt, daß, wenn eine Betreuung durch die jeweilige nationale Militärseelsorge nicht möglich ist, sie durch Zusammenarbeit nach diesen Richtlinien sichergestellt werden soll. „Zu Übungszwecken kann bei geeigneter Gelegenheit jederzeit danach verfahren werden (2-1)." Anträge auf Zusammenarbeit werden von amerikanischer Seite an den dienstaufsichtsführenden zuständigen Militärgeistlichen, von deutscher Seite an den Kommandeur des entsprechenden US-Verbandes gestellt. Zuordnungen und dienstrechtliche Zuständigkeiten bleiben für alle Seiten unberührt.

Diese Richtlinien sind gegenwärtig in der Erprobung und spielen vor allem eine Rolle bei Übungen, an denen Soldaten der US-Army beteiligt sind. Die Richtlinien wurden auf deutscher Seite neben den beiden Militärbischöfen auch vom Inspekteur des Heeres mitunterzeichnet.

4.11 Besondere Einrichtungen

4.11.1 Die Evangelische Arbeitsgemeinschaft für Soldatenbetreuung (EAS)

Die Evangelische Arbeitsgemeinschaft für Soldatenbetreuung geht als Mitglied der Dachorganisation „Bundesarbeitsgemeinschaft für Soldatenbetreuung" ebenfalls auf die Anfänge der Bundeswehr zurück. Es war für die Bundeswehr von Anfang an klar, daß sie den Soldaten auch außerhalb der Dienstzeit in vertretbarem Umfang Fürsorge und Betreuung schulde. Dabei ging es vor allem um ein sinnvolles Angebot zur Freizeitgestaltung für die Wehrpflichtigen. Im Mittelpunkt der Überlegungen standen jene Standorte, die aufgrund ihrer geographisch abseitigen Lage oder, weil sie in bezug auf Freizeit keine Angebote machen konnten, für die Freizeitgestaltung der Soldaten besondere Probleme mit sich brachten.

Auch in dieser Frage trug man im Zusammenhang mit dem Aufbau der Militärseelsorge die Wünsche an die Kirchen heran. Man vertraute auf deren Erfahrung im diakonischen bzw. caritativen Bereich und auf eine Institution, die wie keine andere Erfahrungen in der Jugendarbeit und Erwachsenenbildung hatte. Auch in dieser

Beziehung erklärten Staat und Kirche ihre gemeinsame Mitverantwortung für den Staatsbürger in Uniform.

Von Anfang an konkretisierte sich das Gespräch auf den Bau und den Betrieb von Soldatenheimen. Dabei war man sich klar, daß die Trägerschaft solcher Heime weder von staatlicher noch von kirchlicher Seite übernommen werden sollte, sondern das eigenständige Institutionen geschaffen werden sollten, für die beide Seiten verantwortlich sein sollten. So entstand die Evangelische Arbeitsgemeinschaft für Soldatenbetreuung, die heute mit der Katholischen Arbeitsgemeinschaft für Soldatenbetreuung, der Arbeiterwohlfahrt (seit 1976) und dem Deutschen Bundeswehrverband als inaktivem Mitglied (er betreibt keine Soldatenheime) die Bundesarbeitsgemeinschaft für Soldatenbetreuung bilden. Mit dem Bund einigte man sich, daß der Bau der Soldatenheime durch langfristige, zinslose Darlehen abgesichert werden sollte. Betrieb, Ausrichtung und Gestaltung der Arbeit der Soldatenheime sollte von seiten der Kirche getragen werden. Dafür werden der Arbeitsgemeinschaft für Evangelische Soldatenbetreuung über den Sonderhaushalt für die Evangelische Militärseelsorge die Mittel aus Soldatenkirchensteuern zur Verfügung gestellt.

Mit der katholischen Kirche wurde Einigkeit erzielt, daß jeweils die Arbeitsgemeinschaft die Trägerschaft übernehmen solle, deren Konfession in der betreffenden Region am stärksten vertreten sei.

In den „Richtlinien für die Arbeit in den Soldatenheimen der EAS“, die der Evangelische Militärbischof 1980 erließ, wird das Angebot der Soldatenheime als notwendiger Bestandteil des Dienstes der Militärseelsorge bezeichnet. Die Militärpfarrer werden dadurch hinsichtlich eines Freizeitangebotes für die Soldaten entlastet, wirken jedoch über die Mitgliedschaft in den Kuratorien der Soldatenheime an der Gestaltung des Heimlebens mit. Nach den Richtlinien ist das Angebot der Soldatenheime ein Beitrag zur Verwirklichung des Menschen, der nach dem Bilde Gottes geschaffen ist und nach diesem Bild leben soll. Maßstäbe für die Formen und Inhalte dessen, was in den Soldatenheimen geschieht, werden durch die Verkündigung des Evangeliums und die lebendige Begegnung mit der Bibel gesetzt. Für den Wehrpflichtigen sollen die Soldatenheime ein besonderer Beitrag zur Bewältigung seiner Situation sein, für die Zeit- und Berufssoldaten Ort der Integration unter der besonderen Bedingung des häufigen Versetztwerdens. Für beide ist das Soldatenheim immer zugleich Ort der Begegnung mit den Nicht-Soldaten.

Die Evangelische Arbeitsgemeinschaft für Soldatenbetreuung ist seit 1981 ihrerseits Mitglied des Diakonischen Werkes der Evangelischen Kirche in Deutschland. Damit wird nicht nur der diakonische Ansatz der Arbeit in den Soldatenheimen unterstrichen, sondern auch die Gemeinnützigkeit der EAS.

Die Evangelische Arbeitsgemeinschaft für Soldatenbetreuung besteht aus den nach Wehrbereichen gegliederten Landesarbeitsgemeinschaften. Mitglieder sind zusätzlich der CVJM-Gesamtverband und die Männerarbeit der EKD.

Die 40 Heime, die von der EAS betrieben werden, wurden 1982 von 1014400 Soldaten und von 863400 Zivilisten besucht. Dazu kamen 19900 Angehörige der verbündeten Streitkräfte, für die diese Heime von Anfang an mitgedacht waren. Bei den in Anspruch genommenen Angeboten rangierten die Wettbewerbe (Kegeln, Skat) und Interessengemeinschaften mit 26551 besonderen Veranstaltungen 1982 an der Spitze. Es folgen die Filmvorführungen, die Tanz- und Disco-Veranstaltungen und bunten Abende, Truppenveranstaltungen, kirchliche Veranstaltungen, Veranstaltungen für Frauen und Kinder, Ausstellungen und kulturelle Veranstaltungen. Die Soldatenheime haben eigene Gaststätten, in denen laut Richtlinien jedoch kein Verzehrzwang besteht, so daß sie vor allem Orte der Kommunikation und des Gesprächs sind.

Verantwortlich für die Gestaltung des Angebots sind die von der EAS eingesetzten Heimleiter und deren Ehefrauen. Sie haben das Hausrecht. Sie sind jedoch angewiesen, die Beratung und Unterstützung der Kuratorien ihrer Soldatenheime in Anspruch zu nehmen. Die EAS sorgt gegebenenfalls durch eine entsprechende Ausbildungsanforderung dafür, daß die Heimleiter ihren Aufgaben voll gerecht werden können.

4.11.2 Katholische Arbeitsgemeinschaft für Soldatenbetreuung (KAS)

Die Anfänge der Katholischen Arbeitsgemeinschaft für Soldatenbetreuung gehen auf die grundsätzliche Billigung von Vorschlägen für eine katholische Betreuungsorganisation im Rahmen der Gesamtkonzeption der Militärseelsorge durch den ersten Militärbischof für die Bundeswehr, Kardinal Joseph Wendel, vom 3. Februar 1956 zurück. Konkrete Leitbilder für die Einrichtung von Soldatenstuben und Soldatenfreizeitheimen hatte man am „Indonesien-Modell“ der Niederländischen Streitkräfte gewonnen. Am 4. Oktober 1956 erfolgte dann die Gründung der KAS als eingetragener Verein mit Sitz in Bonn, deren erster Vorsitzender für über 20 Jahre der damalige Generalsekretär des Zentralkomitees der deutschen Katholiken und spätere nordrheinwestfälische Landtagspräsident Heinrich Köppler wurde.

Der Zweck des Vereins besteht satzungsgemäß in der „Förderung und Einrichtung von Maßnahmen und Veranstaltungen zur geistigen, sittlichen und religiösen Betreuung der Soldaten der Deutschen Bundeswehr und ausländischer Soldaten, die in der Bundesrepublik Deutschland stationiert sind, außerhalb des militärischen Dienstes“. Der Verein verfolgt ausschließlich und unmittelbar gemeinnützige und kirchliche Zwecke. Gewinne, die vor allem in dem eingegliederten beschränkten Wirtschaftsbetrieb entstehen können (aber faktisch in der Regel nicht entstehen), dürfen nur für satzungsgemäße Zwecke verwandt werden.

Die ersten Soldatenstuben entstanden mit Mitteln des Bundesjugendplanes und des Katholischen Militärbischofs in Ellwangen, Faßberg und Aurich. Das Bundesministerium der Verteidigung verhielt sich hinsichtlich der Betreuung von Soldaten durch freie Träger zuerst abwartend. Für den Militärbischof und die von ihm um Mitwirkung angesprochenen Stellen der Diözesen hing für ein entsprechendes Engagement hingegen alles davon ab, daß die Unabhängigkeit der kirchlichen Betreuung sichergestellt war. Auf Einladung von Militärbischof Wendel gelang es in den ersten Jahren auch, sowohl eine Reihe von Diözesen als auch katholische Verbände an der KAS zu beteiligen. Es kam ebenfalls zur Gründung von Landesarbeitsgemeinschaften für Soldatenbetreuung.

Das Bundesverteidigungsministerium war schließlich bereit, dieses Konzept mitzutragen. Mit Erlaß vom 6. Oktober 1962 wurden vorläufige Richtlinien für die Errichtung, Betreuung und Bewirtschaftung von Soldatenfreizeitheimen veröffentlicht. Durch Erlaß vom 25. April 1966 wurden diese vorläufigen Richtlinien aufgehoben. Zugleich wurde bestimmt, daß Betreuungseinrichtungen zum Wohle der Soldaten der sinnvollen Freizeitpflege und der Herstellung von Kontakten zur Zivilbevölkerung dienen sollten. Als überparteiliche Einrichtungen wurde hier eine bestimmte Art politischer Einflußnahme ausgeschlossen; zugleich wurde hinsichtlich der zugelassenen Besucher auf eine konfessionelle Beschränkung verzichtet. In diesem Sinne werden in den Soldatenheimen, die außerhalb der Kasernen errichtet wurden, gesellschaftliche, bildende, kulturelle und religiöse Programme angeboten. Für Fragen der Organisation und der Programmgestaltung verfügen die einzelnen Heime über Kuratorien, denen neben Soldaten noch Vertreter des kirchlichen und öffentlichen Lebens sowie der katholischen Militärseelsorge angehören. Der Truppe wurde durch die genannten Erlasse des BMVg eine enge Zusammenarbeit mit den Soldatenheimen empfohlen. Durch zinslose Darlehen ermöglichte der Bund den Bau der Soldatenheime, an dem sich finanziell außerdem in der Regel neben der KAS die jeweiligen Bistümer und die Kommunen beteiligen. Für die Betreuungsmaßnahmen selbst stehen gesonderte Haushaltsmittel zur Verfügung.

Die KAS, die – wie schon bei der Darstellung der Evangelischen Arbeitsgemeinschaft für Soldatenbetreuung gesagt – der Bundesarbeitsgemeinschaft für Soldatenbetreuung (BAS) angehört, unterhielt Ende 1982 27 Soldatenheime. Es läßt sich jedoch nicht leugnen, daß die Konzeption der Soldatenheime insgesamt schon seit Jahren Probleme mit sich bringt. Der Bundesrechnungshof hatte im Sommer 1969 grundsätzliche Bedenken geltend gemacht. Er bezeichnete die Heime als Fehlentwicklung, bezweifelte ihre Notwendigkeit und kritisierte die Angemessenheit ihres Umfangs und die Art ihrer Bewirtschaftung. Trotzdem postulierte das Weißbuch 1970 den Bau von weiteren rund 200 Soldatenheimen, eine Zahl, die nach eingehenden Prüfungen durch die interministerielle Betreuungskommission vor Ort in den Folgejahren auf 80 bis 90 korrigiert wurde, um dann im Kern ganz fallengelassen zu werden. Der Grundsatzerlaß des Bundesministers der Verteidigung vom 27. Januar 1977 zur Soldatenheim-Planung ist ein deutliches Zeichen dieser Wende. Dahinter stehen grundlegende Veränderungen der Bedingungen des Dienstes vor allem der Hauptzielgruppe, an die sich das Angebot der Soldatenheime wendet. Die heutige Dienstplangestaltung erlaubt insbesondere den Grundwehrdienst leistenden Soldaten wenigstens die wöchentliche Heimfahrt – und zwar über das Wochenende –, d.h. jenen Zeitraum, auf den die Programme der Heime hauptsächlich eingestellt waren. Durch die Motorisierung und heimatnahe Einberufung schwindet auch während der Woche der Anteil jener Soldaten, die – bei einem ohnehin nur schwer motivierbaren Interesse für kulturelle oder ähnliche Veranstaltungen – überhaupt als Besucher der Soldatenheime in Frage kommen. Die neuen Strukturen bundeswehreigener Betreuungsmaßnahmen im Kasernenbereich erweisen sich zunehmend als zusätzlich wirksam werdender Faktor. Erhebliche Unterhaltskostendefizite und auf das ganze gesehen zurückgehende Zahlen soldatischer Besucher und Nutzer machen neue konzeptionelle und programmstrukturelle Ansätze erforderlich.

Während die Evangelische Arbeitsgemeinschaft für Soldatenbetreuung durch einen Vertrag mit der EKD Soldatenheime im Sinne des diakonischen Auftrages der Evangelischen Kirche als Betreuungseinrichtungen für Soldaten mit einer Richtlinienkompetenz des Evangelischen Militärbischofs versteht, hält die KAS am bisherigen Konzept der Trennung von der katholischen Militärseelsorge fest. Daran ändert auch die Tatsache nichts, daß der Katholische Militärbischof schon im Jahre 1977 die Schirmherrschaft über die KAS übernommen hat. Seit Anfang 1984 gehört die KAS als Fachverband dem Deutschen Caritas-Verband an und nimmt insofern in der Unterhaltung ihrer Einrichtungen Aufgaben der Caritas der katholischen Kirche wahr. Sie arbeitet in diesem Rahmen auch mit jenen diözesanen Caritas-Verbänden zusammen, in denen sich ihre Soldatenheime befinden.

4.11.3 Elternwerk der Katholischen Militärseelsorge

Die Kirche sieht es traditionellerweise als eine ihrer Aufgaben an, Eltern bei der Erziehung ihrer Kinder zu unterstützen und am Erziehungsprozeß, insofern er öffentlicher Mitverantwortung unterliegt, aktiv teilzunehmen. Die der seelsorglichen Leitung des Katholischen Militärbischofs anvertrauten Soldatenfamilien sind in Fragen der Kindererziehung besonderen Belastungen ausgesetzt, die in erster Linie mit den Bedingungen des Dienstes der Väter zusammenhängen. In verschiedenen Formen der Familienseelsorge, Erziehungsberatung u.ä. bietet die Militärseelsorge Hilfe an. In besonders gelagerten Ausnahmefällen, etwa in manchen Einödstandorten oder im Ausland, unterhält das im Jahre 1972 als eingetragener Verein gegründete „Elternwerk der Katholischen Militärseelsorge" Kindergärten, wo ein öffentlicher Kindergarten fehlt und aus strukturellen Gründen die kirchliche Trägerschaft der örtlichen Pfarrei oder dem Bistum nicht zuzumuten ist und auch ein kommunaler Träger aus ähnlichen Gründen nicht zu finden war.

Nach der Satzung ist Zweck des Vereines, die Eltern im Bereich der katholischen Militärseelsorge bei der Erziehung ihrer Kinder mit entsprechenden personellen Maßnahmen und sachlichen Einrichtungen zu unterstützen und den laufenden Betrieb dieser Einrichtungen sicherzustellen. Nach diesem Satzungszweck müssen die die Einrichtung besuchenden Kinder im wesentlichen Soldatenkinder sein. In der Regel soll ihr Anteil ca. 75% betragen. Wie von Kindergärten in der Trägerschaft der evangelischen Kirche und ihrer Einrichtungen auch Kinder von katholischen Soldaten aufgenommen werden, nehmen die Kindergärten des Elternwerkes auch Kinder nicht-katholischer Soldaten, aber ebenso – im Rahmen des genannten Kontingentes – von Zivilbediensteten der Bundeswehr oder Nicht-Bundeswehrangehörigen auf. Bei jedem örtlichen Kindergarten ist ein Kuratorium, das beratende Aufgaben wahrnimmt, eingerichtet, dem der zuständige Standortpfarrer vorsteht.

Kindergärten des Elternwerkes befinden sich in Erding, Fritzlar, Hammelburg, Hemau, Kaufbeuren, Murnau, Nörvenich und Cagliari/Sardinien (Stand: 31. 12. 1983). Sie werden von ca. 420 Kindern besucht.

Der Sitz des als gemeinnützig anerkannten Vereins ist Bonn. Die Geschäftsführung liegt beim Generalvikariat des Katholischen Militärbischofs, aus dessen kirchlichen Mitteln die mit der Vereinstätigkeit verbundenen Kosten im wesentlichen bestritten werden.

4.11.4 Institut für Theologie und Frieden (IThF)

Schon während des Zweiten Vatikanischen Konzils hatte der damalige Katholische Militärbischof, Bischof Dr. Hengsbach von Essen, maßgeblich an der Erarbeitung des V. Kapitels des zweiten Teils der Pastoralkonstitution „Gaudium et spes" mitgewirkt, in dem es um die „Förderung des Friedens und den Aufbau der Völkergemeinschaft" geht. Derselbe Militärbischof und Vertreter der Militärseelsorge wie der Gemeinschaft katholischer Soldaten haben Beiträge zum Beschluß „Der Beitrag der katholischen Kirche in der Bundesrepublik Deutschland für Entwicklung und Frieden" der Gemeinsamen Synode der Bistümer in Würzburg (1971 bis 1975) geleistet.

Militärgeneralvikar a.D. Dr. Martin Gritz gehört seit 1968 dem Katholischen Arbeitskreis Entwicklung und Frieden (KAEF), der jetzigen Deutschen Kommission Justitia et Pax, an und leitet seit 1971 als Ständiger Vertreter des Vorsitzenden dessen „Ständigen Ausschuß ‚Dienst für den Frieden'". Zu den Mitgliedern dieses Ausschusses zählen neben Vertretern von Pax Christi, des KAEF, der Gemeinschaft katholischer Soldaten (GKS), des Bundes der Deutschen Katholischen Jugend (BDKJ), der Zivildienstseelsorge, der Katholischen Arbeitsgemeinschaft für Kriegsdienstverweigerung und Zivildienst (KAK), der Konferenz der Leiter der Seelsorgeämter und Fachleuten auch weitere Vertreter der Militärseelsorge.

Alle diese Initiativen und Aufgaben dienen auch wesentlich dem Zweck, daß die unmittelbar „betroffenen" Institutionen und Organisationen der katholischen Kirche in der Bundesrepublik Deutschland die Grundsätze der kirchlichen Friedenslehre übereinstimmend auslegen und in praktischer Kooperation umsetzen. Dabei erwies sich immer wieder die Notwendigkeit, grundsätzliche und praktische Fragen theologisch vertieft anzugehen. Die Tatsache, daß die deutsche katholische Universitätstheologie den damit zusammenhängenden Problemen über viele Jahre hin kaum Aufmerksamkeit schenkte, ließ bei allen Beteiligten eine konzentrierte Förderung der Forschung auf diesem Gebiet als Desiderat erscheinen.

Eine konkrete Initiative ergriff im Jahre 1977 Professor DDr. Ernst Josef Nagel, Inhaber der Professur für katholische Theologie unter besonderer Berücksichtigung der Sozialethik an der Hochschule der Bundeswehr Hamburg. Nagel, der selbst zuvor als Militärgeistlicher im Katholischen Militärbischofsamt und als katholischer Standortpfarrer in Essen gewirkt hatte, und dem Ständigen Ausschuß „Dienste für den Frieden" angehört, verband die Erfahrungen aus der katholischen Gremienarbeit mit denen der Lehrerfordernisse im Rahmen der Studien der jungen Offiziere bzw. Offizieranwärter. Er schlug dem Katholischen Militärbischofsamt die Einrichtung eines wissenschaftlichen Instituts vor, das sich – in Unterscheidung von bereits bestehenden Friedensforschungsinstituten – mit theologischen Forschungen zum Frieden und eng damit zusammenhängenden philosophischen, geisteswissenschaftlichen und historischen Problemstellungen befassen sollte. Dieser Gedanke wurde von Militärgeneralvikar Dr. Gritz nachdrücklich gefördert und von Militärbischof Dr. Hengsbach positiv aufgenommen. Nachdem Verhandlungen mit dem Bistum Osnabrück und der Katholischen Akademie Hamburg, die institutionelle, sachliche und personelle Formen einer Kooperation zum Ziel hatten, nicht zum gewünschten Erfolg führten, gründete schließlich unter dem Datum des 15. Juli 1978 der neue Militärbischof, Erzbischof Dr. Kredel, der sich sofort für das Projekt entschied, das „Institut für Theologie und Frieden" mit Sitz in Barsbüttel bei Hamburg. Zum ersten – ehrenamtlichen – Leiter wurde Professor DDr. Nagel, zum Geschäftsführer sein Wissenschaftlicher Mitarbeiter an der Hochschule der Bundeswehr Hamburg, Harald Oberhem, berufen.

Seit 1978 befindet sich das Institut im Aufbau. Seine vorrangigen Aufgaben nach den vom Katholischen Militärbischof erlassenen Statuten sind:

a) theologische und für die theologische Forschung bedeutsame Literatur zum Thema Frieden zu erwerben, zu dokumentieren und für Forschungszwecke zugänglich zu machen;

b) mit entsprechenden nationalen und internationalen Forschungs- und Dokumentationsstellen zu kooperieren;

c) theologische und für die Theologie bedeutsame Forschung zum Thema Frieden zu fördern.

Träger des IThF als einer rechtlich unselbständigen kirchlichen Einrichtung ist das Generalvikariat des Katholischen Militärbischofs. Die Genehmigung von Forschungsprogrammen und Publikationsvorhaben, Beschlußfassung über den Haushaltsentwurf sowie in sonstigen Grundsatzfragen obliegt dem Kuratorium des Instituts, dem der Militärgeneralvikar vorsteht. Für die Verwirklichung der Institutszwecke und die Durchführung seiner Aufgaben ist der Leiter verantwortlich, der dabei von einem hauptamtlichen Geschäftsführer unterstützt wird. Zur Förderung der Arbeit des IThF durch aktive Anregungen und Beratungen wurde durch den Militärbischof ein Wissenschaftlicher Beirat berufen, dem namhafte Fachgelehrte des In- und Auslandes angehören.

In den wenigen Jahren seines Bestehens sind aus der Arbeit des Instituts eine Reihe von Publikationen, darunter zuletzt eine auf einem umfassenden EDV-gestützt aufgebauten Thesaurus basierende Monographienbestandsbibliographie, hervorgegangen. Beachtung fanden auch die seit 1982 jährlich durchgeführten wissenschaftlichen Symposien, bei denen Vertreter der theologischen und empirischen Wissenschaften mit „Praktikern" aus Kirche, Staat und Gesellschaft Fragen der Umsetzung der kirchlichen Friedenslehre berieten. Für die Zukunft ist neben der Realisierung eigener Forschungsprojekte auch eine verstärkte Dienstleistung bei der Forschungsunterstützung beabsichtigt. Interessenten mit wissenschaftlichen Problemstellungen aus den Bereichen der Theologie und Philosophie des Friedens können sich zu diesem Zweck an das IThF wenden.[129])

4.12 Christliche Soldatenvereinigungen

4.12.1 Die Cornelius-Vereinigung (CoV)

Die Cornelius-Vereinigung leitet ihren Namen von dem in Apostelgeschichte 10 erwähnten „Hauptmann Cornelius" ab, der als römischer Soldat auf Befehl des Petrus getauft wurde. Ihren Ursprung hat die CoV in einem Kreis gläubiger Offiziere, der sich zu Beginn dieses Jahrhunderts durch die missionarische Tätigkeit von Generalleutnant Georg von Viebahn bildete. 1930 kam Rittmeister Hans Graf von Kanitz mit diesem Kreis zusammen. Um ihn sammelten sich christliche Offiziere, die sich angesichts der Ideologie des Dritten Reiches für die Sache Christi einsetzen wollten. 1940 wurde ein Rundbrief herausgegeben, der wegen der „sternförmig" aus allen Richtungen des Feldes hereinkommenden Nachrichten „Sternbrief" genannt wurde. Diese Briefe wurden von Hand zu Hand weitergegeben und waren für viele Offiziere „geistliche Nahrung".

Graf von Kanitz wurde 1944 verhaftet, aufgrund einer Denunziation seines Postens in der Armee enthoben und in Berlin in Einzelhaft gehalten. 1945 wurde er von den Engländern befreit. 1946 konnte der erste Sternbrief wieder versandt werden. Der Kreis gab sich in diesem Jahr den Namen „Korneliusbruderschaft". Mit der Aufstellung der Bundeswehr wandte sich die Korneliusbruderschaft wieder ihren eigentlichen Aufgaben in enger Zusammenarbeit mit der evangelischen Militärseelsorge zu. 1957 änderte sie ihren Namen in „Christliche Offizier-Vereinigung (Korneliusbruderschaft)". Seit 1978 nennt sie sich Cornelius-Vereinigung (CoV). Die CoV ver-

[129]) Anschrift:
Institut für Theologie und Frieden, Erlenring 3c, Postfach 1246, 2000 Barsbüttel

steht sich als Vereinigung von Christen aller Dienstgrade in der Bundeswehr, die mit der evangelischen Militärseelsorge zusammen „Kirche unter den Soldaten“ bauen und sein möchten. Ihr Ziel ist es, nach dem Evangelium im Alltag des Soldaten zu leben und Kameraden zu einem Leben im Glauben zu ermutigen. Aufgabe ist die Pflege persönlicher Kontakte unter den Soldaten, die Christen sind, Pflege der Verbindung zu ähnlichen Gruppen im Ausland und Unterstützung von diakonischen und missionarischen Vorhaben im In- und Ausland.

Die Mitglieder der CoV treffen sich an den Standorten zu Gesprächskreisen, Bibelstudium, möglichst zusammen mit dem evangelischen Standortpfarrer. Neben den Mitgliedern besteht ein Freundeskreis. Geleitet wird die CoV von einem gewählten Vorstand.

Die CoV gehört zur Association of Military Christian Fellowships (AMCF), dem internationalen Zusammenschluß evangelischer Soldatenvereinigungen. Dieser Weltbund christlicher Offiziervereinigungen führt alle vier Jahre Konferenzen in Form von Rüstzeiten durch. Aber auch darüber hinaus wird der Kontakt und Erfahrungsaustausch durch Besuche, Auslandskommandos und andere Veranstaltungen gepflegt.

Um Christen in den Armeen auch solcher Länder zu erreichen, in denen organisierte christliche Soldatenvereinigungen nicht möglich oder erlaubt sind, bildete sich 1973 die Association for Christian Conferences, Teaching and Service (ACCTS), deren europäische Untergruppe ihr Wirkungsgebiet vor allem in Afrika, Frankreich und Skandinavien sieht. Die ACCTS wird personell und materiell von der CoV unterstützt.

4.12.2 Gemeinschaft Katholischer Soldaten (GKS)

Der seit 1961 aufgebaute „Königsteiner Offizierkreis“, nach seinem Gründungsort Königstein im Taunus benannt und als offenes Angebot an katholische Offiziere der Bundeswehr verstanden, war ursprünglich als „Katholische Akademie der Militärseelsorge“, „offener Treffpunkt“ für die Bildungsarbeit katholischer Offiziere und zur Unterstützung der kirchlichen Militärseelsorge konzipiert. Durch die Lehre des II. Vatikanischen Konzils erhielt jedoch der Laie in der Kirche einen grundlegend neuen Stellenwert. Das II. Kapitel der Kirchenkonstitution ist überschrieben mit „Das Volk Gottes“. Amtliche Hierarchie und brüderliche Gemeinschaft aller Getauften wird jetzt als enger Zusammenhang begriffen. Demzufolge geht auch das Dekret über das Apostolat der Laien, wenn es in seiner Nummer 18 von der Bedeutsamkeit der Zusammenschlüsse von Laien handelt, nicht von Effektivitätsgesichtspunkten aus. Diese bleiben nicht unberücksichtigt, treten aber eben in den zweiten Rang zurück. Die Verwirklichung der Heilssendung der Kirche fordert die Vereinigung von Laien nicht nur, weil „der Mensch seiner Natur nach ein gesellschaftliches Wesen ist“, sondern weil „es Gott gefallen hat, die an Christus Glaubenden zu einem Volk Gottes (vgl. 1 Petr. 2, 5-10) und zu einem Leib zu vereinigen (vgl. 1 Kor. 12, 12). Das in Gemeinschaft geübte Apostolat der Gläubigen ... stellt ein Zeichen der Gemeinschaft und der Einheit der Kirche in Christus dar".

Die Gemeinsame Synode der Bistümer in der Bundesrepublik Deutschland hat in ihrem Beschluß „Verantwortung des ganzen Gottesvolkes für die Sendung der Kirche" daraus gefolgert, daß katholische Verbände als freiwillige Zusammenschlüsse katholischer Christen in eigener Initiative und Verantwortung erforderlich sind: „Einerseits ‚kirchliche Strukturen in der Gesellschaft' und andererseits ‚gesellschaftliche Strukturen in der Kirche', verstärken sie die Wirksamkeit des einzelnen in der Welt und bringen Lebensformen, Entwicklungen und Aufgaben der Gesellschaft in der Kirche ein."

Auf diesem Hintergrund war eine Weiterentwicklung des Königsteiner Offizierkreises zur Gemeinschaft Katholischer Soldaten – einer „verbandsähnlichen Gemeinschaft von Katholiken in der Bundeswehr und von Soldaten in der katholischen Kirche" – nur konsequent. Dies betrifft zuerst den Charakter des Zusammenschlusses. Die „Ordnung" der GKS in der Fassung vom 5. Mai 1982[130]) spricht von einer „Laienorganisation im Jurisdiktionsbereich des Katholischen Militärbischofs". Damit ist sowohl die frühere Beschränkung auf Offiziere aufgegeben als auch der bisher informelle Status in der funktionalen Zuordnung zur Tätigkeit des kirchlichen Amtes. Die GKS stellt damit heute einen wesentlichen Faktor für die „Kirche unter den Soldaten" dar.

Ziele der Gemeinschaft, der nach eigenen Angaben Ende 1983 in über 100 örtlichen Kreisen ca. 5000 Mitglieder angehörten, sind die Leistung eines Beitrages zur Verwirklichung des Glaubens, die Schärfung des Verantwortungsbewußtseins für den soldatischen Auftrag und die gesellschaftlichen Aufgaben, Rückhalt und Lebenshilfe für die Mitglieder und ihre Befähigung zum gemeinschaftlichen Handeln. Aus diesen Zielen ergeben sich die satzungsgemäß definierten Aufgaben der GKS. Zu ihnen zählt u.a. die Verwirklichung des Anspruchs auf Militärseelsorge innerhalb und außerhalb der Bundeswehr, das Bekenntnis zum Grundgesetz und der Einsatz für seine Verwirklichung, das Eintreten für den Auftrag des Soldaten, als „Diener der Sicherheit und Freiheit der Völker" „zur Sicherung des Friedens" (vgl. Pastoralkonstitution, Nr. 79) und die internationale Zusammenarbeit.

Ziele und Aufgaben der GKS bestimmen – insofern kommt das Verbandsprinzip nur teilweise zur Geltung – letztlich auch die Zugehörigkeit, die auf die persönliche Entscheidung hinsichtlich der Aufgaben der Gemeinschaft abhebt. Förmliche, im Rechtssinn verbindliche Mitgliedschaftsregeln existieren nicht. Von den Angehörigen der GKS – Zugang haben katholische Soldaten und ihre Familienmitglieder, aber auch nicht der Jurisdiktion des Katholischen Militärbischofs unterstehende Personen, wie Soldaten im Ruhestand und der Reserve sowie Zivilbedienstete der

130) Auftrag 130/Werkheft 1983, S. 5–8

Bundeswehr – wird ein Leben aus dem Glauben, aktive Teilnahme am Leben ihrer Pfarrgemeinde und die gewissenhafte und überzeugende Erfüllung des soldatischen Auftrags erwartet.

Die Organisationsstruktur der GKS kennt drei Ebenen. Am Standort bilden sich ein oder mehrere GKS-Kreise, die wenigstens fünf Mitglieder haben müssen. Der zuständige Standortpfarrer fungiert als Geistlicher Beirat. Jeder Kreis kann einen Delegierten in den jeweiligen Pfarrgemeinderat beim Katholischen Standortpfarrer und in die Arbeitskonferenz beim Katholischen Wehrbereichsdekan entsenden. Besteht am Standort kein Kreis, ist auch die Einzelmitgliedschaft möglich. Auf der Ebene des (Wehr-)Bereiches bilden die Delegierten der Kreise der GKS zuzüglich der Vertreter der Einzelmitglieder die Wehrbereichskonferenz, die aus ihrer Mitte einen aktiven Soldaten zum Vorsitzenden der GKS im (Wehr-)Bereich und seinen Stellvertreter wählt. Die Bereichskonferenzen bestimmen weiterhin sowohl die Delegierten für die Bundeskonferenz der GKS, das höchste Beschlußorgan der Gemeinschaft, sowie der „Zentralen Versammlung der katholischen Soldaten im Jurisdiktionsbereich des Katholischen Militärbischofs“. Auf diese Weise nimmt die GKS eine im deutschen Verbandskatholizismus einzigartige Stellung zwischen Verbands- und Rätestruktur ein: Sie partizipiert auf allen Ebenen wirksam und unmittelbar als Verband an den Laienräten der katholischen Militärseelsorge.

Dem bis zu 26 Mitglieder umfassenden Bundesvorstand der GKS, an dessen Spitze der jetzt „Bundesvorsitzender“ genannte frühere Sprecher der GKS und seine beiden Stellvertreter stehen, gehören neben den Bereichsvorsitzenden unter anderem der Vorsitzende der Zentralen Versammlung und als geborene Mitglieder neben anderen der Militärgeneralvikar und der für die Laienarbeit zuständige Referatsleiter im Katholischen Militärbischofsamt, der zugleich das Amt des Geistlichen Beirats einnimmt, an. Die laufenden Aufgaben des Bundesvorstandes nimmt ein von diesem bestimmter Exekutivausschuß wahr.

Als Mitglied der Arbeitsgemeinschaft der Katholischen Verbände Deutschlands entsendet die GKS sowohl Vertreter in deren Gremien als auch in das Zentralkomitee der deutschen Katholiken, die Spitzenrepräsentanz des deutschen Laienkatholizismus. So partizipieren Repräsentanten katholischer Soldaten auch in diesen Bereichen an kirchlicher Verantwortung auf nationaler Ebene.

Die GKS gehört außerdem dem 1967 in Nordweijkerhout/Niederlande gegründeten Apostolat Militaire International (A.M.I.), einem internationalen Zusammenschluß katholischer Soldatenvereinigungen, an. Weitere Mitgliedsverbände kommen aus Belgien, Frankreich, Italien, den Niederlanden, Österreich, Portugal und Spanien. Das A.M.I. will in besonderer Weise der „gemeinsamen Klärung und Verdeutlichung der Normen und Wertvorstellungen christlicher Soldaten und ihrer Vertretung auf internationaler Ebene“, der „Förderung der internationalen Verständigung und Zusammenarbeit als Beitrag zum Frieden in der Welt“ und dem „gemeinsamen

Studium der geistigen, moralischen und gesellschaftlichen Probleme im militärischen Bereich im Lichte des Evangeliums und der Lehre der Kirche" dienen.[131])

Neben der Durchführung zahlreicher Veranstaltungen haben sich sowohl der Königsteiner Offizierkreis als auch die Gemeinschaft Katholischer Soldaten zeit ihres Bestehens intensiv mit Dienst und Auftrag des christlichen Soldaten im Licht der kirchlichen Friedenslehre auseinandergesetzt. Auf diese Weise leisteten und leisten sie konkrete Beiträge für die spezifische Weltverantwortung des katholischen Laien, wie das II. Vatikanische Konzil sie fordert. Geprägt ist der dabei gesuchte Neuansatz der Reflexion soldatischer Existenz und Verantwortung durch die Erfahrung nationalsozialistischer Diktatur und die vernichtende Niederlage des Zweiten Weltkrieges und durch die Situation des Neuanfangs, in der die ganze Bundeswehr stand. Eine Reihe beachtenswerter Dokumente wurde so erarbeitet, angefangen von der Entschließung des III. Weltlaienkongresses 1967 in Rom zum Thema „Frieden und Weltgemeinschaft", über „Soldat und Frieden" (1969), „Soldat für den Frieden" (1970), „Standortbestimmung 1971", „Thesen zum Selbstverständnis des Soldaten" (1972), „Wenn Soldaten Frieden sagen" (1974) bis hin zur Standortbestimmung 1982 „Frieden in unseren Tagen – Frieden in der Zukunft".[132]) Auch zu Fragen der Inneren Führung in der Bundeswehr hat sich die GKS geäußert, etwa in der „Erklärung zu Bildung und Ausbildung in der Bundeswehr" (1973) und der „Erklärung der GKS zum feierlichen Gelöbnis" vom 21. März 1981.

Die GKS verfügt über ein eigenes Verbandsorgan, den „auftrag", der auf Weisung des Bundesvorstandes herausgegeben wird.

---

131) Vgl. Statuten des A.M.I., Artikel 2, a bis e, Auftrag 130, S. 24–28

132) Vgl. dazu E. J. Nagel/H. Oberhem, „Dem Frieden verpflichtet", München/Mainz 1982, S. 128–133

5 Militärseelsorge in den Dienstvorschriften und Erlassen der Bundeswehr

5.1 Grundsätzliches

5.1.1 Zentrale Dienstvorschrift 66/1 (Merkschrift) „Militärseelsorge" vom 28. August 1956

Nachdem am 4. Februar 1956 durch die Ernennung von Kardinal Wendel zum Katholischen Militärbischof und am 10. April desselben Jahres mit der Errichtung des Evangelischen Kirchenamtes für die Bundeswehr beide Zweige der Militärseelsorge ihre Arbeit aufgenommen hatten, bestand die Notwendigkeit, die Truppenführung über die Grundzüge der neuen Militärseelsorge zu informieren, obwohl die Erarbeitung ihrer rechtlichen Grundlagen noch nicht abgeschlossen war. Die Klassifikation der Zentralen Dienstvorschrift 66/1 als „Merkschrift" bringt diese Zwecksetzung zum Ausdruck.

Die Abschnitte „A. Grundsätze", „B. Aufbau der Militärseelsorge" und „C. Aufgaben der Militärgeistlichen" referieren im wesentlichen den aktuellen Stand, den die Verhandlungen des Verteidigungsministeriums mit den beiden Kirchen im Frühsommer 1956 erreicht hatten. Er spiegelt sich weithin im Vorentwurf für einen Militärseelsorgevertrag mit der Evangelischen Kirche in Deutschland vom 16. Februar 1956. Eine Reihe von Einzelbestimmungen sind im definitiven Vertragstext dann allerdings anders gehalten. Ebenso ergeben sich für den Bereich der katholischen Militärseelsorge abweichende bzw. besondere Normen aufgrund der päpstlichen „Statuten für die Seelsorge in der Deutschen Bundeswehr" aus dem Jahre 1965. Insofern müssen bei den in den genannten Abschnitten der ZDv enthaltenen Informationen zur Militärseelsorge selbst hinsichtlich der Richtigkeit der Inhalte die beiden genannten Dokumente sowie – für den katholischen Zweig – die einschlägigen Bestimmungen des Reichskonkordates herangezogen werden. Die den Dienstbetrieb der Truppe unmittelbar berührenden Wirkungen aus den Aufgaben der Militärgeistlichen bzw. ihr äußerer Bedingungsrahmen werden unterdessen zum Teil in eigenen Verordnungen, Erlassen oder Befehlen des Bundesministeriums der Verteidigung geregelt (z. B. Mitwirkung bei militärischen Feiern, Lebenskundlicher Unterricht u. a.).

Von nach wie vor großer Bedeutung sind die in Abschnitt B aufgeführten „Aufgaben der Truppenführer", hinsichtlich derer der ZDv der Charakter einer verbindlichen Weisung zukommt. Diese Aufgaben erwachsen unmittelbar aus der prinzipiellen Einschätzung der Militärseelsorge, die sich zu Beginn der Merkschrift findet: „Die Militärseelsorge ist der von den Kirchen geleistete, vom Staat gewünschte und unterstützte Beitrag zur Sicherung der freien religiösen Betätigung in den Streitkräften. Sie stellt sich die Aufgabe, unter Wahrung der freiwilligen Entscheidung des einzelnen das religiöse Leben zu wecken, zu festigen und zu vertiefen. Dadurch fördert sie zugleich die charakterlichen und sittlichen Werte in den Streitkräften und hilft die Verantwortung zu tragen, vor die der Soldat als Waffenträger gestellt ist."

Demzufolge wird von allen Vorgesetzten Aufgeschlossenheit für die religiösen Anliegen der Soldaten erwartet, da sie für ihre religiöse Betreuung mitverantwortlich sind. Die Truppenführer sollen dem Militärgeistlichen bei der Ausübung der Seelsorge jede organisatorische Unterstützung gewähren. Dieser wird außerdem als berufener Berater in allen religiösen bzw. allgemeinen kirchlichen Angelegenheiten bezeichnet, dem darüber hinaus Gelegenheit gegeben werden soll, „zu allen grundsätzlichen Fragen der Inneren Führung Stellung zu nehmen". Bei Besprechungen in der Truppe über ethische Fragen sollen die Militärgeistlichen zugezogen werden.

Insgesamt stellt die Zentrale Dienstvorschrift „Militärseelsorge" weder auf ein hierarchisches Über- und Untereinander noch ein beziehungsloses Nebeneinander, sondern auf ein verständnisvolles Miteinander von militärischen Vorgesetzten und Militärgeistlichen ab. Mit Deckblatt 1 zur ZDv 66/1 wurde durch Erlaß des Bundesministeriums der Verteidigung vom 28. November 1966[133]) die Nummer 13 der ZDv in diesem Sinne neu gefaßt: Militärgeistliche „werden militärischen Dienststellen (Zuordnungsstellen) zur Zusammenarbeit zugeordnet". Damit wird nochmals einerseits die kirchliche Unabhängigkeit von staatlichen Weisungen herausgestellt, andererseit werden die Leiter der Zuordnungsdienststellen darauf hingewiesen, welche besonderen Unterstützungsaufgaben ihnen für die Arbeit der Militärseelsorge übertragen sind. Zuordnung von Militärgeistlichen zur Zusammenarbeit stellt damit eine Kooperationsform dar, die ansonsten in der Bundeswehr keine Analogien kennt. Dazu gehört auch das jederzeitige unmittelbare Vortragsrecht des Militärgeistlichen beim Leiter seiner Zuordnungsdienststelle.

5.1.2 Zentrale Dienstvorschrift 40/1: „Standortdienstvorschrift" vom 19. Januar 1967

Da eine Reihe von kirchlichen Veranstaltungen am Standort stattfinden, präzisiert die ZDv 40/1 die besonderen Zuständigkeiten und Pflichten, die dem Standortältesten aus der „engen Zusammenarbeit" mit haupt- oder nebenamtlichen Standortpfarrern erwachsen. Dabei bedient er sich unter anderem des Standortbefehls.

Grundsätzlich erstreckt sich die Pflicht des Standortältesten zur Förderung des kirchlichen Lebens und die damit verbundene Unterstützung auf alle kirchlichen Veranstaltungen, deren terminliche und örtliche Festlegung die Militärgeistlichen im Benehmen mit dem Standortältesten und den truppendienstlichen Vorgesetzten treffen sollen. Der Standortälteste besorgt die rechtzeitige Bekanntgabe.

Insbesondere soll der Standortälteste sicherstellen, daß den Soldaten und anderen Angehörigen der Bundeswehr ausreichend Zeit zur Erfüllung ihrer religiösen Pflichten zur Verfügung steht. An Sonn- und gesetzlichen Feiertagen soll daher der Dienst

[133]) VMBl. 1966, S. 445

auf das unerläßliche Mindestmaß beschränkt und Veranstaltungen der Truppe nur außerhalb der Hauptgottesdienstzeiten angesetzt werden. Grundsätzlich werden Gottesdienstteilnehmer – an die Freiwilligkeit dieser Teilnahme wird ausdrücklich erinnert – vom Dienst befreit. Das gilt ebenfalls für im einzelnen genannte kirchliche Feiertage. Der Standortälteste bestimmt den Anzug der am Gottesdienst teilnehmenden Soldaten, unterstützt die Militärgeistlichen gegebenenfalls bei Vorbereitung und Ausgestaltung des Gottesdienstes und kann erforderlichenfalls den geschlossenen An- und Abmarsch befehlen. Nachdrücklich wird das Verbot eingeschärft, wonach bei Gottesdiensten keine Waffen mitgeführt werden dürfen. Weiterhin weist die ZDv darauf hin, daß Gottesdienste und kirchliche Unterweisungen im Zusammenhang mit militärischen Feiern aus besonderem Anlaß vor der Feier und getrennt von dieser stattfinden.

5.1.3 Marinedienstvorschrift 400/1: „Bestimmungen für den Dienst an Bord“ vom 22. Juli 1969

Da beim Dienst an Bord bei schwimmenden Verbänden der Marine für die Militärseelsorge besondere Erfordernisse eintreten, die im Rahmen der allgemeinen Regelungen der Militärseelsorge nicht hinreichend berücksichtigt sind, wurde der „Seelsorge an Bord“ ein eigenes Kapitel in der MDv 400/1, Heft 4, Innendienst, gewidmet. Demnach sind Militärgeistliche, die bei schwimmenden und fliegenden Verbänden der Teilstreitkraft Marine auch im Frieden ihre Zuordnung nach Truppengliederung erhalten, als Bordpfarrer dem Kommandanten zur Zusammenarbeit zugeordnet, wobei die Dienstaufsicht von dem Dekan beim Flottenkommando wahrgenommen wird. Dem Bordpfarrer steht die Ehrenerweisung „Seite“ zu, er ist Mitglied der Offiziermesse, und ihm soll eine Einzelkammer als Unterkunft zugewiesen werden, die er auch für seelsorgliche Einzelgespräche benötigt. Der ihm für kirchliche Hilfsdienste zuzuteilende dienstliche Aufklarer muß dem Bekenntnis des Bordpfarrers angehören.

Lapidar stellt die MDv fest, daß an Sonn- und Feiertagen Gottesdienst gehalten wird. Diese Aussage hat, wie auch andere, den Dienst der Militärgeistlichen betreffende, keine normative Wirkung für die Militärseelsorge, da Dienstvorschriften der Truppe das Handeln von Militärgeistlichen nicht unmittelbar bestimmen können. Es soll vielmehr eine allgemeine Information über den Dienst der Militärseelsorge erfolgen, mit der sich dann Weisungen für militärische Vorgesetzte verbinden. Dies geschieht etwa in der Weise, daß vorgeschrieben wird, Besatzungsmitgliedern, sofern das Schiff im Hafen liegt und ein Bordpfarrer nicht anwesend ist, Gelegenheit zur Teilnahme am Gottesdienst einer Ortskirchengemeinde zu geben. Beachtung verdient der für die Bundeswehr insgesamt ungewöhnliche Hinweis, daß bei Abwesenheit eines Pfarrers auf See der Kommandant oder ein von ihm veranlaßtes Besatzungsmitglied eine Andacht halten kann. Vorgeschrieben wird, daß nach dem Sonntagsgottesdienst Freizeit angesetzt wird.

Formen der Einzelseelsorge aus besonderem Anlaß (z.B. Beichte) und religiöse Veranstaltungen finden grundsätzlich – außer in dringenden Fällen – in der Freizeit statt. Liegen hingegen solche Sonderfälle vor, hat jedes Besatzungsmitglied das Recht, den Bordpfarrer während der Dienstzeit zu sprechen. Ausdrücklich wird für den Fall, daß nur ein Bordpfarrer eingeschifft ist, gewünscht, er möge sich im Rahmen seiner kirchlichen Bestimmungen auch den Besatzungsmitgliedern anderer Konfessionen zur Verfügung stellen. Angeordnet wird schließlich, daß der Bordpfarrer oder gegebenenfalls der nächsterreichbare Geistliche bei schweren Erkrankungen und Unglücksfällen unverzüglich durch den zuständigen Sanitätsoffizier bzw. Sanitätsdienstgrad benachrichtigt wird. Bei Todesfällen, die eine Bestattung in See notwendig machen, wirkt der Bordpfarrer bei Vorbereitung und Durchführung der Trauerfeier mit.

Beachtung verdient noch der Hinweis, daß eine Mitwirkung des Bordpfarrers bei der allgemeinen Betreuung der Besatzung in enger Zusammenarbeit mit dem Disziplinarvorgesetzten gewünscht ist.

5.1.4 Zuordnung von Militärgeistlichen zu den Divisionsstäben

Durch Erlaß des Bundesministers der Verteidigung VR I 4 – Az.: 36-02-03 vom 3. März 1967 werden den Divisionsstäben katholische und evangelische Militärgeistliche zur Zusammenarbeit zugeordnet. Damit wird jedoch nicht das Institut des Divisionspfarrers der ehemaligen Wehrmacht wiederhergestellt, sondern ein – in der Regel der für den Standort am Sitz der Divisionsstäbe zuständige Geistliche – Standortpfarrer wird zusätzlich mit bestimmten Aufgaben betraut, die er in Vertretung seines Wehrbereichsdekans wahrnimmt. Er trägt die Amtsbezeichnung eines Militärdekans.

Den Militärgeistlichen bei den Divisionsstäben ist insbesondere auferlegt, die Divisionskommandeure über die Verwendung der Militärgeistlichen im Divisionsbereich zu unterrichten, Erfahrungen für die Ausbildung und Verwendung der Militärgeistlichen sowie allgemein über die Ausübung der Militärseelsorge im Divisionsbereich zu sammeln und den Wehrbereichsdekan über entsprechende besondere Erfordernisse zu informieren. Dies gilt nicht zuletzt für Übungen der Truppe und die Teilnahme der Militärseelsorge daran.

5.1.5 Zusammenarbeit mit Kommandobehörden

Um eine enge Verbindung der Militärseelsorge mit den Kommandobehörden zu gewährleisten, hat das Bundesministerium der Verteidigung mit Erlaß VR I 4 – Az.: 36-02-03 vom 12. Mai 1972 eine besondere Zuordnung zur ständigen Zusammenarbeit des Katholischen und Evangelischen Wehrbereichsdekans III zum Korpskommando 1. Korps, Luftflottenkommando und Luftwaffenunterstützungskommando, des Wehrbereichsdekans IV zum Korpskommando 3. Korps und des Wehrbereichsdekans V zum Korpskommando 2. Korps ausgesprochen. Die Aufgaben der Wehrbereichsdekane in dieser Funktion bestehen – über die allgemeinen Aufgaben im Rahmen der Zuordnung zur Zusammenarbeit hinaus – in der Unterrichtung der kommandierenden Generale über die Tätigkeit der Militärgeistlichen in ihrem Bereich und im Sammeln von Erfahrungen für die Ausbildung und Verwendung der Militärgeistlichen im Kommandobereich. In diesem Zusammenhang werden auch Vorschläge für die Militärseelsorge bei Übungen und die Auswertung der dabei gemachten Erfahrungen gemacht. Die aufgeführten Aufgaben werden in Vertretung der Wehrbereichsdekane und nach deren Weisung von den örtlichen Standortpfarrern wahrgenommen. Ausdrücklich hingewiesen wird schließlich auf die in der ZDv 66/1 übertragenen Aufgaben der Truppenführer – hier also der kommandierenden Generale – die Wehrbereichsdekane bzw. ihre entsprechenden Vertreter als „berufene Berater in allen religiösen Angelegenheiten" zu hören und ihnen Gelegenheit zu geben, „zu allen grundsätzlichen Fragen der Inneren Führung Stellung zu nehmen".

5.1.6 Weisung für die Zusammenarbeit mit den Militärgeistlichen vom 12. November 1984

Die Tatsache, daß der Generalinspekteur eine „Weisung für die Zusammenarbeit mit den Militärgeistlichen" erläßt, unterstreicht, welche Bedeutung der Militärseelsorge von seiten der Bundeswehr zugemessen wird. Diese Weisung soll kein Ersatz oder gar eine Kurzfassung der die Militärseelsorge betreffenden zentralen Dienstvorschriften sein. Deren volle Gültigkeit wird dadurch unterstrichen, daß sie im Bezug ausdrücklich zusammen mit Soldatengesetz, Militärseelsorgevertrag und Reichskonkordat aufgeführt werden. Die Weisung unterstreicht vielmehr die besondere Verantwortung des militärischen Vorgesetzten für die Militärseelsorge und die Zusammenarbeit mit den Militärgeistlichen. In dieser Weisung wird zunächst auf die Bedeutsamkeit der Glaubens-, Gewissens- und Bekenntnisfreiheit hingewiesen und auf die gemeinsame Verantwortung von Staat und Kirche, mit der Einrichtung der Militärseelsorge die freie Religionsausübung der Soldaten gewährleisten zu wollen. Die Bundeswehr wird aufgefordert, aus diesem Grund die Militärseelsorge zu unterstützen. „Unabhängig von seiner jeweils persönlichen Einstellung zu religiösen Fragen" erwachsen dem militärischen Vorgesetzten konkrete Aufgaben.

Ausdrücklich unterstrichen wird der kirchliche Auftrag der Militärseelsorge. Militärseelsorge sei kein Instrument der Inneren Führung. Vielmehr gehe es um Fürsorge und Vermittlung christlich ethischer Maßstäbe als allgemeine menschliche Orientierungshilfe.

Grundsätzlich wird dann verbindlich geregelt, daß die Militärgeistlichen über alle Vorhaben in der Truppe rechtzeitig und ausreichend zu unterrichten sind, soweit Militärseelsorge davon berührt ist. Vor allem die Teilnahme an Manövern und Übungen soll rechtzeitig abgesprochen werden. Die Militärgeistlichen sollen bei Disziplinarfällen, Fürsorgeangelegenheiten und sonstigen Ereignissen verständigt werden, wenn ihre Beteiligung ratsam erscheint. Immer und unverzüglich sind die Militärgeistlichen zu verständigen bei Todesfällen, lebensgefährlichen Erkrankungen, schweren Verletzungen, Selbsttötungs- oder Selbstverstümmelungsversuchen und bei Verbrechen von Soldaten.

Ein weiterer Abschnitt der Weisung ist den Militärgottesdiensten und sonstigen seelsorgerischen Veranstaltungen gewidmet. Besonders hingewiesen wird auf die zeitgerechte und angemessene Bekanntgabe von Gottesdiensten und anderen seelsorgerischen Veranstaltungen. Bei einer großen Zahl von teilnehmenden Soldaten haben die Vorgesetzten im Rahmen ihrer Möglichkeiten die notwendigen organisatorischen Unterstützungen zu leisten. Die Gottesdienstzeiten sind besonders beim Dienst an Sonn- und Feiertagen zu berücksichtigen. Hervorgehoben wird ferner die besondere Bedeutung von Rüstzeiten, Werkwochen und Exerzitien mit dem Hinweis, daß Grundwehrdienstleistenden wenigstens einmal, Berufs- und Zeitsoldaten mehrmals Sonderurlaub zur Teilnahme daran zu gewähren ist.

Auch auf die Bedeutung von nationalen und internationalen Soldatenwallfahrten oder -treffen sowie auf die Kirchen- und Katholikentage wird ausdrücklich hingewiesen. Letztere förderten den für die Integration der Streitkräfte in die Gesellschaft notwendigen Dialog.

Auch dem Lebenskundlichen Unterricht ist ein besonderer Abschnitt gewidmet. Als Gelegenheit zum Meinungsaustausch und zur Diskussion strittiger Probleme in einer Gesellschaft mit hoher Meinungs- und Einstellungsvielfalt und der Schwierigkeit der Konsensfindung in Grundwerten sei die Auseinandersetzung mit sittlichen und religiösen Grundlagen unserer Lebensordnung unerläßlich. Im Lebenskundlichen Unterricht gehe es auch darum, im Zusammenhang mit strittigen Problemen nach Lösungen zu suchen. Auf die Verantwortung der Vorgesetzten für die regelmäßige Durchführung dieses Unterrichts wird hingewiesen. Möglichst alle Soldaten sollen daran teilnehmen können. Sicherzustellen ist, daß der Lebenskundliche Unterricht auch für Unteroffiziere regelmäßig durchgeführt wird.

Begrüßt wird schließlich die Mitarbeit und das Engagement von Soldaten innerhalb der Militärseelsorge und in Soldatengemeinschaften, die die Militärgeistlichen unterstützen.

Ein weiterer Abschnitt ist der Zusammenarbeit mit den Militärgeistlichen an Offizier- und Truppenschulen sowie den Hochschulen der Bundeswehr gewidmet. Die Bedeutsamkeit von Dienst und Stellung der Militärgeistlichen steht hier im Zusammenhang mit der Bedeutung der sittlichen und charakterlichen Festigung als wesentlichem Teil der Erziehungs- und Bildungsaufgaben der Schulen der Bundeswehr. Das bedeutet erhöhte Anforderungen an die Militärgeistlichen. Die Militärbischöfe sind von daher bemüht, solche geeigneten Geistlichen den Schulen zuzuweisen, die den Schwerpunkt ihrer Arbeit an den Schulen haben sollen.

Die Militärgeistlichen werden den Kommandeuren der Schulen bzw. den Präsidenten der Hochschulen auf Zusammenarbeit zugeordnet. Diese Zusammenarbeit soll besonders eng sein, was durch regelmäßigen Vortrag der Militärgeistlichen gefördert werden soll. Aufgabe der Militärgeistlichen ist die Weckung des religiösen Lebens und im Zusammenhang damit die Gewissensbildung und die Förderung des Verantwortungsbewußtseins. Im Blick auf die sehr unterschiedlichen Lehr- und Ausbildungsinhalte könnte von den Militärgeistlichen die Frage nach dem verbindenden Sinn gestellt und beantwortet werden.

An den Offizierschulen sind die Militärgeistlichen Pfarrer der Soldaten des Stammpersonals. In allen religiösen Fragen sind sie berufene Berater des Kommandeurs und der Lehroffiziere. Für die Lehrgangsteilnehmer führen sie den Lebenskundlichen Unterricht durch, wobei auf die Möglichkeit von Lebenskundlichen Seminaren hingewiesen wird. An den Truppenschulen wird der Lebenskundliche Unterricht nur in die Lehrgänge aufgenommen, die länger als vier Wochen dauern.

Kenntnisse über den Anspruch des Soldaten auf Seelsorge und ungestörte Religionsausübung sind allen Soldaten zu vermitteln. In Lehrgängen für Disziplinarvorgesetzte, in Verwendungslehrgängen der Führungsgebiete 1 und 3 sowie für Personaloffiziere und Kompaniefeldwebel ist eine besondere Unterrichtung über Sinn, Aufgabe und Organisation der Militärseelsorge zu erteilen, vor allem über die Zusammenarbeit zwischen Truppenführer und Militärgeistlichen. Diese Unterrichtung erfolgt durch das militärische Ausbildungspersonal. Die Militärgeistlichen stehen beratend zur Verfügung. Wegen der Notwendigkeit der engen Zusammenarbeit zwischen Arzt und Militärgeistlichen ist diese Unterrichtung auch in der Offizierausbildung der Sanitätsoffiziere und den Einweisungslehrgängen für Sanitätsoffiziere durchzuführen.

In einem Schlußteil werden noch einmal die Kommandeure, Dienststellenleiter und Einheitsführer darauf hingewiesen, daß sie sich unabhängig von ihrem persönlichen Bekenntnis eingehend mit den Grundlagen der Militärseelsorge und den einschlägigen Vorschriften zu befassen haben und ihre Unteroffiziere und Offiziere in geeigneter Form darauf hinzuweisen haben.

Die Weisung für die Zusammenarbeit mit den Militärgeistlichen vom 12. November 1984 faßt die bisherigen „Richtlinien für die Erziehung 1959/1960“, die alte „Weisung für die Zusammenarbeit mit den Militärgeistlichen“ vom 27. Februar 1964 und den Erlaß „Militärgeistliche an Offizier- und Truppenschulen“ vom 10. August 1960 zusammen.

5.1.7 Raumbedarf der Militärseelsorge (Zentrale Dienstvorschrift 73/1: „Raum- und Flächennormen der Bundeswehr“ vom 2. Februar 1979)

Die auch für die Militärseelsorge verbindlichen Raum- und Flächennormen der Bundeswehr vom 2. Februar 1979 bestimmen die Größe der zur Verfügung stehenden Räume in Truppenunterkünften und typisierten Stabsgebäuden. Demnach verfügen die Dienststellen der Standortpfarrer beider Zweige der Militärseelsorge über je einen Dienstraum für den Pfarrer, ein Geschäftszimmer (Pfarrhelfer) und einen Sprechraum. Diese Räume werden in einer Truppenunterkunft grundsätzlich nur einmal zur Verfügung gestellt. Die Seelsorgeräume werden im Erdgeschoß innerhalb eines Flügels zusammenliegend untergebracht. In jeweils einem Sonderraum wird das Kultgerät verwahrt. Innerhalb von Truppenunterkünften kann ein Lehrsaal mit einer Fläche von 120 bis 125 qm für die Feier von Gottesdiensten mitbenutzt werden.

In Stützpunkten der Teilstreitkraft Marine stehen den Militärgeistlichen ebenfalls je ein Dienst-, ein Sprechraum und ein Geschäftszimmer zur Verfügung, die grundsätzlich in Lehrsaalgebäuden, bei deren Fehlen im Betreuungsgebäude vorzusehen sind.

5.2 Zentrale Dienstvorschrift 66/2: „Lebenskundlicher Unterricht" (Merkschrift) November 1959

In den Vorbemerkungen zur ZDv 66/2 wird der Adressat genannt: Militärgeistliche, Kommandeure, Dienststellenleiter und Chefs der Einheiten, aber auch alle anderen Offiziere. Das entspricht der Tatsache, daß Militärpfarrer militärischen Dienststellen auf Zusammenarbeit zugeordnet sind. Die Erfahrung hat erwiesen, daß gerade die Rahmenbedingungen des Lebenskundlichen Unterrichts wesentlich von einer guten Zusammenarbeit zwischen Militärgeistlichen und militärischen Vorgesetzten abhängen.

Der Teil A befaßt sich mit Sinn und Aufgabe des Lebenskundlichen Unterrichts. Auffällig ist die Formulierung, der Lebenskundliche Unterricht sei „im Zusammenhang mit der Gesamterziehung der Soldaten zu sehen". Er ist also nicht Bestandteil dieser Gesamterziehung. Aber er ist auch nicht losgelöst von der Gesamterziehung der Soldaten zu sehen und wäre losgelöst wohl auch wenig sinnvoll. Gesamterziehung meint das, was den Bürger in Uniform charakterisiert, und zwar über das fachliche und militärische Können hinaus. Es geht um sittliche Fragen, Lebensführung, Ordnung des Zusammenlebens, Beziehung zur Umwelt, Hilfe für das tägliche Leben. Auch in der Endfassung der ZDv ist der Versuch in der Formulierung erhalten geblieben, mit den Stichworten Selbstzucht, Maß und Pflichtbewußtsein ein bestimmtes Maß an soldatischen Tugenden zum Gegenstand dieses Unterrichts zu machen.

Der dritte Abschnitt des Teils A lautet dann: „Der Lebenskundliche Unterricht fußt auf den Grundlagen christlichen Glaubens und wird von Militärgeistlichen erteilt. Er appelliert an die freie und freudige Mitarbeit der einzelnen."

Der Teil B befaßt sich mit der Durchführung des Lebenskundlichen Unterrichts. Dabei wird zunächst festgestellt, daß vom Lebenskundlichen Unterricht kein Truppenteil und keine Dienststelle ausgenommen sind, und daß dieser Unterricht in der Dienstzeit stattfindet. Da der Unterricht in der Dienstzeit stattfindet, muß er in die einschlägigen Dienstvorschriften und Ausbildungspläne aufgenommen werden. Wegen des konfessionellen Charakters des Unterrichts ist die Teilnahme im Blick auf Artikel 4 Grundgesetz freiwillig. Da der Unterricht aber gleichzeitig in der Dienstzeit stattfindet, bedarf es einer für die Vorgesetzten handhabbaren Regelung. So wird festgelegt, daß für jeden Soldaten eine einmalige Anwesenheit in diesem Unterricht notwendig ist, damit er sich ein Urteil bilden kann. Wer danach zu dem Ergebnis kommt, daß er an diesem Unterricht nicht teilnehmen will, kann sich durch den Disziplinarvorgesetzten grundsätzlich befreien lassen. Für solche Soldaten sieht die Dienstvorschrift eine entsprechende Selbstbeschäftigung vor, jedoch keinen anderweitigen Dienst, vor allem keinen Dienst, der als Bestrafung für die Abmeldung vom Lebenskundlichen Unterricht ausgelegt werden könnte. Die Selbstbeschäftigung sollte inhaltlich oder thematisch im Zusammenhang mit dem Unterricht stehen und kann z.B. in der Lektüre eines Buches bestehen.

Der Unterricht wird getrennt für Mannschaften, Unteroffiziere und Offiziere gehalten. Für die Offiziere wird die Form der Arbeitsgemeinschaft vorgesehen, die gelegentlich auch für Unteroffiziere angeboten werden kann. Letzteres ist heute ebenso der Regelfall wie die Zusammenfassung der katholischen und evangelischen Soldaten in diesen Arbeitsgemeinschaften und der gemeinschaftliche Unterricht entweder durch beide Militärgeistliche oder abwechselnd durch je einen der Militärpfarrer. Für die Wehrpflichtigen findet der Unterricht konfessionell getrennt statt, möglichst zur gleichen Zeit für evangelische und katholische Soldaten.

Die Bestimmung, daß der Lebenskundliche Unterricht in überschaubaren Gruppen stattfinden soll, ist bis heute ein ungelöstes Problem. An vielen Standorten ist der Unterricht der Wehrpflichtigen in Großgruppen aus organisatorischen Gründen oder auch aus Gründen der Arbeitsüberlastung der Militärgeistlichen der Regelfall, was erhebliche pädagogische und didaktische Probleme aufwirft.

Die Unterrichtsthemen werden nach der Dienstvorschrift von den beiden Kirchenämtern in Zusammenarbeit mit dem Bundesverteidigungsministerium festgelegt. Dabei greifen die Kirchenämter wiederum auf Vorschläge und Wünsche zurück, die von den Standortpfarrern aus ihrer Kenntnis der Situation der zu Unterrichtenden angemeldet werden. In mehreren Redaktionssitzungen einigen sich die Kirchenämter auf zehn Themenvorschläge für ein Jahr im voraus. Diese werden im Bundesverteidigungsministerium (Fü S I 4) vorgetragen und erläutert. Wenn überhaupt Schwierigkeiten auftreten, dann in der Abgrenzung einiger Themen des Lebenskundlichen Unterrichts von Themen der politischen Bildung. Nach Abstimmung mit dem Bundesverteidigungsministerium werden die Themen veröffentlicht. Die pädagogische und didaktische Aufarbeitung der Themen erfolgt getrennt in den Kirchenämtern. Die Themen sind für den Unterricht grundsätzlich verbindlich, soweit nicht aktuelle Anlässe eine Abweichung notwendig erscheinen lassen.

Der Unterricht soll monatlich in einer Doppelstunde durchgeführt werden. Für die Grundausbildung sind Themen vorgesehen, die „auf die Besonderheit der Rekrutenzeit abzustimmen" sind. Hier haben sich die Kirchenämter geeinigt, zu Beginn eine Information über die Militärseelsorge zu geben und in einem weiteren Unterricht über den Friedensauftrag der Kirchen und der Christen zu informieren. Der Zeitplan für den Lebenskundlichen Unterricht muß zwischen Militärgeistlichem und militärischem Vorgesetzten auf längere Zeit festgelegt werden. Hier bekommt die Zuordnung zur Zusammenarbeit besondere Bedeutung, damit die Regelmäßigkeit des Unterrichts gewährleistet ist und nicht durch „notwendigen Dienst" in Frage gestellt wird.

Die Dienstvorschrift gibt hinsichtlich der Methode des Unterrichts die Vorgabe, daß dieser Unterricht als Lehrgespräch mit Diskussion stattfinden soll. Hier entstehen in der Praxis vor allem bei den Großgruppen erhebliche Probleme.

Der letzte Abschnitt C der Dienstvorschrift beschäftigt sich mit der Aufgabe der Kommandeure, Dienststellenleiter und Einheitsführer. Ihnen wird eine Mitverantwortung für die Motivation aufgegeben, was vor allem voraussetzt, daß sie selbst von der Bedeutung des Unterrichts überzeugt sein müssen. Sie werden verantwortlich gemacht für die äußeren Bedingungen. Auch hier sind bis heute noch ungelöste Probleme in der Bereitstellung von geeigneten Unterrichtsräumen, die nicht überall vorhanden oder frei verfügbar sind. Es wird noch einmal auf den ständigen Erfahrungsaustausch zwischen militärischen Führern und Militärgeistlichen hingewiesen. Hinsichtlich der Verantwortung der Offiziere im Blick auf die Motivation ihrer Untergebenen wird die besondere Bedeutung der Offiziersarbeitsgemeinschaften ausdrücklich hervorgehoben.

Ein besonderes Problem für die Militärgeistlichen liegt in der Regelung, daß Kommandeure, Dienststellenleiter und Einheitsführer gelegentlich am Unterricht der Unteroffiziere und Mannschaften teilnehmen können, nicht zur „Überprüfung oder Besichtigung", sondern um ihr „Interesse erkennen zu lassen". Es gehört zu den ungelösten Problemen der Inneren Führung, daß Militärgeistliche immer wieder feststellen, wie die Anwesenheit von Vorgesetzten auch negative Einflüsse auf das freie Gespräch der Gruppe haben kann. An dieser Stelle ist das vertrauensvolle und offene Gespräch zwischen Militärgeistlichen und Vorgesetzten besonders wichtig.

5.3 Übungen

5.3.1 Zentrale Dienstvorschrift 40/11: „Truppenübungsplatzvorschrift" vom 13. Februar 1959

In der ZDv 40/11 „Truppenübungsplatzvorschrift" ist ein eigenes Kapitel der Militärseelsorge gewidmet (J/149-151). Darin wird allerdings lediglich darauf verwiesen, daß die Bestimmungen der ZDv 40/1 „Standortdienstvorschrift" entsprechend gelten. Auf die Zusammenarbeit zwischen dem Kommandanten des Truppenübungsplatzes und dem zuständigen Standortpfarrer wird besonders hingewiesen. Mit dem Standortpfarrer, zu dessen Bereich ein Truppenübungsplatz gehört, sollen die Militärgeistlichen der übenden Truppe ihre seelsorgerliche Tätigkeit absprechen, insbesondere Zeit und Ort der Gottesdienste. Die Standortpfarrer sind auch zuständig, wenn die übende Truppe nicht selbst von einem Militärgeistlichen begleitet wird.

5.3.2 Vorläufige Richtlinien für die Teilnahme des Personals der Militärseelsorge an Übungen der Bundeswehr

Die „vorläufigen Richtlinien" beschreiben als Ziel der Teilnahme der Militärseelsorge an Übungen der Bundeswehr (Brigade) sowohl die seelsorgerliche Betreuung der Übenden als auch die Einweisung in die besondere Situation, in der Militärseelsorge ihren Auftrag erfüllen muß, nach Auslösen bestimmter Alarmmaßnahmen bzw. im Ernstfall. Dabei geht es für die Militärseelsorge um eigene Übungsziele, nämlich unter anderem um die Überprüfung ihrer Organisation nach der Herstellung der Verteidigungsgliederung, die Zusammenarbeit mit den Kommandobehörden, Stäben und militärischen Dienststellen, die Erprobung und Ausübung der Seelsorge, die Erprobung der Versorgung, der Alarmierungsverfahren und der Fernmeldeverbindungen.

Für die Übungen kann auch für die Militärseelsorge die Verteidigungsgliederung angeordnet werden, was bedeutet, daß anstelle der territorialen Organisation eine Organisation entsprechend der Truppengliederung tritt. Die entsprechende Zuordnung von Geistlichen ist von den Kirchenämtern schon im Frieden vorzunehmen. Wird ein Militärgeistlicher der übenden Truppe zugeordnet, ist er im erforderlichen Umfang in die Übungsvorbereitung einzubeziehen.

Bei den Übungen gelten die rechtlichen Grundlagen der Militärseelsorge weiter. D.h. die Militärgeistlichen stehen auch hier in keinem Vorgesetzten- bzw. Untergebenenverhältnis. Soweit es jedoch um den allgemeinen Dienstbetrieb geht, hat der Militärgeistliche die Weisungen des Truppenführers oder Chefs des Stabes bzw. des Kommandanten des Gefechtsstandes zu beachten. In der kirchlichen Amtsführung und der seelsorgerlichen Tätigkeit bleibt der Militärgeistliche jedoch unabhängig von staatlichen Weisungen.

Der Militärgeistliche ist Berater des Kommandierenden Generals/Befehlshabers/Kommandeurs in allen Fragen der Militärseelsorge. Er arbeitet insbesondere mit der Abteilung des Stabes G 1/A 1/S 1 zusammen und mit dem leitenden Sanitätsoffizier und dem Rechtsberater. Soweit die Militärseelsorge berührt ist, ist der Militärgeistliche an Lagevorträgen und Stabsbesprechungen zu beteiligen.

Ein besonderer Abschnitt der „Vorläufigen Richtlinien" beschäftigt sich mit dem Hilfspersonal der Militärseelsorge, den Pfarrhelfern.

Für die Übungen steht dem Militärgeistlichen eine besondere Kultgeräteausstattung zur Verfügung. Militärgeistliche werden für die Übungen mit dem Kampfanzug der Bundeswehr ausgerüstet, an Bord tragen sie den neuen Arbeits- und Gefechtsanzug. Zur besonderen Kennzeichnung tragen die Militärgeistlichen Aufsteckschlaufen mit einem Kreuz (die katholischen Militärgeistlichen haben das Kronen-Kreuz auf der Schlaufe). Gemäß Genfer Abkommen tragen die Militärgeistlichen eine besondere Armbinde. Eine Armbinde wird auch von den Pfarrhelfern getragen. Der Rot-Kreuz-Ausweis ist ständig mitzuführen.

Militärgeistliche und Pfarrhelfer sollen bei Übungen an Marsch, Transport, Unterbringung und Verpflegung der Truppe teilnehmen. Erwartet wird ein gefechtsmäßiges Verhalten beim Ausüben der seelsorgerlichen Tätigkeit. Die Sicherheit der Truppe darf nicht gefährdet werden.

Organisatorisch ist der Militärgeistliche und der Pfarrhelfer an die G 1/A 1/S 1-Stabsabteilung angeschlossen. Das bedeutet beim Heer, daß er seinen Ort beim rückwärtigen Gefechtsstand hat.

Auf eine enge Zusammenarbeit mit den Militärseelsorgen der NATO bei Übungen in bezug auf Planung, gegenseitige Hilfe und kooperativer Durchführung pastoraler Aufgaben wird besonders hingewiesen.

5.4 Besondere Situationen

5.4.1 Zentrale Dienstvorschrift 10/13: „Besondere Vorkommnisse" vom 25. Oktober 1976

Da in besonderen Fällen der schnelle Einsatz des Militärgeistlichen erforderlich ist, weil erwartet wird, daß sein seelsorgerlicher Beistand gewünscht wird, regelt die ZDv 10/13 die unverzügliche Benachrichtigung des Militärgeistlichen bei Todesfällen von Soldaten, Unfällen, bei denen Soldaten schwer verletzt werden, und lebensgefährlichen Erkrankungen. Wenn in diesen Fällen der Militärgeistliche nicht erreichbar ist, muß der nächsterreichbare Geistliche der entsprechenden Konfession benachrichtigt werden. Benachrichtigung des Militärgeistlichen ist auch in den Fällen von Selbsttötungsversuchen, Selbstverstümmelung und von Soldaten verübten Verbrechen sofort erforderlich. Aus der Tatsache, daß neben den Militärgeistlichen die zuständigen Sozialberater und die Rechtsberater (in schwierigen und bedeutsamen Fällen) benachrichtigt werden sollen, ergibt sich die Notwendigkeit, daß zwischen Militärgeistlichen, Sozialberatern und Rechtsberatern sowie Truppenärzten eine dauernde und möglichst intensive Kommunikation stattfindet, damit eine umfassende und reibungslose Hilfe für den einzelnen geschehen kann, wenn solche Notfälle eintreten.

Auf die Verantwortlichkeit des Disziplinarvorgesetzten, den Militärgeistlichen im Falle schwerer Krankheit und Verletzung sowie bei längerer stationärer Behandlung von Soldaten zu benachrichtigen, weisen die Erlasse des Bundesministers der Verteidigung Fü S I 5 vom 31. Mai 1970 und vom 19. August 1981 hin.

Ein besonderer Erlaß des Bundesministers der Verteidigung VR I 4 vom 12. Januar 1982 regelt die „Besonderen Vorkommnisse im Bereich der Militärseelsorge". Dabei handelt es sich um Vorkommnisse, die geeignet sind, das Ansehen der Militärseelsorge in der Öffentlichkeit zu beeinträchtigen bzw. Vorgänge, die die gemeinsame Verantwortung von Kirche und Staat in bezug auf die Ausübung der Militärseelsorge berühren. Für die Meldung dieser Vorkommnisse, z. B. Straftaten durch Angehörige der Militärseelsorge, schwere Unfälle im Dienst, Sachbeschädigungen, Berichte in der Presse über schwere Mißstände in der Militärseelsorge oder Angriffe auf und Beleidigungen von Dienststellen der Militärseelsorge oder deren Mitarbeiter u. a. sind der Leiter des Evangelischen Kirchenamtes für die Bundeswehr bzw. der Leiter des Katholischen Militärbischofsamtes zuständig. Die Meldung geschieht an sie über die Wehrbereichsdekane. Die Leiter der Ämter berichten dann dem Bundesministerium der Verteidigung.

5.4.2 Seelsorgerische Betreuung und Religionsausübung während der Vollstreckung von disziplinaren Arreststrafen und Strafarrest (Zentrale Dienstvorschrift 14/3: „Wehrdisziplinarordnung" vom 28. Juli 1972)

In der ZDv 14/3 (B 149) wird zunächst grundsätzlich festgestellt, daß der Anspruch auf seelsorgerische Betreuung und ungestörte Religionsausübung nach § 36 des Soldatengesetzes auch während der Vollstreckung von Ausgangsbeschränkungen unbeeinträchtigt bleibt. Dazu wird in der ZDv 14/3 die Teilnahme an Gottesdiensten geregelt. Der Besuch von Gottesdiensten innerhalb der militärischen Anlagen, und für den Fall, daß dort kein Gottesdienst stattfindet, am Standort oder sogar am Nachbarstandort ist bei der Vollstreckung von Ausgangsbeschränkungen, verschärfter Ausgangsbeschränkung und Disziplinararrest zu ermöglichen, soweit es sich um einen Gottesdienst des Bekenntnisses des betreffenden Soldaten handelt. Dies gilt für Sonn- und Feiertage und auch für Werktage, soweit dem Soldaten sonst dafür Dienstbefreiung zu erteilen wäre. Andere religiöse Veranstaltungen im Kasernenbereich darf der Soldat ebenfalls besuchen. Diese Rechte aus § 36 Soldatengesetz können nur aus Gründen der Sicherheit und Ordnung eingeschränkt oder ganz entzogen werden.

Eine entsprechende Regelung enthält § 13 der Bundeswehrvollzugsordnung vom 29. November 1973 im Blick auf den Vollzug von Freiheitsstrafen, Strafarrest, Jugendarrest und Disziplinararrest. Hier wird darüber hinaus die seelsorgerische Betreuung durch einen Militärgeistlichen der entsprechenden Religionsgemeinschaft als Anspruch des Soldaten festgestellt. Dieser Anspruch deckt sich mit dem Verständnis beider Zweige der Militärseelsorge, daß diese Soldaten in ganz besonderer Weise Anspruch auf Zeit und Kraft der Militärgeistlichen haben. Die Militärgeistlichen sind nicht zuletzt Gesprächspartner, die bei der Bewältigung der inneren Konflikte und bei der Verarbeitung der mit jedem Arrest verbundenen Problematik helfen können. Der Wunsch nach seelsorgerischem Gespräch kann jedoch nur vom Soldaten ausgehen, denn alle religiösen Angelegenheiten sind unter dem Prinzip der Freiwilligkeit zu sehen und dürfen auch nicht den Anschein des Zwanges erwecken. Das entbindet den Militärgeistlichen jedoch nicht davon, möglichst regelmäßig die Arrestvollzugsanstalten des Standortbereiches aufzusuchen, um zu erfahren, ob der Besuch des Pfarrers gewünscht wird. An Standorten, an denen die Stelle des Militärgeistlichen vakant oder kein Militärgeistlicher erreichbar ist, soll dem Soldaten die Verbindung mit einem zivilen Seelsorger seines Bekenntnisses ermöglicht werden.

In § 8 der Bundeswehrvollzugsordnung wird darüber hinaus festgelegt, daß der Soldat Gegenstände des religiösen Gebrauchs zum Vollzug mitnehmen darf. Darunter fallen Bibeln, Gebet- und Gesangbuch, für katholische Soldaten der Rosenkranz.

5.5 Zentrale Dienstvorschrift 10/8: „Militärische Formen und Feiern"

Die kapitelweise zu verschiedenen Zeitpunkten erlassene ZDv 10/8 legt auch fest, in welchen Zusammenhängen Militärgeistliche bei militärischen Feiern und ihrer Vorbereitung mitwirken. Die in Kapitel 1 enthaltenen Regelungen zu Eid und feierlichem Gelöbnis sehen vor, daß die Militärgeistlichen die Soldaten ihrer Konfession im Rahmen des Lebenskundlichen Unterrichtes zuvor über die Bedeutung des Diensteides und des feierlichen Gelöbnisses aus religiöser Sicht belehren. Durch Fernschreiben des Bundesministers der Verteidigung – Fü S I 3 vom 18. März 1970 – wurde dazu befohlen, daß, da die Vereidigung der Berufs- und Zeitsoldaten danach zeitlich und räumlich getrennt vom feierlichen Gelöbnis der Wehrpflichtigen zu erfolgen hat, auch der Lebenskundliche Unterricht entsprechend getrennt zu erteilen ist. Ziel dieses Unterrichtes ist es, die durch Eid und Gelöbnis begründete innere Bindung deutlich bewußt zu machen. Zugleich werden die Einheitsführer angewiesen, ihren Unterricht zu Eid bzw. feierlichem Gelöbnis vor dem diesbezüglichen Lebenskundlichen Unterricht durchzuführen. Die zuständigen Kommandeure sollen dafür sorgen, daß am Tag des feierlichen Gelöbnisses vorher Gottesdienste stattfinden können und zwar nach Konfessionen getrennt. Hierbei ist die Weisung der Standortvorschrift, Kapitel 11, Nr. 57, zu beachten, daß derartige Gottesdienste vor der militärischen Feier und getrennt von dieser stattfinden.

Die in Kapitel 3 der ZDv geregelten Trauerfeiern sind grundsätzlich auf kirchliche Begräbnisse abgestimmt. Hinsichtlich der Benachrichtigung der nächsten Angehörigen über den Todesfall wird an die entsprechende Pflicht des Disziplinarvorgesetzten erinnert, der auch im Fall des außerdienstlichen Todesfalles tätig wird, wenn eine anderweitige Unterrichtung noch nicht stattgefunden hat. In diesem Fall soll die Form der Benachrichtigung mit dem zuständigen Ortsgeistlichen abgesprochen werden. Dieser besorgt ja auch die Absprache über die Art der Bestattung. Grundsätzlich soll sich dazu jedoch auch der für den Bestattungsort zuständige Militärgeistliche bereithalten. Der für die gegebenenfalls stattfindende Beteiligung der Bundeswehr am Begräbnis zuständige Disziplinarvorgesetzte spricht die Einzelheiten mit dem Geistlichen ab, der die kirchliche Trauerfeier hält.

In Kapitel 5 „Militärische Ehrenerweisungen ..." wird unter III. „Offizielle Besuche und Visitationen der Militärbischöfe" im einzelnen bestimmt, wie die Militärbischöfe bei diesen Reisen durch die Truppe aufzunehmen sind. Sie unternehmen die Reisen entweder als offizielle Besuche bei Truppenteilen und Dienststellen – und zwar in ihrer Eigenschaft als Vertreter ihrer Kirche im Bereich der Bundeswehr – oder als kirchliche Besuche der Militärkirchengemeinden bzw. der personalen Seelsorgebezirke in Verbindung mit einem offiziellen Besuch.

Offizielle Besuche werden dem Generalinspekteur durch den Leiter des jeweiligen Kirchenamtes angezeigt. Die Vorbereitungen trifft der zuständige Wehrbereichsdekan in enger Zusammenarbeit mit dem Persönlichen Referenten des Militärbischofs. Während des Besuches steht dem Militärbischof ein in Absprache zwischen dem Generalinspekteur und dem Leiter des Kirchenamtes benannter Begleitoffizier zur Verfügung, der im Benehmen mit dem Wehrbereichsdekan in seine Aufgaben eingewiesen wird. Ihm obliegt die Sorge für die technische Durchführung des Besuches. Zu diesem Zweck werden zu seiner Unterstützung Feldjäger abgestellt und ihm unterstellt.

5.6 Zentrale Dienstvorschrift 15/15: „Kriegsvölkerrecht, die völkerrechtliche Stellung der Militärgeistlichen" vom März 1965

Die ZDv 15/15 gibt unter A einen Überblick über die Entwicklung und Rechtsgrundlage des völkerrechtlichen Schutzes der Militärgeistlichen. Diese endet mit der Feststellung: „Die heute verbindlichen Rechtsgrundlagen für die völkerrechtliche Stellung der Militärgeistlichen sind in den I., II. und III. Genfer Abkommen vom 12. August 1949 enthalten." Diese Abkommen sind für fast alle Staaten der Erde verbindlich. Die Bundesrepublik ist den Abkommen mit Wirkung vom 3. März 1955 beigetreten.

Teil B der ZDv 15/15 nennt allgemeine Grundsätze. Zunächst geht es um die Feststellung, was ein Militärgeistlicher ist, wobei nach dem II. Genfer Abkommen hier auch die Marinegeistlichen eingeschlossen sind. Nicht völkerrechtlich gleichgestellt sind die Hilfskräfte der Militärgeistlichen, für die Militärseelsorge, in der Bundeswehr also die Pfarrhelfer. In einem Erlaß des Bundesverteidigungsministeriums vom 6. Juni 1983 wird noch einmal bestätigt, daß die Pfarrhelfer den Kombattantenstatuts haben, verbunden mit dem Hinweis, daß es dennoch dem Grundgedanken der Genfer Abkommen entspricht, auch ihnen weitgehend Schutz und Achtung zu gewähren.

Der besondere Status, den das Völkerrecht den Militärgeistlichen einräumt, beruht auf ihrer Eingliederung in die Streitkräfte in dem Sinne, daß ein öffentlich-rechtliches Rechtsverhältnis durch die Entscheidung der Eingliederung begründet ist. Dieses öffentlich-rechtliche Rechtsverhältnis ist für die Militärgeistlichen in der Bundeswehr durch ihren Beamtenstatus begründet.

Wichtig für den Schutz der Militärgeistlichen ist ihre Kennzeichnung. Die Genfer Abkommen sehen dafür wie für das Sanitätspersonal eine am linken Arm zu tragende Armbinde mit einem roten Kreuz auf weißem Grund vor. Sie muß feuchtigkeitsbeständig sein und von der zuständigen Militärbehörde geliefert und abgestempelt sein. Zur Unterscheidung vom Sanitätspersonal hat die Armbinde der Militärgeistlichen in der Bundeswehr einen aufgenähten violetten Mittelstreifen. Außerdem hat diese Armbinde eine zweite Seite, die auf olivgrünem Untergrund das rote Kreuz auf weißer Scheibe enthält. Laut Erlaß des Bundesverteidigungsministeriums InSan II 2 vom 9. Januar 1968 ist jedoch diese Armbinde grundsätzlich so zu tragen, daß das rote Kreuz auf weißem Untergrund sichtbar ist. Nur in Ausnahmefällen und falls dies militärisch „unbedingt geboten" ist, kann der Truppenführer vom Divisionskommandeur an aufwärts das vorübergehende Tragen der Armbinde so anordnen, daß der olivgrüne Untergrund mit dem roten Kreuz auf weißer Scheibe sichtbar ist.

Neben der Armbinde haben die Militärgeistlichen zusätzlich zur Erkennungsmarke eine besondere Ausweiskarte mitzuführen. Sie enthält Lichtbild und Unterschrift des Inhabers und den Stempel der Militärbehörde und weist den Träger als Militärgeistlichen aus, der den Schutz der Genfer Abkommen von 1949 genießt. Im Erlaß des Bundesverteidigungsministeriums vom 6. Juni 1983 wird noch einmal ausdrücklich bestätigt, daß beides, Armbinde und Ausweis, die Erkennbarkeit des Militärgeistlichen gewährleisten und sicherstellen. Die Pfarrhelfer als Kombattanten dürfen die Armbinde mit dem roten Kreuz nicht tragen.

Völkerrechtlicher Schutz der Militärgeistlichen bedeutet, daß sie „unter allen Umständen zu schonen und zu schützen" sind. Sie dürfen nicht angegriffen werden, sie sollen vor Übergriffen bewahrt werden, und ihnen soll Hilfe und Unterstützung gewährt werden. Dies gilt in jeder Zeit eines bewaffneten Konflikts und an jedem Ort. Nichtgeschützt ist das für die Seelsorge benutzte Material. Doch auch hier entspricht es dem Grundgedanken der Genfer Abkommen, daß dieses Material nicht zweckentfremdet wird.

Wer gegen diese Schutzbestimmungen verstößt, handelt völkerrechtswidrig. Militärgeistliche können nicht auf die ihnen durch die Genfer Abkommen verliehenen Rechte verzichten. Der Schutz geht auch nicht verloren, wenn Militärgeistliche Waffen tragen. Dies wird ihnen zur Selbstverteidigung oder zur Verteidigung von Verwundeten, Kranken und Schiffbrüchigen, also zur Abwehr völkerrechtswidriger Angriffe durch allgemeines Völkerrecht ausdrücklich zugestanden. Militärgeistliche der Bundeswehr tragen jedoch keine Waffen.

Der Teil C der ZDv 15/15 befaßt sich vor allem mit dem Status der Militärgeistlichen, die in die Hand des Feindes gefallen sind. Sie gelten in diesem Falle nicht als Kriegsgefangene. Sie dürfen jedoch zur Betreuung von Kriegsgefangenen der eigenen Streitkräfte zurückgehalten werden. Andernfalls sind sie zurückzusenden, wenn ein Weg offen ist, und die militärischen Erfordernisse es gestatten.

Zu den seelsorgerlichen Tätigkeiten zugunsten der Kriegsgefangenen gehört das Abhalten von Gottesdiensten, der geistliche Beistand und die Bestattung verstorbener Kriegsgefangener nach dem entsprechenden Ritus. Für die Ausübung dieser Tätigkeit hat der Gewahrsamsstaat alle nötigen Erleichterungen zu schaffen: Zur Verfügungstellung von Räumen für Gottesdienste, Beförderung der Geistlichen aus Anlaß von Besuchen, unmittelbarer Zutritt zur Lagerbehörde, Erleichterungen für den notwendigen Schriftwechsel und das ungehinderte Empfangen von Seelsorgematerial. Militärgeistliche unterstehen der Disziplin des entsprechenden Lagers, dürfen aber nicht zur Arbeit gezwungen werden, die in keinem Zusammenhang mit ihrer seelsorgerlichen Tätigkeit steht.

Besondere Fragen ergeben sich für die Militärgeistlichen im Nebenamt. In bezug auf ihren völkerrechtlichen Schutz wird im Erlaß des Bundesverteidigungsministeriums VR I 4 vom 6. Juni 1983 festgestellt, daß mit solchen Militärgeistlichen privatrechtliche Verträge geschlossen werden. Sie genießen den Schutz des IV. Genfer Abkommens sowie des 1. Zusatzprotokolls von 1977, das kurz vor der Ratifizierung steht. Danach haben die nebenamtlichen Militärgeistlichen einen eigenen, aber keinen minderen Schutz gegenüber den hauptamtlichen Militärgeistlichen nach den Genfer Abkommen I bis III.

6 Schlußbemerkung – Aussichten

Die Militärseelsorge, wie sie von der deutschen Regierung, dem Heiligen Stuhl und von den Vätern des Militärseelsorgevertrages gewollt wurde, hat sich schon lange Jahre bewährt. Das ist nicht nur die Überzeugung derer, die in der Militärseelsorge selbst ihren Dienst tun. Die Bundeswehr hat die „Zivilisten" in ihren Reihen angenommen, die Zuordnung zur Zusammenarbeit realisiert und die Eigenständigkeit des kirchlichen Auftrages akzeptiert und zu schätzen gelernt. In vielen öffentlichen Bekundungen von Vertretern des Staates und der Bundeswehr kommt dies zum Ausdruck. Und Militärpfarrer, die in den Dienst der Kirche unter den Soldaten eintreten, erfahren dankbar etwas von dem Vertrauensvorschuß, mit dem Soldaten ihren Seelsorgern begegnen.

Die Einschätzung der Militärseelsorge – ihres Auftrages und ihrer Organisationsformen – ist in den beiden Kirchen nicht gleich. In der katholischen Kirche ist die Einrichtung einer besonderen Seelsorge für Soldaten und ihre Familienangehörigen in allen Staaten der Erde gewünscht, in deren Streitkräften katholische Christen Dienst tun. Dies gilt unabhängig von der jeweiligen politischen und gesellschaftlichen Ordnung. Ob es eine Militärseelsorge geben soll, wird grundsätzlich nicht von jenen Überzeugungen berührt, die Katholiken – legitimerweise – von unterschiedlichen Konzepten und Wegen der Friedenssicherung haben. Der alle verpflichtende friedensethische Grundsatz hinsichtlich des Soldatendienstes lautet nach wie vor: Soldaten können und sollen wahrhaft zur Festigung des Friedens beitragen, solange sie als Diener der Sicherheit und Freiheit der Völker handeln.

Das Verhältnis der evangelischen Kirche und der Gliedkirchen zur Militärseelsorge ist hingegen so differenziert geblieben wie die Diskussion um das Zustandekommen des Militärseelsorgevertrages. Grundsätzlich wird man jedoch sagen können, daß die Militärseelsorge als Teil der kirchlichen Arbeit unbestritten ist. Dies ist in zahlreichen Erklärungen von Synoden, Kirchenleitungen und Bischöfen immer wieder deutlich ausgesprochen worden.

Die Eigenständigkeit der evangelischen Militärseelsorge und die Unabhängigkeit der Verkündigung wird allerdings dort immer wieder in Frage gestellt, wo Theologen von der Prämisse ausgehen, das Evangelium sei eigentlich unvereinbar mit der Ausübung des Soldatenberufes. Hier bleibt bei Teilen der Kirche der Verdacht, die Militärseelsorge stärke eben doch im Grunde nur die Kampfmoral der Truppe. Im einzelnen treten auch in der Kirche immer wieder Probleme auf, wenn Militärpfarrer erfahren, daß die Brüderlichkeit aufhört, eben weil sie Militärpfarrer sind, oder wenn Soldaten erleben, daß ihre Mitarbeit in der Gemeinde nicht gewünscht wird und sie sich dort nicht zu Hause fühlen können. An dieser Stelle darf das Gespräch zwischen Kirche und Bundeswehr nicht aufhören. Und die evangelische Militärseelsorge wird die schwierige Aufgabe des Vermittlers leisten müssen.

Grundsätzlich ist also die Militärseelsorge in beiden Kirchen unbestritten. Noch nicht gelöst ist jedoch in der evangelischen Kirche das Problem, wie der Dienst des Militärpfarrers stärker in die Ausbildung zum Pfarrer einbezogen werden kann. An zahlreichen Standorten machen Vikare oder auch Theologiestudenten zwar ein Praktikum in der evangelischen Militärseelsorge. Und angesichts der großen Zahl von Geistlichen will die evangelische Militärseelsorge nunmehr eine begrenzte Zahl von Theologen gleich nach dem zweiten theologischen Examen als Hilfsgeistliche für eine begrenzte Zeit einem erfahrenen Militärgeistlichen zuordnen, allerdings immer nur so, daß diese Geistlichen die Hälfte ihrer Zeit in der Militärseelsorge, die andere Hälfte in einer Gemeinde tätig sind. Grundsätzlich aber spielt der Dienst der evangelischen Kirche unter den Soldaten in der Ausbildung der Theologen in den Gliedkirchen keine Rolle.

Das differenzierte Verhältnis der Kirche und der Gliedkirchen zur Militärseelsorge kann man auch an der Tatsache ablesen, daß eigentlich kein Jahresbericht des Evangelischen Militärbischofs dem Rat der Evangelischen Kirche in Deutschland vorgelegt wurde, in dem nicht über Pfarrermangel in der Militärseelsorge geklagt wurde. Die Gliedkirchen haben sehr unterschiedlich der im Kirchengesetz zur Regelung der evangelischen Militärseelsorge in § 19 Absatz 1 festgelegten Bestimmung Genüge getan, dem Militärbischof „die für die Militärseelsorge benötigten Geistlichen in der erforderlichen Zahl" vorzuschlagen. Ein Tiefpunkt dieses Pfarrermangels war das Jahr 1982. Erfreulicherweise kann festgestellt werden, daß die Bereitschaft von Pfarrern zum Dienst in der evangelischen Militärseelsorge in den letzten beiden Jahren so zugenommen hat, daß der größte Teil der Standorte versorgt werden kann.

Angesichts eines sich verschärfenden Priestermangels in den katholischen Bistümern und noch ausgeprägter in den Orden wird das Fehl an katholischen Militärseelsorgern nicht verkleinert werden können. Die katholische Militärseelsorge wird an der Last aller mittragen müssen. In Zukunft wird es dann verstärkt darauf ankommen, die neuen pastoralen Dienste, die Laien in der katholischen Kirche leisten, auch in der Militärseelsorge fruchtbar werden zu lassen. Das erstreckt sich einerseits auf die hauptamtliche Mitarbeit theologisch voll ausgebildeter Pastoralreferenten, aber vor allem auf die verantwortliche Teilhabe an der pastoralen Sorge durch die katholischen Laien in den Seelsorgebezirken selbst.

Es ist sicherlich kein Zufall und zugleich Ausdruck der Tatsache, daß die pastorale Mitverantwortung der Laien mehr ist als der Ersatz für fehlende Priester, wenn Papst Johannes Paul II. im April 1984 den in Rom versammelten Militärbischöfen aus der ganzen Welt sagte: „Unter den großen Zielsetzungen, auf die alle Mitglieder des Gottesvolkes auf Grund ihrer Taufe vom Konzil hingewiesen wurden, findet sich auch jene, die den gläubigen Laien die Aufgabe der ‚Heiligung der Welt' anvertraut, die eine einzigartige Anwendung des Begriffs ‚Dienst' ist. Die christlichen Soldaten, die dem Vaterland dienen, können und sollen sich als Soldaten des Gottesreiches fühlen.

In ihnen den apostolischen und missionarischen Eifer wecken und wachhalten heißt: die Lebenskraft der christlichen Berufung und die Fülle ihres kirchlichen Bewußtseins nähren.

Wie jede Pastoral kann auch die Soldatenseelsorge nicht allein die Aufgabe der Priester sein, wie sie auch nicht die alleinige Aufgabe von Laien sein könnte. Die Teilhabe der Laien, als aktive und verantwortliche Mitarbeit verstanden und klar und ohne Rollenverschiebung praktiziert, wird sich als wertvoller und in seiner Arbeit unersetzlicher Beitrag zur Ausbreitung des christlichen Sauerteiges im soldatischen Leben erweisen."[134])

Im Blick auf die wesentlichen Aufgaben der evangelischen Militärseelsorge in der Zukunft sagte Bischof Dr. Ulrich Wilckens, Bischof für den Sprengel Holstein-Lübeck der Nordelbischen Evangelisch-lutherischen Kirche in einem Interview im Sommer 1984: „Die Militärseelsorge hat eine ebenso wichtige wie schwierige Aufgabe, heute noch mehr als zur Zeit ihrer Gründung. Sie ist Kirche in der Bundeswehr und muß darum ihre Unabhängigkeit und Freiheit zur Vertretung der Sache des Evangeliums und der Kirche voll ausnutzen und nutzen können. Jeder Berufszweig bringt heute nicht nur eine Fülle von Detailkenntnissen mit sich, die nur in diesem Berufszweig durch- und überschaubar werden, sondern er schafft auch Neigungen, von den Berufsgesichtspunkten die eigene Meinung und das eigene Verhalten sehr weitgehend bestimmen zu lassen. Das ist in der Bundeswehr auch so – sogar in besonders ausgeprägter Weise, wie sich dies in der Friedensfrage deutlich zeigt. Die Militärseelsorge hat hier die Aufgabe, den Soldaten einmal die umfassende, konkrete Lebensbedeutung des christlichen Glaubens nahezubringen, die gerade für sie von besonderer Wichtigkeit ist – vor allem die Bedeutung von Schuld und Vergebung, von Vertrauenkönnen über alle Grenzen hinaus, und nicht zuletzt auch die immense Stärke, die die Hoffnung auf Gott über Leiden, Katastrophen und Tod hinaus ganz einfachen Menschen zu geben vermag. Das ist die Rede vom Frieden Gottes als einer Wirklichkeit ‚über alle Vernunft hinaus', deren so häufigem Mißverständnis als bloße ‚Herzensangelegenheit' konkret gewehrt werden muß, gerade im Umkreis von Soldaten, die angesichts der fortschreitenden Technisierung ihrer Berufswelt nichts dringender brauchen als eine persönlich gegründete Überzeugung von der Wahrheit und Glaubwürdigkeit der Verkündigung des Friedens Gottes. Die Militärseelsorge hat aber auch andererseits die Aufgabe, die Soldaten am kirchlichen Meinungsbildungsprozeß in Sachen politischer Friedensbewahrung und -sicherung so wirksam teilnehmen zu lassen wie nur möglich. Die Auseinandersetzung insbesondere mit den ethischen Grundlagen kirchlicher Friedensarbeit kann dem Trend zu einem ‚militär-positivistischen' Denken, den die Berufswirklichkeit nahezu aufnötigt, in fruchtbarer Weise wehren und nicht zuletzt auch jeder Art von Isolierung des Berufsstandes kräftig entgegenwirken".[135])

[134]) L'Osservatore Romano vom 9./10. April 1984, Übersetzung: O. R., deutschen Wochenausgabe

[135]) Standort-Mitteilungen aus der Evangelischen Militärseelsorge Nr. 5, September 1984, S. 20.

7 Anhang: Dokumentation

7.1 Grundgesetz für die Bundesrepublik Deutschland vom 23. Mai 1949 (Auszug)

Artikel 4

1. Die Freiheit des Glaubens, des Gewissens und die Freiheit des religiösen und weltanschaulichen Bekenntnisses sind unverletzlich.
2. Die ungestörte Religionsausübung wird gewährleistet.
3. Niemand darf gegen sein Gewissen zum Kriegsdienst mit der Waffe gezwungen werden. Das Nähere regelt ein Bundesgesetz.

Artikel 140

Die Bestimmungen der Artikel 136, 137, 138, 139 und 141 der deutschen Verfassung vom 11. August 1919 sind Bestandteil dieses Grundgesetzes.

Artikel 136 (Weimarer Verfassung)

Die bürgerlichen und staatsbürgerlichen Rechte und Pflichten werden durch die Ausübung der Religionsfreiheit weder bedingt noch beschränkt.

Der Genuß bürgerlicher und staatsbürgerlicher Rechte sowie die Zulassung zu öffentlichen Ämtern sind unabhängig von dem religiösen Bekenntnis.

Niemand ist verpflichtet, seine religiöse Überzeugung zu offenbaren. Die Behörden haben nur soweit das Recht, nach der Zugehörigkeit zu einer Religionsgesellschaft zu fragen, als davon Rechte und Pflichten abhängen oder eine gesetzlich angeordnete statistische Erhebung dies erfordert.

Niemand darf zu einer kirchlichen Handlung oder Feierlichkeit oder zur Teilnahme an einer religiösen Übung oder zur Benutzung einer religiösen Eidesform gezwungen werden.

Artikel 137 (Weimarer Verfassung)

Es besteht keine Staatskirche.

Die Freiheit der Vereinigung zu Religionsgesellschaften wird gewährleistet. Der Zusammenschluß von Religionsgesellschaften innerhalb des Reichsgebiets unterliegt keinen Beschränkungen.

Jede Religionsgesellschaft ordnet und verwaltet ihre Angelegenheiten selbständig innerhalb der Schranken des für alle geltenden Gesetzes. Sie verleiht ihre Ämter ohne Mitwirkung des Staates oder der bürgerlichen Gemeinde.

Religionsgesellschaften erwerben die Rechtsfähigkeit nach den allgemeinen Vorschriften des bürgerlichen Rechtes.

Die Religionsgesellschaften bleiben Körperschaften des öffentlichen Rechtes, soweit sie solche bisher waren. Anderen Religionsgesellschaften sind auf ihren Antrag gleiche Rechte zu gewähren, wenn sie durch ihre Verfassung und die Zahl ihrer Mitglieder die Gewähr der Dauer bieten. Schließen sich mehrere derartige öffentlich-rechtliche Religionsgesellschaften zu einem Verbande zusammen, so ist auch dieser Verband eine öffentlich-rechtliche Körperschaft.

Die Religionsgesellschaften, welche Körperschaften des öffentlichen Rechtes sind, sind berechtigt, auf Grund der bürgerlichen Steuerlisten nach Maßgabe der landesrechtlichen Bestimmungen Steuern zu erheben.

Den Religionsgesellschaften werden die Vereinigungen gleichgestellt, die sich die gemeinschaftliche Pflege einer Weltanschauung zur Aufgabe machen.

Soweit die Durchführung dieser Bestimmungen eine weitere Regelung erfordert, liegt diese der Landesgesetzgebung ob.

Artikel 138 (Weimarer Verfassung)

Die auf Gesetz, Vertrag oder besonderen Rechtstiteln beruhenden Staatsleistungen an die Religionsgesellschaften werden durch die Landesgesetzgebung abgelöst. Die Grundsätze hierfür stellt das Reich auf.

Das Eigentum und andere Rechte der Religionsgesellschaften und religiösen Vereine an ihren für Kultus-, Unterrichts- und Wohltätigkeitszwecke bestimmten Anstalten, Stiftungen und sonstigen Vermögen werden gewährleistet.

***Artikel 139** (Weimarer Verfassung)*

Der Sonntag und die staatlich anerkannten Feiertage bleiben als Tage der Arbeitsruhe und der seelischen Erhebung gesetzlich geschützt.

***Artikel 141** (Weimarer Verfassung)*

Soweit das Bedürfnis nach Gottesdienst und Seelsorge im Heer, in Krankenhäusern, Strafanstalten oder sonstigen öffentlichen Anstalten besteht, sind die Religionsgesellschaften zur Vornahme religiöser Handlungen zuzulassen, wobei jeder Zwang fernzuhalten ist.

7.2 Soldatengesetz vom 19. März 1956

Auszug
(abgedruckt im VMBl. 1975, S. 341)

§ 36

Der Soldat hat einen Anspruch auf Seelsorge und ungestörte Religionsausübung. Die Teilnahme am Gottesdienst ist freiwillig.

7.3 Vertrag der Bundesrepublik Deutschland mit der Evangelischen Kirche in Deutschland zur Regelung der evangelischen Militärseelsorge vom 22. Februar 1957

Die Bundesrepublik Deutschland

und

die Evangelische Kirche in Deutschland

in dem Bestreben, die freie religiöse Betätigung und die Ausübung der Seelsorge in der Bundeswehr zu gewährleisten,

in dem Bewußtsein der gemeinsamen Verantwortung für diese Aufgabe

und

in dem Wunsche, eine förmliche Übereinkunft über die Regelung der evangelischen Militärseelsorge zu treffen,

sind über folgende Artikel übereingekommen:

Abschnitt I
Grundsätze

Artikel 1

Für die Bundeswehr wird eine ständige evangelische Militärseelsorge eingerichtet.

Artikel 2

(1) Die Militärseelsorge als Teil der kirchlichen Arbeit wird im Auftrag und unter der Aufsicht der Kirche ausgeübt.

(2) Der Staat sorgt für den organisatorischen Aufbau der Militärseelsorge und trägt ihre Kosten.

Artikel 3

(1) Die Militärseelsorge wird von Geistlichen ausgeübt, die mit dieser Aufgabe hauptamtlich beauftragt sind (Militärgeistliche). Für je eintausendfünfhundert evangelische Soldaten (Artikel 7 Absatz 1 Nr. 1 bis 3) wird ein Militärgeistlicher berufen.

(2) In besonderen Fällen können auch im Dienst der Gliedkirchen stehende Geistliche nebenamtlich mit Aufgaben der Militärseelsorge betraut werden (Militärgeistliche im Nebenamt).

Artikel 4

Aufgabe des Militärgeistlichen ist der Dienst am Wort und Sakrament und die Seelsorge. In diesem Dienst ist der Militärgeistliche im Rahmen der kirchlichen Ordnung selbständig. Als kirchlicher Amtsträger bleibt er in Bekenntnis und Lehre an seine Gliedkirche gebunden.

Artikel 5

Den Soldaten ist im Rahmen der dienstlichen Möglichkeiten Gelegenheit zu geben, sich am kirchlichen Leben zu beteiligen.

Abschnitt II
Personale Seelsorgebereiche und Militärkirchengemeinden

Artikel 6

(1) Die Militärseelsorge wird in personalen Seelsorgebereichen ausgeübt. Die personalen Seelsorgebereiche werden von den beteiligten Gliedkirchen gebildet.

(2) Den Gliedkirchen bleibt es überlassen, für die Militärseelsorge Militärkirchengemeinden als landeskirchliche Personalgemeinden zu errichten.

(3) Die Bildung, Errichtung und Änderung der einzelnen personalen Seelsorgebereiche und der Militärkirchengemeinden wird zwischen dem Militärbischof und den beteiligten Gliedkirchen nach vorheriger Verständigung mit dem Bundesminister für Verteidigung vereinbart.

Artikel 7

(1) Zu den personalen Seelsorgebereichen oder den Militärkirchengemeinden gehören
1. die Berufssoldaten,
2. die Soldaten auf Zeit
3. die Wehrpflichtigen während des Grundwehrdienstes,
4. im Verteidigungsfall auch die auf unbestimmte Zeit einberufenen Soldaten,
5. die in der Bundeswehr tätigen Beamten und Angestellten, die der Truppe im Verteidigungsfall zu folgen haben,
6. die Ehefrauen und die unter elterlicher Gewalt stehenden Kinder der in Nummer 1, 2 und 5 genannten Personen, sofern sie deren Hausstand am Standort angehören.

(2) Aus den personalen Seelsorgebereichen oder den Militärkirchengemeinden scheiden aus
1. Personen, die ihren Kirchenaustritt rechtswirksam erklärt haben,
2. Personen, bei denen das die Zugehörigkeit zu den personalen Seelsorgebereichen oder zu den Militärkirchengemeinden bedingende Rechtsverhältnis zum Bund endet,
3. die in den Ruhestand versetzten Personen sowie ihre Ehefrauen und unter elterlicher Gewalt stehenden Kinder,
4. die Ehefrauen und unter elterlicher Gewalt stehenden Kinder verstorbener Angehöriger der personalen Seelsorgebereiche oder der Militärkirchengemeinden.

(3) Der Militärbischof und der Bundesminister für Verteidigung können eine andere Abgrenzung des in Absatz 1 Nr. 5 und 6 genannten Personenkreises vereinbaren.

Artikel 8

(1) Die Angehörigen der personalen Seelsorgebereiche sind Glieder der Ortskirchengemeinden, bei denen die personalen Seelsorgebereiche gebildet werden. Die Angehörigen der Militärkirchengemeinden gehören Ortskirchengemeinden nicht an.

(2) Der für den personalen Seelsorgebereich bestellte Militärgeistliche ist für kirchliche Amtshandlungen in seinem Seelsorgebereich zuständig. Mit den Militärkirchengemeinden sind Parochialrechte verbunden.

Artikel 9

Die Militärseelsorge nimmt sich auch der Soldaten an, die nicht Angehörige der personalen Seelsorgebereiche oder der Militärkirchengemeinden sind.

Abschnitt III
Militärbischof

Artikel 10

Die kirchliche Leitung der Militärseelsorge obliegt dem Militärbischof.

Artikel 11

(1) Der Militärbischof wird vom Rat der Evangelischen Kirche in Deutschland ernannt. Vor der Ernennung tritt der Rat der Evangelischen Kirche in Deutschland mit der Bundesregierung in Verbindung, um sich zu versichern, daß vom staatlichen Standpunkt aus gegen den für das Amt des Militärbischofs vorgesehenen Geistlichen keine schwerwiegenden Einwendungen erhoben werden.

(2) Der Rat der Evangelischen Kirche in Deutschland kann den Militärbischof aus wichtigen kirchlichen Gründen abberufen. Er unterrichtet die Bundesregierung angemessene Zeit zuvor von einer dahingehenden Absicht und teilt ihr zugleich die Person des in Aussicht genommenen neuen Amtsträgers mit.

Artikel 12

(1) Der Militärbischof ist zuständig für alle kirchlichen Angelegenheiten im Zusammenhang mit der Militärseelsorge, insbesondere für

1. die Einführung der Militärgeistlichen in ihr kirchliches Amt in der Militärseelsorge,
2. die oberste kirchliche Dienstaufsicht über die Militärgeistlichen mit Ausnahme der Lehrzucht und der Disziplinargewalt, die bei den Gliedkirchen verbleiben,
3. den Erlaß von Richtlinien für die Ausbildung der Militärgeistlichen und die Überwachung ihrer Durchführung,
4. die Abhaltung von wiederkehrenden dienstlichen Versammlungen der Militärgeistlichen,
5. die Visitation der personalen Seelsorgebereiche und der Militärkirchengemeinden,
6. den Erlaß einer Feldagende,
7. das religiöse Schrifttum in der Militärseelsorge,
8. das kirchliche Urkunden- und Berichtswesen und die Führung von Kirchenbüchern,
9. die Einweihung von gottesdienstlichen Räumen der Militärseelsorge,
10. das kirchliche Sammlungswesen in der Militärseelsorge,
11. den Erlaß von Richtlinien für die seelsorgerische Zusammenarbeit mit kirchlichen Stellen des zivilen Bereichs und mit der Militärseelsorge fremder Staaten,
12. die Seelsorge für evangelische Kriegsgefangene.

(2) Im Rahmen der Militärseelsorge kann sich der Militärbischof in Ansprachen sowie mit Verfügungen und anderen schriftlichen Verlautbarungen an die personalen Seelsorgebereiche und die Militärkirchengemeinden sowie die Militärgeistlichen wenden.

Artikel 13

Vorschriften und Richtlinien des Militärbischofs müssen sich im Rahmen des allgemeinen kirchlichen Rechts halten. Soweit sie auch staatliche Verhältnisse betreffen, bedürfen sie der Zustimmung des Bundesministers für Verteidigung.

Abschnitt IV
Kirchenamt

Artikel 14

Zur Wahrnehmung der zentralen Verwaltungsaufgaben der evangelischen Militärseelsorge wird am Sitz des Bundesministeriums für Verteidigung ein „Evangelisches Kirchenamt für die Bundeswehr" eingerichtet, das dem Bundesminister für Verteidigung unmittelbar nachgeordnet ist.

Artikel 15

(1) Zum Leiter des Evangelischen Kirchenamtes für die Bundeswehr wird auf Vorschlag des Militärbischofs ein Militärgeneraldekan berufen.

(2) Der Militärgeneraldekan untersteht dem Militärbischof. Soweit er mit der Militärseelsorge zusammenhängende staatliche Verwaltungsaufgaben wahrnimmt, untersteht er dem Bundesminister für Verteidigung.

(3) Der Militärbischof kann den Militärgeneraldekan im Einzelfall mit der Wahrnehmung der ihm nach Artikel 12 Absatz 1 zustehenden Befugnisse beauftragen.

Abschnitt V
Militärgeistliche

Artikel 16

Die Militärgeistlichen stehen in einem geistlichen Auftrage, in dessen Erfüllung sie von staatlichen Weisungen unabhängig sind. Im übrigen wird ihre Rechtsstellung nach Maßgabe der folgenden Bestimmungen geordnet.

Artikel 17

(1) Die Militärgeistlichen müssen

1. ein mindestens dreijähriges theologisches Studium an einer deutschen staatlichen Hochschule zurückgelegt haben,
2. zur Ausübung des Pfarramts in einer Gliedkirche berechtigt sein,
3. mindestens drei Jahre in der landeskirchlichen Seelsorge tätig gewesen sein.

(2) Sie sollen bei ihrer Einstellung in den Militärseelsorgedienst das fünfunddreißigste Lebensjahr noch nicht überschritten haben.

(3) Bei Einverständnis zwischen dem Bundesminister für Verteidigung und dem Militärbischof kann von den Erfordernissen des Absatzes 1 Nr. 1 und 3 abgesehen werden.

Artikel 18

(1) Die Militärgeistlichen werden auf Vorschlag des Militärbischofs, der sich zuvor des Einverständnisses der zuständigen Gliedkirche versichert, zunächst für die Dauer von drei Monaten probeweise in den Militärseelsorgedienst eingestellt. Die Erprobungszeit kann mit Zustimmung der zuständigen Gliedkirche verlängert werden.

(2) Die Militärgeistlichen stehen während der Erprobungszeit im Angestelltenverhältnis und erhalten eine Vergütung mindestens entsprechend ihren kirchlichen Dienstbezügen.

Artikel 19

(1) Nach der Erprobungszeit werden die Militärgeistlichen in das Beamtenverhältnis auf Zeit berufen, soweit sie dauernd für leitende Aufgaben in der Militärseelsorge verwendet werden sollen, werden sie in das Beamtenverhältnis auf Lebenszeit berufen.

(2) Auf Militärgeistliche, die in das Beamtenverhältnis auf Lebenszeit berufen werden, finden die für Bundesbeamte auf Lebenszeit geltenden Vorschriften Anwendung, soweit nicht in diesem Vertrag etwas anderes bestimmt ist.

(3) Die übrigen Militärgeistlichen werden für sechs bis acht Jahre in das Beamtenverhältnis berufen. Mit Ablauf der festgesetzten Amtszeit endet das Beamtenverhältnis. Die Amtszeit kann um höchstens vier Jahre verlängert werden; in diesem Falle gilt das Beamtenverhältnis als nicht unterbrochen. Auf diese Militärgeistlichen finden die für Bundesbeamte auf Lebenszeit geltenden Vorschriften sinngemäß Anwendung, soweit nicht in diesem Vertrag etwas anderes bestimmt ist.

Artikel 20

(1) Vorschläge zur Ernennung und Beförderung sowie Versetzungen der Militärgeistlichen bedürfen des Einverständnisses des Militärbischofs.

(2) Vor sonstigen wichtigen Entscheidungen in personellen Angelegenheiten der Militärgeistlichen ist vom Bundesminister für Verteidigung die Stellungnahme des Militärbischofs einzuholen.

Artikel 21

Für die Ämter vom Militärdekan an aufwärts besteht keine regelmäßige Dienstlaufbahn.

Artikel 22

(1) In kirchlichen Angelegenheiten unterstehen die Militärgeistlichen der Leitung und der Dienstaufsicht des Militärbischofs (Artikel 12 Absatz 1 Nr. 2) sowie der Dienstaufsicht des Militärgeneraldekans und der übrigen vom Militärbischof mit der Dienstaufsicht betrauten Militärgeistlichen.

(2) Für die Militärgeistlichen als Bundesbeamte sind
1. oberste Dienstbehörde der Bundesminister für Verteidigung,
2. unmittelbarer Dienstvorgesetzter der Militärgeneraldekan.

Artikel 23

(1) Der Militärgeistliche ist auch zu entlassen
1. bei Verlust der durch die Ordination erworbenen Rechte oder bei dienststrafrechtlicher Entfernung aus dem kirchlichen Amt,
2. auf Antrag des Militärbischofs, wenn seine Verwendung im Dienst der Kirche im wichtigen Interesse der Kirche liegt.

(2) Ein nach Absatz 1 entlassener Militärgeistlicher hat vorbehaltlich der Regelung in den Absätzen 3 und 4 keinen Anspruch auf Versorgung aus dem Beamtenverhältnis. § 154 des Bundesbeamtengesetzes bleibt mit der Maßgabe unberührt, daß Absatz 5 auch bei Wiederverwendung des Militärgeistlichen im Dienst der Kirche gilt. Ferner finden für einen durch Dienstunfall verletzten Militärgeistlichen im Falle seiner Entlassung nach Absatz 1 Nr. 1 die §§ 143 und 147 des Bundesbeamtengesetzes und im Falle seiner Entlassung nach Absatz 1 Nr. 2 der Artikel 25 Absatz 1 Satz 3 dieses Vertrages Anwendung.

(3) Einem Militärgeistlichen mit einer Dienstzeit im Sinne des § 106 Absatz 2 des Bundesbeamtengesetzes von mindestens zehn Jahren kann im Falle seiner Entlassung nach Absatz 1 Nr. 1 an Stelle des Übergangsgeldes ein Unterhaltsbeitrag bis zur Höhe des Ruhegehalts bewilligt werden.

(4) Wird ein Militärgeistlicher, der im Zeitpunkt der Übernahme in das Beamtenverhältnis auf Lebenszeit als Militärgeistlicher Beamter zur Wiederverwendung im Sinne des Gesetzes zur Regelung der Rechtsverhältnisse der unter Artikel 131 des Grundgesetzes fallenden Personen war und entsprechend seiner früheren Rechtsstellung untergebracht ist, nach Absatz 1 entlassen, so leben die Rechte nach dem genannten Gesetz wieder auf.

Artikel 24

Die Zeit, die ein Militärgeistlicher vor der Berufung in das Beamtenverhältnis im Dienst der Kirche als Geistlicher verbracht hat, ist ruhegehaltfähig.

Artikel 25

(1) Ein Militärgeistlicher mit der Rechtsstellung eines Beamten auf Zeit, dessen Beamtenverhältnis durch Ablauf der festgesetzten Amtszeit endet, hat keinen Anspruch auf Versorgung aus dem Beamtenverhältnis. § 154 des Bundesbeamtengesetzes bleibt mit der Maßgabe unberührt, daß Absatz 5 auch bei Wiederverwendung des Militärgeistlichen im Dienst der Kirche gilt. Ferner behält der durch Dienstunfall verletzte Militärgeistliche die sich aus dem Beamten-Unfallfürsorgerecht ergebenden Ansprüche, die sich bei seiner Wiederverwendung im Dienst der Kirche gegen den kirchlichen Dienstherrn nach dessen Recht richten.

(2) Wird im Falle des Absatzes 1 der Geistliche wieder im Dienst der Kirche verwendet, so tragen bei Eintritt des Versorgungsfalles der Bund und der kirchliche Dienstherr die Versorgungsbezüge anteilig nach den ruhegehaltfähigen Dienstzeiten, die der Geistliche bei ihnen abgeleistet hat. Bei der Berechnung der Dienstzeiten werden nur volle Jahre zugrunde gelegt.

(3) Ist der Geistliche bei oder nach seiner Übernahme in den Dienst der Kirche befördert worden, so bemißt sich der Anteil des Bundes an den Versorgungsbezügen so, wie wenn der Geistliche in dem Amt verblieben wäre, in dem er sich vor der Übernahme befand.

(4) Der kirchliche Dienstherr hat die vollen Versorgungsbezüge auszuzahlen. Ihm steht gegen den Bund ein Anspruch auf anteilige Erstattung zu. Die Bezüge für den Sterbemonat und das Sterbegeld fallen, sofern sie sich nach den Dienstbezügen des Geistlichen bemessen, dem kirchlichen Dienstherrn in voller Höhe zur Last.

Abschnitt VI
Hilfskräfte

Artikel 26

(1) Den Militärgeistlichen werden vom Staat die zur Unterstützung bei gottesdienstlichen Handlungen und Verwaltungsaufgaben im Zusammenhang mit der Militärseelsorge erforderlichen Hilfskräfte zur Verfügung gestellt.

(2) Die Hilfskräfte bei den dienstaufsichtführenden Militärgeistlichen werden in das Beamtenverhältnis übernommen.

Abschnitt VII
Schlußvorschriften

Artikel 27

Die Vertragschließenden werden eine etwa in Zukunft zwischen ihnen entstehende Meinungsverschiedenheit über die Auslegung einer Bestimmung dieses Vertrages auf freundschaftliche Weise beseitigen. In gleicher Weise werden sie sich über etwa notwendig werdende Sonderregelungen verständigen.

Artikel 28

(1) Dieser Vertrag soll ratifiziert und die Ratifikationsurkunden sollen in Bonn ausgetauscht werden.

(2) Er tritt am Tage des Austausches der Ratifikationsurkunden in Kraft.

Zu Urkund dessen ist dieser Vertrag unterzeichnet worden.

Geschehen zu Bonn am 22. Februar 1957 in zwei Urschriften.

Für die Bundesrepublik Deutschland:
Der Bundeskanzler
Adenauer

Der Bundesminister für Verteidigung
Strauß

Für die Evangelische Kirche in Deutschland:
Der Vorsitzende des Rates
D. Dibelius

Der Leiter der Kirchenkanzlei
D. Brunotte

Schlußprotokoll

Bei der Unterzeichnung des am heutigen Tage zwischen der Bundesrepublik Deutschland und der Evangelischen Kirche in Deutschland geschlossenen Vertrages zur Regelung der evangelischen Militärseelsorge haben die Unterzeichneten folgende übereinstimmende Erklärungen abgegeben, die einen Bestandteil dieses Vertrages bilden:

Zu Artikel 3 Absatz 2:

Die Aufgaben, Rechte und Pflichten der Militärgeistlichen im Nebenamt werden durch Vereinbarung zwischen dem Militärbischof und dem Bundesminister für Verteidigung geregelt.

Zu Artikel 6 Absatz 3:

Die Vereinbarungen über die Bildung, Errichtung und Änderung der personalen Seelsorgebereiche und der Militärkirchengemeinden werden im Verordnungsblatt des Militärbischofs veröffentlicht.

Zu Artikel 7:

Die Angehörigen der personalen Seelsorgebereiche und der Militärkirchengemeinden sind verpflichtet, kirchliche Abgaben zu entrichten; den zuständigen Stellen bleibt eine nähere Regelung vorbehalten.

Zu Artikel 10:

Der Militärbischof erhält vom Staat eine angemessene Dienstaufwandsentschädigung. Die ihm im Zusammenhang mit der kirchlichen Leitung der Militärseelsorge entstehenden Sachausgaben werden erstattet. Er erhält Reisekosten nach der Reisekostenstufe E.

Zu Artikel 11:

Die Bundesregierung wird auf Wunsch die Gründe mitteilen, aus denen sie ihre Bedenken gegen den für die Ernennung zum Militärbischof vorgeschlagenen Geistlichen herleitet. Desgleichen wird der Rat der Evangelischen Kirche in Deutschland die Gründe mitteilen, die ihn zur Abberufung des Militärbischofs bestimmen.

Es besteht außerdem Einverständnis darüber, daß der Name des in Aussicht genommenen Militärbischofs vertraulich behandelt wird, bis seine Ernennung durch den Rat der Evangelischen Kirche in Deutschland veröffentlicht ist.

Zu Artikel 12 Absatz 1 Nr. 1:

Behält sich eine Gliedkirche vor, einem Militärgeistlichen das kirchliche Amt durch einen anderen Geistlichen zu übertragen, so beteiligt sich der Militärbischof an der Einführung, indem er den Militärgeistlichen begrüßt und ihm die kirchliche Anstellungsurkunde übergibt.

Zu Artikel 12 Absatz 1 Nr. 8:

Die abgeschlossenen Kirchenbücher werden beim Evangelischen Kirchenamt für die Bundeswehr verwaltet.

Zu Artikel 13:

Vorschriften und Richtlinien des Militärbischofs werden im Verordnungsblatt des Militärbischofs veröffentlicht.

Zu Artikel 15:

Der Militärgeneraldekan ist berechtigt, im Auftrag des Militärbischofs dem Bundesminister für Verteidigung unmittelbar Vortrag zu halten.

Zu Artikel 16 bis 25:

Die kirchliche Amtstracht der Militärgeistlichen wird durch den Militärbischof bestimmt.

Vor Einführung einer Dienstkleidung für die Militärgeistlichen ist die Zustimmung des Militärbischofs einzuholen.

Zu Artikel 26:

Jedem Militärgeistlichen mit Ausnahme der Militärgeistlichen im „Evangelischen Kirchenamt für die Bundeswehr" wird eine Hilfskraft zugeteilt. Die Hilfskräfte der Militärgeistlichen müssen evangelischen Bekenntnisses sein. Sie müssen die Befähigung für den Hilfsdienst in der Militärseelsorge erforderlichenfalls durch eine Prüfung nachweisen, die unter Beteiligung des Militärgeneraldekans oder eines von ihm beauftragten Militärgeistlichen abgehalten wird.

Geschehen zu Bonn am 22. Februar 1957

Für die Bundesrepublik Deutschland:
Der Bundeskanzler
Adenauer

Der Bundesminister für Verteidigung
Strauß

Für die Evangelische Kirche in Deutschland:
Der Vorsitzende des Rates
D. Dibelius

Der Leiter der Kirchenkanzlei
D. Brunotte

7.4 Kirchengesetz zur Regelung der evangelischen Militärseelsorge in der Bundesrepublik Deutschland vom 8. März 1957

Auf Grund des Artikels 10 Buchstabe b der Grundordnung hat die Synode der Evangelischen Kirche in Deutschland das folgende Kirchengesetz beschlossen:

Abschnitt I Grundsätze

§ 1

Die Militärseelsorge bildet einen Teil der den Gliedkirchen obliegenden allgemeinen Seelsorge. Sie wird gemäß dem am 22. Februar 1957 zwischen der Evangelischen Kirche in Deutschland und der Bundesrepublik Deutschland geschlossenen Vertrag (Staatsvertrag) Abl. EKD Nr. 162, im Auftrag der Gliedkirchen von den hierfür aus den Gliedkirchen berufenen Militärgeistlichen unter der Leitung des Militärbischofs wahrgenommen.

§ 2

Der Dienst der Militärseelsorge ist innerhalb des Bereichs der Gliedkirchen an deren Bekenntnis gebunden.

§ 3

Die Vertretung der kirchlichen Aufgaben gegenüber der Bundesrepublik wird für die Militärseelsorge durch die Evangelische Kirche in Deutschland wahrgenommen. Sie ist dabei nach den Vorschriften dieses Gesetzes an die Mitwirkung der Gliedkirchen gebunden.

Abschnitt II Personale Seelsorgebereiche, Militärkirchengemeinde

§ 4

Für Gottesdienste und Amtshandlungen in den personalen Seelsorgebereichen und den Militärkirchengemeinden ist die Ordnung der zuständigen Gliedkirche maßgebend.

§ 5

Zu Vereinbarungen nach Artikel 7 Absatz 3 des Staatsvertrages über eine von Artikel 7 Absatz 1 Ziffer 5 und 6 des Staatsvertrages abweichende Abgrenzung des Personenkreises der personalen Seelsorgebereiche und der Militärkirchengemeinden bedarf der Militärbischof der Zustimmung des Rates der Evangelischen Kirche in Deutschland. Der Rat nimmt vorher mit der Kirchenkonferenz Fühlung.

§ 6

Auf die Militärkirchengemeinden finden die Ordnungen der Gliedkirchen entsprechende Anwendung, soweit dieses Gesetz nichts anderes bestimmt.

§ 7

Soll eine Amtshandlung an Gliedern des personalen Seelsorgebereichs oder der Militärkirchengemeinde an Stelle des zuständigen Militärgeistlichen durch einen anderen Geistlichen vorgenommen werden, so ist hierbei für Dimissoriale, Anzeige oder Abmeldung nach dem Recht der Gliedkirchen zu verfahren. Statt eines Dimissoriales oder einer Abmeldung genügt eine Anzeige, wenn ein anderer Geistlicher aus Gründen des Bekenntnisstandes in Anspruch genommen wird.

§ 8

(1) Zur Vereinbarung der im Schlußprotokoll des Staatsvertrages zu Artikel 7 vorgesehenen näheren Regelung mit den zuständigen Stellen der Bundesrepublik wird der Rat der Evangelischen Kirche in Deutschland ermächtigt, der hierzu der Zustimmung der beteiligten Gliedkirchen bedarf.

(2) Soweit in den Gliedkirchen Kirchensteuern von Angehörigen der personalen Seelsorgebereiche oder der Militärkirchengemeinden eingehen, sind die Gliedkirchen verpflichtet, zu den durch staatliche Mittel nicht gedeckten Kosten der Militärseelsorge entsprechend beizutragen.

§ 9

Der Militärbischof vereinbart mit dem Rat der Evangelischen Kirche in Deutschland, in welcher Form Amtshandlungen in die Kirchenbücher einzutragen sind, die bei den personalen Seelsorgebereichen und Militärkirchengemeinden geführt werden.

Abschnitt III
Leitung der Militärseelsorge

§ 10

Der Militärbischof übt im Auftrage der Gliedkirchen die Leitung der Militärseelsorge und die kirchliche Dienstaufsicht über die Militärgeistlichen aus. Das Amt des Militärbischofs wird nebenamtlich wahrgenommen.

§ 11

Zur Benennung eines für das Amt des Militärbischofs in Aussicht genommenen Geistlichen gegenüber der Bundesregierung und zur Benennung des Militärgeneraldekans bedarf der Rat der Evangelischen Kirche in Deutschland der Zustimmung der Kirchenkonferenz. Der Militärbischof hat sein Amt zur Verfügung zu stellen, wenn der Rat nach Anhörung der Kirchenkonferenz es verlangt.

§ 12

(1) Der Militärbischof unterrichtet den Rat der Evangelischen Kirche in Deutschland laufend über seine Tätigkeit. Er hält mit den Gliedkirchen Fühlung und berichtet ihnen jährlich über die Tätigkeit der Militärseelsorge.

(2) Der Militärbischof wird zu den Tagungen der Synode und der Kirchenkonferenz der Evangelischen Kirche in Deutschland eingeladen.

§ 13

(1) Mit der Einführung der Militärgeistlichen in ihr kirchliches Amt in der Militärseelsorge kann der Militärbischof einen dienstaufsichtführenden Militärgeistlichen beauftragen. Gehört der einzuführende Militärgeistliche einem anderen Bekenntnis an als der Militärbischof, so beauftragt dieser mit der Einführung einen dienstaufsichtführenden Militärgeistlichen gleichen Bekenntnisses.

(2) Entsprechendes gilt für die Einweihung gottesdienstlicher Räume.

§ 14

(1) Zur Beratung des Rates der Evangelischen Kirche in Deutschland und des Militärbischofs in den Angelegenheiten der Militärseelsorge wird vom Rat der Evangelischen Kirche in Deutschland ein Beirat berufen.

(2) Zu dem Erlaß der Feldagende, des Feldgesangbuches sowie allgemeiner Vorschriften und Richtlinien bedarf der Militärbischof der Zustimmung des Beirates, zu dem Erlaß der Feldagende und des Feldgesangbuches außerdem der Zustimmung des Rates der Evangelischen Kirche in Deutschland. Dieser nimmt vorher mit der Kirchenkonferenz Fühlung.

Abschnitt IV
Militärgeistliche

§ 15

Die Militärgeistlichen bleiben an ihr Ordinationsgelübde und das Bekenntnis ihrer Gliedkirche gebunden. Sie haben die Gemeinschaft mit ihr aufrechtzuerhalten.

§ 16

Die Militärgeistlichen bleiben Geistliche ihrer Gliedkirche. Die allgemeinen Rechte und Pflichten der Militärgeistlichen als kirchliche Amtsträger richten sich nach den Ordnungen ihrer Gliedkirche. Während der Amtsdauer der Militärgeistlichen ruht ihre Bindung an die Weisungen der Vorgesetzten ihrer Gliedkirchen.

§ 17

Der Militärbischof sorgt dafür, daß die Gemeinschaft zwischen den Militärgeistlichen und ihren Gliedkirchen aufrechterhalten bleibt.

§ 18

In den personalen Seelsorgebereichen und den Militärkirchengemeinden sind in erster Linie Geistliche der Gliedkirche zu verwenden, zu deren Bereich die personalen Seelsorgebereiche und die Militärkirchengemeinden gehören. Soweit dies nicht möglich ist, setzt sich der Militärbischof bei der Verwendung anderer Geistlicher mit der betreffenden Gliedkirche ins Benehmen.

§ 19

(1) Die Gliedkirchen schlagen dem Militärbischof die für die Militärseelsorge benötigten Geistlichen in der erforderlichen Zahl vor und stellen sie für den Dienst in der Militärseelsorge frei.

(2) Die Gliedkirchen können die Freistellung widerrufen, wenn die Verwendung des Militärgeistlichen im Dienst der Gliedkirche aus wichtigen Gründen geboten erscheint. Der Widerruf kann auch erfolgen, wenn die Gliedkirche mit dem Militärbischof darin übereinstimmt, daß die weitere Verwendung des Militärgeistlichen in der Militärseelsorge untunlich ist. Wird die Freistellung widerrufen, so stellt der Militärbischof bei dem Bundesverteidigungsminister den in Artikel 23 Absatz 1 Ziffer 2 des Staatsvertrages vorgesehenen Antrag auf Entlassung des Militärgeistlichen.

(3) Wenn der Militärgeistliche auf Wunsch seiner Gliedkirche entlassen wird, ist diese verpflichtet, ihn unter Anrechnung seiner in der Militärseelsorge verbrachten Dienstzeit wiederzuverwenden. Die Gliedkirche übernimmt in diesem Falle die Versorgung des Geistlichen unter Anrechnung seiner Dienstzeit als Militärgeistlicher.

§ 20

Die nach Artikel 18 Absatz 1 des Staatsvertrages zunächst probeweise einzustellenden Militärgeistlichen werden auf Antrag des Militärbischofs von ihrer Gliedkirche für die Erprobungszeit beurlaubt.

§ 21

Die in das Dienstverhältnis eines Bundesbeamten auf Zeit berufenen Militärgeistlichen treten nach Ablauf ihrer in der Militärseelsorge abgeleisteten Dienstzeit in den Dienst ihrer Gliedkirche zurück. § 19 Absatz 3 gilt entsprechend.

§ 22

(1) Werden gegen einen Militärgeistlichen sowohl als kirchlichen Amtsträger als auch als Bundesbeamten Dienststrafverfahren eröffnet, so kann das kirchliche Verfahren bis zum Vorliegen des Ergebnisses des Verfahrens vor dem zuständigen staatlichen Dienststrafgericht ausgesetzt werden.

(2) Wird ein Militärgeistlicher durch das kirchliche Dienststrafgericht zur Entfernung aus dem Dienst oder zur Amtsenthebung verurteilt, so hat der Militärbischof unverzüglich gemäß Artikel 23 Absatz 1 Ziffer 1 des Staatsvertrages die Entlassung des Militärgeistlichen aus dem Bundesbeamtenverhältnis herbeizuführen.

§ 23

Den Zeitpunkt, zu dem dieses Gesetz für die beteiligten Gliedkirchen in Kraft tritt, bestimmt der Rat der Evangelischen Kirche in Deutschland durch Verordnung.

Berlin-Spandau, den 8. März 1957.
Vorstehendes Kirchengesetz wird hiermit verkündet.
Freiburg i. B., den 20. Juli 1957.

Der Präses der Synode
der Evangelischen Kirche in Deutschland
D. Dr. von Dietze

7.5 Gesetz über die Militärseelsorge vom 26. Juli 1957

Der Bundestag hat das folgende Gesetz beschlossen:

Artikel 1

(1) Dem in Bonn am 22. Februar 1957 unterzeichneten Vertrag der Bundesrepublik Deutschland mit der Evangelischen Kirche in Deutschland zur Regelung der evangelischen Militärseelsorge wird zugestimmt.

(2) Der Vertrag wird nachstehend veröffentlicht.

Artikel 2

Auf die katholischen Militärgeistlichen sind die beamtenrechtlichen Bestimmungen des im Artikel 1 genannten Vertrages sinngemäß anzuwenden.

Artikel 3

Dieses Gesetz gilt nicht im Saarland.

Artikel 4

(1) Dieses Gesetz tritt am Tage nach seiner Verkündung in Kraft.

(2) Der Tag, an dem der Vertrag gemäß seinem Artikel 28 in Kraft tritt, wird im Bundesgesetzblatt bekanntgegeben.

Die verfassungsmäßigen Rechte des Bundesrates sind gewahrt.

Das vorstehende Gesetz wird hiermit verkündet.

Bonn, den 26. Juli 1957.

Der Bundespräsident
Theodor Heuss

Der Bundeskanzler
Adenauer

Der Bundesminister für Verteidigung
Strauß

Der Bundesminister des Innern
Dr. Schröder

Für den Bundesminister der Finanzen
Der Bundesminister für Atomfragen
Balke

Anmerkung der Redaktion zu Artikel 3:

Mit dem Gesetz zur Einführung von Bundesrecht im Saarland vom 30. Juni 1959 haben Bundesgesetze im Saarland generell Geltung.

7.6 Konkordat zwischen dem Heiligen Stuhl und dem Deutschen Reich vom 20. Juli 1933

Auszug

Acta Apostolicae Sedis 25 (1933), 389 ff. Reichsgesetzblatt von 1933, II, 679 ff. (Deutscher und italienischer Text. In den AAS hat das ganze Vertragswerk die Überschrift: Inter Sanctam Sedem et Germanicam Rempublicam Sollemnis Conventio, der italienische Text: Concordato fra la Santa Sede ed il Reich Germanico).

Seine Heiligkeit Papst Pius XI. und der Deutsche Reichspräsident, von dem gemeinsamen Wunsche geleitet, die zwischen dem Heiligen Stuhl und dem Deutschen Reich bestehenden freundschaftlichen Beziehungen zu festigen und zu fördern, gewillt, das Verhältnis zwischen der katholischen Kirche und dem Staat für den Gesamtbereich des Deutschen Reiches in einer beide Teile befriedigenden Weise dauernd zu regeln,

haben beschlossen, eine feierliche Übereinkunft zu treffen, welche die mit einzelnen deutschen Ländern abgeschlossenen Konkordate ergänzen und auch für die übrigen Länder eine in den Grundsätzen einheitliche Behandlung der einschlägigen Fragen sichern soll.

Zu diesem Zweck haben

Seine Heiligkeit Papst Pius XI. zu Ihrem Bevollmächtigten

Seine Eminenz den Hochwürdigsten Herrn Kardinal Eugen Pacelli, Ihren Staatsekretär,

und der Deutsche Reichspräsident zum Bevollmächtigten den Vizekanzler des Deutschen Reiches, Herrn Franz von Papen,

ernannt, die, nachdem sie ihre beiderseitigen Vollmachten ausgetauscht und in guter und gehöriger Form befunden haben, über folgende Artikel übereingekommen sind:

Artikel 27

Der Deutschen Reichswehr wird für die zu ihr gehörenden katholischen Offiziere, Beamten und Mannschaften sowie deren Familien eine exemte Seelsorge zugestanden.

Die Leitung der Militärseelsorge obliegt dem Armeebischof. Seine kirchliche Ernennung erfolgt durch den Heiligen Stuhl, nachdem letzterer sich mit der Reichsregierung in Verbindung gesetzt hat, um im Einvernehmen mit ihr eine geeignete Persönlichkeit zu bestimmen.

Die kirchliche Ernennung der Militärpfarrer und sonstigen Militärgeistlichen erfolgt nach vorgängigem Benehmen mit der zuständigen Reichsbehörde durch den Armeebischof. Letzterer kann nur solche Geistliche ernennen, die von ihrem zuständigen Diözesanbischof die Erlaubnis zum Eintritt in die Militärseelsorge und ein entsprechendes Eignungszeugnis erhalten haben. Die Militärgeistlichen haben für die ihnen zugewiesenen Truppen und Heeresangehörigen Pfarrechte.

Die näheren Bestimmungen über die Organisation der katholischen Heeresseelsorge erfolgen durch ein Apostolisches Breve. Die Regelung der beamtenrechtlichen Verhältnisse erfolgt durch die Reichsregierung.

Schlußprotokoll

Bei der Unterzeichnung des am heutigen Tage abgeschlossenen Konkordates zwischen dem Heiligen Stuhl und dem Deutschen Reich haben die ordnungsmäßig bevollmächtigten Unterzeichneten folgende übereinstimmende Erklärungen abgegeben, die einen integrierenden Bestandteil des Konkordats selbst bilden.

Zu Artikel 27 Absatz 1

Die katholischen Offiziere, Beamten und Mannschaften sowie deren Familien gehören nicht den Ortskirchengemeinden an und tragen nicht zu deren Lasten bei.

Absatz 4

Der Erlaß des Apostolischen Breve erfolgt im Benehmen mit der Reichsregierung.

In der Vatikanstadt, am 20. Juli 1933.

L. † S. gez. Eugenio Cardinale Pacelli
L. † S. gez. Franz von Papen.

7.7 Instructio der Konsistorialkongregation über die Militärbischöfe „Sollemne semper" vom 23. April 1951

I.

Wer das Amt eines Wehrmachtsvikars hat, hat ordentliche, aber besondere Jurisdiktion, die zum geistlichen Wohl der ihm anvertrauten Gläubigen auszuüben ist.

II.

Die Jurisdiktion, die der Wehrmachtsvikar hat, ist persönlich, d.h. sie erstreckt sich nur auf jene Untergebenen, die im Errichtungsdekret der Konsistorialkongregation für jedes einzelne Wehrmachtsvikariat genannt sind, auch wenn diese an militärischen Stationen und an Orten, die den Soldaten besonders zugewiesen sind, weilen.

Die Jurisdiktion des Wehrmachtsvikars ist keine ausschließliche, und daher entzieht sie die Personen, Stationen und Orte, die den Soldaten vorbehalten sind (d.h. Kasernen, Marinearsenale, Flugplätze, Lazarette usw.), nicht der Jurisdiktion des Ortsordinarius; und diese Jurisdiktion bewirkt keineswegs Exemtion, noch bewirkt das Amt des Militärgeistlichen Exkardination von der Diözese.

An diesen Orten sollen jedoch die Ortsordinarien und Pfarrer ihre Gewalt über die Untergebenen des Wehrmachtsvikars nur sekundär ausüben; daher muß ihre Tätigkeit durch eine Art Vereinbarung verbunden werden, und ihre Handlungen und Funktionen sollen in einträchtiger Zusammenarbeit vorgenommen werden, besonders außerhalb der Militärstationen.

III.

Kein kanonischer Wohnsitz ist anerkannt außer dem in der Diözese und Pfarrei.

Für Prozesse jedoch der Untergebenen des Wehrmachtsvikariats, seien es Streitsachen unter ihnen selbst oder Strafsachen, bestimmt der Wehrmachtsvikar ein für allemal ein Diözesan- oder Metropolitangericht, das vom Apostolischen Stuhl zu approbieren ist.

IV.

Wenn neue Gebäude den Soldaten besonders zuzuweisen sind, oder wenn Schiffe oder Flugzeuge zu segnen sind, und in anderen derartigen Fällen wird folgende Norm beachtet:

wenn die Zeremonie von der Militärbehörde angeordnet wird, erteilt der Wehrmachtsvikar die Segnung; in seiner Verhinderung erteilt der Ordinarius des Ortes, wo die Zeremonie stattfindet, nach vorheriger Benachrichtigung durch den Wehrmachtsvikar, kraft eigenen Rechts die Segnung;

ist jedoch die Zeremonie von den Zivilbehörden angeordnet, ist ausschließlich der Ortsordinarius zuständig.

V.

Der Wehrmachtsvikar soll die Ortsordinarien benachrichtigen über Militärgeistliche, die in ihre Diözesen gesandt werden oder davon weggehen.

VI.

Die Tauf-, Firm-, Ehe- und Totenbücher, die nach dem von der Kirche im Rituale Romanum gebilligten Brauch geführt werden (Tit. XII, I – IV), soll der Wehrmachtsvikar entweder im Generalarchiv des Wehrmachtsvikars oder, falls vorhanden, im Archiv der Militärgeistlichen aufbewahren lassen; im letzteren Falle soll er die Pflicht auferlegen, an die Kurie des Wehrmachtsvikariats eine beglaubigte Abschrift dieser Bücher am Ende jedes Jahres zu senden, gemäß c. 470, § 3 CIC.

VII.

Der Wehrmachtsvikar hat die Vollmacht, einen *Ordo Divini Officii recitandi sacrique peragendi* zum Gebrauch der Militärgeistlichen herzustellen, wenn es die Umstände geraten erscheinen lassen, unbeschadet der allgemeinen Gesetze der Kirche, besonders der Normen, die in der Konstitution *Divino afflalu* vom 1. November 1911 (AAS 3, 1911, 633/51) und im Motuproprio *Abhinc duos annos* vom 23. Oktober 1913 (AAS 5, 1913, 449) enthalten sind, wie auch der von der Heiligen Ritenkongregation erlassenen oder zu erlassenden Instruktionen. Diesen *Ordo* können die Militärgeistlichen überall gebrauchen, wenn sie zugunsten der Soldaten zelebrieren, und Priester, wenn sie in Kirchen oder Kapellen zelebrieren, die den Soldaten vorbehalten sind.

VIII.

Der Wehrmachtsvikar kann Quinquennal- wie auch Dezennalfakultäten an Orten, wo sie gewährt zu werden pflegen, gleich den übrigen Ortsordinarien erlangen.

IX.

Der Wehrmachtsvikar muß über die Tätigkeit und den Stand des Vikariats alle 3 Jahre dieser Heiligen Kongregation einen Bericht vorlegen.

X.

Jeder Militärgeistliche soll bei Ausübung der Sorge für die ihm vom Wehrmachtsvikar anvertrauten Seelen bedenken, daß er an die Dienste und Pflichten der Pfarrer in sinngemäßer Anwendung gebunden ist.

XI.

Die Militärgeistlichen wie auch der Wehrmachtsvikar haben nicht die Pflicht, die Messe für das Volk zu applizieren; wenn sie jedoch eine Besoldung oder eine namhafte Entschädigung von ihrem Amt erhalten, kann der Wehrmachtsvikar ihnen die Pflicht auferlegen, daß sie das Meßopfer wenigstens an den in can. 306 bestimmten Tagen applizieren; dies sei auch ihm selber Norm.

XII.

Priester, die als Militärgeistliche berufen werden, „sollen durch den Glanz hervorragender Heiligkeit voranleuchten; sie sollen würdige Diener Christi, treue Verwalter der Geheimnisse Gottes, wirksame Helfer Gottes sein, ausgerüstet zu jedem guten Werk“ (Pius XII, *Adhortatio Menti Nostrae,* s.: c. 124, 2, in: AAS 42, 1950, 658), so daß sie rührig ihr gewissermaßen pfarrliches Amt erfüllen, getrieben von der Begeisterung ihres Berufes, und, was besonders wichtig ist, daß sie den Seelen dienen, damit ihr Apostolat gleichsam nach dem lebendigen Vorbild Christi leuchte.

In dieser Hinsicht soll der Wehrmachtsvikar das Mahnwort des Papstes vor Augen haben: „Wir ermahnen euch, Ehrwürdige Brüder, es möglichst zu vermeiden, daß noch unerfahrene Priester mitten in die Seelsorgearbeit geworfen oder an Orte gesandt werden, die von der Hauptstadt der Diözese oder von ihren größeren Zentren weit entfernt sind. In solcher Lage können die Priester, einsam, unerfahren, vielerlei Gefahren ausgesetzt und ohne umsichtige Lehrer, leicht Schaden für sich selbst und für ihr Amt nehmen“ (Pius XII, *Adhortatio Menti Nostrae,* s.: c. 124, 2, in: AAS 42, 1950, 692).

XIII.

Auch gute und erfahrene Religiosen-Priester sollen für das Amt des Militärgeistlichen genommen werden, jedoch unter Beobachtung der besonderen für sie von der Heiligen Religiosenkongregation erlassenen Normen; diese Priester sollen womöglich für Orte bestimmt werden, wo ein Haus ihrer klösterlichen Genossenschaft besteht.

XIV.

Die Militärgeistlichen sollen die geistliche Tracht nach den rechtmäßigen Ortsgewohnheiten tragen, und sie sollen nicht die Militäruniform tragen, es sei denn, daß es die Arbeiten ihres Dienstes nahelegen oder daß die weltlichen Gesetze es vorschreiben, jedoch unter Verwendung eines besonderen Abzeichens ihres kirchlichen Amtes.

Ebenso sollen sie, wenn es Brauch ist, immer die klerikale Tonsur oder corona nach den heiligen Kanones tragen.

XV.

Damit aber die Militärgeistlichen von dem Wunsch und Verlangen, Gottes Willen zu erfüllen, sich leiten lassen, darf der Geist des Gebetes in ihnen nicht ermatten und erlahmen. Dauernde Nahrung möge ihnen gewähren die fromme Feier des Eucharistischen Opfers wie auch jene Übungen, die, durch lange bestehenden Brauch bewährt, ganz besonders dazu beitragen, daß die Menschen sich von Sünden enthalten und nach gediegenen Tugenden streben; unter diesen Übungen nehmen, wie alle wissen, die geistlichen Exerzitien den ersten Platz ein.

XVI.

Die verschiedenen Formen und Methoden des Apostolats, die heute wegen der besonderen Nöte des christlichen Volkes so wichtig und so ernst sind, sollen von gut ausgebildeten und geschulten Militärgeistlichen gefördert werden.

XVII.

Die Militärgeistlichen sollen sich bemühen, an den Zusammenkünften oder Konferenzen teilzunehmen, die gemäß can. 131 CIC in der Diözese gehalten werden, in der sie sich aufhalten.

XVIII.

Der Wehrmachtsvikar stellt die Zeugnisse denen aus, die nach Beendigung des Militärdienstes in eine klösterliche Genossenschaft einzutreten oder die heiligen Weihen zu empfangen wünschen, in allen Fällen, in denen nach den heiligen Kanones Zeugnisse des Ortsordinarius erfordert sind.

Diese Instruktion hat Seine Heiligkeit Papst Pius XII. auf den Bericht des unterzeichneten Kardinal-Sekretärs der Heiligen Konsistorialkongregation zu genehmigen geruht und ihre Veröffentlichung angeordnet.

Trotz alles Gegenteiligen, auch wenn es in besonderer Weise erwähnenswert sein sollte.

Quelle: Acta Apostolicae Sedis 43 (1951), S. 562–565
(Deutsche Übersetzung in: Suso Mayer OSB, Neueste Kirchenrechtssammlung, Bd. 4, Freiburg/Basel/Wien, Herder 1960, S. 205–207)

7.8 Statuten für die Seelsorge in der Deutschen Bundeswehr vom 31. Juli 1965

Papst Paul VI.
Zu dauerndem Gedenken

Gemäß Artikel 27 des Konkordates zwischen dem Apostolischen Stuhl und dem Deutschen Reich vom 20. Juli 1933 hat Unser Vorgänger seligen Gedenkens, Papst Pius XI., durch Apostolisches Breve vom 19. September 1935 die „Statuten für die deutsche Militärseelsorge" erlassen. Da aber in den Rechtsverhältnissen der Militärbischöfe von Unserem Vorgänger Papst Pius XII. durch die Instructio vom 23. April 1951 einige Änderungen vorgenommen worden sind und sich inzwischen andere Gründe ergeben haben, erscheint es angebracht, solche Bestimmungen auf neuer Grundlage aufzustellen, damit sie die religiösen Belange der katholischen Angehörigen der Deutschen Bundeswehr besser fördern. Daher sind neue Statuten sorgfältig ausgearbeitet und von der Heiligen Kongregation für Außerordentliche Kirchliche Angelegenheiten geprüft worden. Im Benehmen mit der Regierung der Bundesrepublik Deutschland wird somit folgendes verordnet:

Statuten für die Seelsorge in der Deutschen Bundeswehr

1. Abschnitt
Der Militärbischof

Artikel 1

Der Militärbischof ist bestellt, um die Seelsorge unter den zur Deutschen Bundeswehr gehörenden Katholiken zu ordnen, zu leiten und wirksam zu gestalten. Kraft seines Amtes wird er sich angelegen sein lassen, den ihm unterstellten Katholiken die christliche Lehre, die Sakramente der Kirche und die seelsorgliche Leitung leichter und fruchtbarer zugänglich zu machen.

Artikel 2

Zum Militärbischof wird vom Apostolischen Stuhl ein in der Bundesrepublik Deutschland residierender Diözesanbischof ernannt unter Wahrung der Bestimmungen, die in Artikel 27 des zwischen dem Heiligen Stuhl und dem Deutschen Reich am 20. Juli 1933 abgeschlossenen Konkordates (AAS XXV, 1933, 389 – 414) enthalten sind.

Artikel 3

Mit seiner Ernennung besitzt der Militärbischof sowohl für den äußeren wie für den inneren Bereich die ordentliche, persönliche und besondere, von jener der übrigen Bischöfe nicht abhängige Jurisdiktion. Diese Jurisdiktion ist jedoch nicht ausschließlich; sie entzieht daher die dem Militärbischof Unterstellten nicht der Gewalt des Ortsordinarius und des Ortspfarrers, die jedoch in der Militärseelsorge erst an zweiter Stelle, immer aber kraft eigenen Rechtes, tätig werden dürfen.

Die zur Ausübung seines Amtes notwendigen Vollmachten werden dem Militärbischof unmittelbar vom Apostolischen Stuhl erteilt.

Artikel 4

Der Jurisdiktion des Militärbischofs unterstehen alle katholischen Soldaten und jene katholischen Zivilisten, die nach den jeweils geltenden Gesetzen in die Streitkräfte integriert sind; desgleichen die katholischen Familienmitglieder der Berufssoldaten, der Soldaten auf Zeit und der oben genannten Zivilisten, auch wenn der Familienvater nicht katholisch ist.

Unter die Bezeichnung „Familie“ fallen ausschließlich Frau und Kinder, sowohl die des Mannes wie die der Frau, seien es eigene oder adoptierte, bis zur Vollendung des 21. Lebensjahres und vorbehaltlich ihres Verbleibens im Vaterhaus.

Der Jurisdiktion des Militärbischofs unterstehen nicht die vom Manne rechtmäßig getrennte Frau sowie die mit dieser ihrer Mutter zusammenwohnenden Kinder. Diese alle unterstehen ausschließlich der Jurisdiktion des Ortsbischofs.

Artikel 5

Der Jurisdiktion des Militärbischofs unterstehen ferner in den durch die seelsorgliche Betreuung der Soldaten bedingten Angelegenheiten alle Militärgebäude (Kasernen, Festungswerke, Depots usw.) sowie die Schulen der Deutschen Bundeswehr, ebenso die ausschließlich für Angehörige der Deutschen Bundeswehr bestimmten Krankenhäuser und Gefängnisse, ferner die Kirchen und Kapellen, die ausschließlich zum Gebrauch der Militärseelsorge dienen.

Bezüglich der anderen Gotteshäuser, die nur an bestimmten Tagen oder zu bestimmten Stunden in Anspruch genommen werden, sollen mit Zustimmung des Ortsbischofs passende Verträge mit dem Rektor der betreffenden Kirche oder nötigenfalls mit den Besitzern oder Verwaltern der Gebäulichkeiten abgeschlossen werden.

Artikel 6

Der Militärbischof errichtet seine Kurie am Sitz der Bundesregierung entsprechend den Vorschriften des kanonischen Rechtes (can. 363, 364). Dort wird die Bundesregierung die erforderlichen Diensträume bereitstellen. Auf die Beschaffung eines geeigneten Hauses soll Bedacht genommen werden.

Der Militärbischof hat das Recht, einen Generalvikar zu ernennen, der ihn in allem, was die Seelsorge der zur Deutschen Bundeswehr gehörenden Katholiken betrifft, zu unterstützen hat und in sinnentsprechender Anwendung mit allen Vollmachten ausgestattet ist, die das kirchliche Gesetzbuch für den Generalvikar vorsieht.

Artikel 7

Es ist Sache des Militärbischofs, im Benehmen mit der zuständigen Bundesbehörde Seelsorgebezirke, durch die der Personenkreis der dem einzelnen Militärgeistlichen unterstellten Katholiken in klarer und zweckmäßiger Weise bestimmt wird, zu errichten und zu verändern.

Es wird von der Durchführung solcher Maßnahmen die beteiligten Diözesanbischöfe in Kenntnis setzen.

Artikel 8

Der Militärbischof hat das Recht, eine Pastoralverordnung zu erlassen, die alles zusammenfaßt, was der kirchlichen Führung der Militärgeistlichen und der Ordnung der Seelsorge dienen soll. Dabei möge er im Benehmen mit der zuständigen Bundesbehörde dafür sorgen, daß unter angemessener Berücksichtigung der Besonderheiten des militärischen Dienstes dem Anspruch des Soldaten auf Seelsorge und ungestörte Religionsausübung Genüge geschieht.

Die Pastoralverordnung ist vor ihrer Veröffentlichung dem Apostolischen Stuhl vorzulegen.

Artikel 9

Vorschriften und Richtlinien des Militärbischofs werden im Verordnungsblatt des Militärbischofs veröffentlicht.

Artikel 10

Wenn das Amt des Militärbischofs vakant ist, werden die Jurisdiktion und die diesem Amt eigenen Vollmachten, falls der Heilige Stuhl nicht anders vorgesorgt hat, inzwischen vom Generalvikar ausgeübt, jedoch mit der Maßgabe, daß in dieser Zeit keine Neuerungen vorgenommen werden.

2. Abschnitt
Die Militärgeistlichen

Artikel 11

Bei ihrer seelsorglichen Tätigkeit sind die Militärgeistlichen ausschließlich kirchlichem Recht unterworfen und von staatlichen Weisungen unabhängig.

Artikel 12

Die Militärgeistlichen unterstehen den allgemeinen und partikulären Kirchengesetzen ihres Aufenthaltsortes, besonders jenen, die sich auf die Standespflichten des Klerus und auf den Gottesdienst beziehen.

Die Militärgeistlichen sollen eine den rechtmäßigen ortsüblichen Gewohnheiten und den Anweisungen des Militärbischofs entsprechende kirchliche Amtstracht tragen. Zur Einführung einer Dienstkleidung für die Militärgeistlichen bedarf es des Einverständnisses des Militärbischofs.

Artikel 13

Der Militärbischof vollzieht die kirchliche Ernennung der Militärgeistlichen, nachdem er sich vergewissert hat, daß die im Reichskonkordat Artikel 27 vorgesehenen Einstellungsvoraussetzungen gegeben sind. Er beantragt bei der zuständigen Bundesbehörde entsprechend den geltenden Gesetzen die Berufung in das Beamtenverhältnis.

Artikel 14

Der Militärbischof hat das Recht, Amtssitz und Stelle der Militärgeistlichen im Benehmen mit der zuständigen Bundesbehörde zu ändern.

Artikel 15

Die Ernennung zum Militärgeistlichen hat nicht die Exkardinierung aus dem eigenen Bistum zur Folge. Mit dem Ausscheiden aus dem Militärseelsorgedienst fällt der Militärgeistliche von selbst wieder unter die Jurisdiktion jenes Ordinarius zurück, von dem er vorher die Erlaubnis zum Eintritt in den Militärseelsorgedienst erhalten hat.

Der Militärbischof hat den örtlichen Oberhirten die Namen der Militärgeistlichen mitzuteilen, die in ihre Diözese entsandt oder von dort abberufen werden, ebenso deren Versetzungen und Beförderungen.

Jeder Militärgeistliche im Beamtenverhältnis auf Zeit zahlt in die Pensionskasse der Diözese, in der er inkardiniert ist, die vorgeschriebenen Beiträge.

Artikel 16

Wo die Einstellung von hauptamtlichen Militärgeistlichen nicht notwendig oder nicht möglich ist, bestellt der Militärbischof mit vorheriger Zustimmung des Ortsbischofs und im Benehmen mit der zuständigen Bundesbehörde zum Dienst in der Militärseelsorge geeignete Welt- oder Ordensgeistliche zu Militärgeistlichen im Nebenamt.

Artikel 17

Die hauptamtlichen Militärgeistlichen unterstehen während ihrer Amtszeit in vollem Umfang der Jurisdiktion des Militärbischofs; die Militärgeistlichen im Nebenamt unterstehen dem Militärbischof nur hinsichtlich ihrer Tätigkeit in der Militärseelsorge.

Der Militärbischof trage dafür Sorge, daß jeder haupt- und nebenamtliche Militärgeistliche einen kirchlichen Ausweis erhält, damit er notfalls die ihm zur Ausübung seines Amtes gewährten Vollmachten nachweisen kann.

3. Abschnitt
Die Hilfskräfte

Artikel 18

Der Militärbischof hat das Recht, jene Hilfskräfte vorzuschlagen, die den Militärgeistlichen vom Staat zur Unterstützung bei gottesdienstlichen Handlungen und Verwaltungsaufgaben im Zusammenhang mit der

Militärseelsorge zur Verfügung gestellt werden. Ihre Eignung und Befähigung für den kirchlichen Hilfsdienst in der Militärseelsorge wird erforderlichenfalls durch eine Prüfung festgestellt, die unter Beteiligung eines vom Militärbischof beauftragten Militärgeistlichen abgehalten wird.

4. Abschnitt
Die Verwaltung der Sakramente

Artikel 19

Für die Spendung der Sakramente und für die Ausübung der seelsorglichen Funktionen durch die Militärgeistlichen gilt grundsätzlich das allgemeine Kirchenrecht, unbeschadet der rechtmäßigen örtlichen Gewohnheiten.

Artikel 20

Bei der Ausübung der Seelsorge genießen die Militärgeistlichen – in sinnentsprechender Anwendung – pfarrliche Rechte und Vollmachten. Sie haben das Recht, den Ehen der kraft der exemten Jurisdiktion ihnen unterstellten Gläubigen zu assistieren, jedoch mit der Maßgabe, daß bezüglich der Gültigkeit der Ehen diese Vollmacht kumulativ mit dem Ortsbischof und dem Ortspfarrer bzw. mit dem von einem von beiden delegierten Priester zu verstehen ist.

Bezüglich der Eheschließung gelten die Vorschriften des can. 1097 des kirchlichen Gesetzbuches.

Artikel 21

Eheprozesse von Gläubigen, die der Jurisdiktion des Militärbischofs unterstehen, sind auch in erster Instanz vor dem nach den Normen des allgemeinen Rechts zuständigen Diözesangerichte zu verhandeln. In den von den can. 1990 bis 1991 des kirchlichen Gesetzbuches vorgesehenen Ausnahmefällen steht auch die Erklärung der Nichtigkeit dem Ortsordinarius zu.

Artikel 22

Der Militärbischof hat dafür zu sorgen, daß bei der Feier des Meßopfers unter freiem Himmel in sorgfältigster Weise die Vorschriften beachtet werden, die im CIC can. 822 § 4 und ferner in dem Rundschreiben enthalten sind, das die Sakramentenkongregation am 26. Juli 1924 in dieser Sache herausgegeben hat (AAS XVI, 1924, 370/371). Er beachte besonders, was in dem erwähnten Rundschreiben festgesetzt ist, daß nämlich die Feier der heiligen Messe außerhalb der Kirchenmauern durchaus verboten ist, wenn dadurch weltliche Feiern oder politische Feste mit religiösem Gepräge versehen werden sollen.

Die Feier der Messe unter freiem Himmel lasse er unter Beachtung der Vorschriften nur in den geschlossenen militärischen Anlagen zu und an solchen Orten, die eigens für die Soldaten bestimmt sind; falls er es anderswo erlauben will, so bittet er um die Erlaubnis des Ortsbischofs, auch wenn die Bedingungen des can. 822 § 4 und des oben erwähnten Rundschreibens erfüllt sind.

Artikel 23

Damit die Akten und Dokumente, die sich auf die Seelsorge beziehen, richtig aufbewahrt und bei Bedarf leichter gefunden werden können, haben die haupt- und nebenamtlichen Militärgeistlichen dafür zu sorgen, daß alle Akte, die Taufen, Firmungen, Ehen und Todesfälle von Gläubigen betreffen, die der Jurisdiktion des Militärbischofs unterstehen, schnellstens und in sorgfältigster Weise in doppelter Ausführung aufgenommen und die Zweitschriften jährlich an die Kurie des Militärbischofs eingesandt werden.

5. Abschnitt
Das Verhältnis zur allgemeinen Seelsorge

Artikel 24

Im Hinblick auf die Tatsache, daß die Militärseelsorge ein wichtiger Teil der Gesamtseelsorge ist und es sich für eine geordnete und fruchtbare Wahrnehmung der Seelsorge empfiehlt, für je 1500 katholische Soldaten wenigstens einen hauptamtlichen Militärgeistlichen zu bestellen, wird der Militärbischof dafür sorgen, daß die Ortsbischöfe in genügender Zahl Geistliche zur Verfügung stellen. Ebenso mögen auch die Ordensgesellschaften bereitwillig dazu beitragen.

Artikel 25

Die Ortsbischöfe, an die der Militärbischof sich um Freistellung von Geistlichen für die Militärseelsorge wendet, werden dafür sorgen, daß nur Priester von erprobter Tugend, besonderer Frömmigkeit und Bildung, deren Eignung und Würdigkeit durchaus feststeht, zur Übernahme eines solchen schwierigen Amtes berufen werden. Andererseits dürfen nur jene als Militärgeistliche in Betracht gezogen werden, die von ihrem eigenen Ordinarius vorgeschlagen oder wenigstens unter Beifügung von Zeugnissen über Eignung und Würdigkeit nachdrücklich empfohlen werden.

Artikel 26

Soweit auch gute und erfahrene Ordenspriester in das Amt des Militärgeistlichen berufen werden, sind die Normen der von der Religiosenkongregation erlassenen Instructio „De capellanis militum religiosis" vom 2. Februar 1955 (AAS XL VII, 1955, 93 – 97) zu beobachten. Solche Ordenspriester sollen möglichst an Orten angestellt werden, wo sich eine Niederlassung ihrer Gemeinschaft befindet.

Artikel 27

Die Bischöfe in der Bundesrepublik Deutschland werden sich bereitwillig dafür einsetzen, daß dem Militärbischof und seinen Militärgeistlichen bei ihrer Amtsausübung je nach Bedarf sowohl die Benutzung der Kirchen als auch die Unterstützung der Geistlichen zur Verfügung stehen. Dagegen wird der Militärbischof dafür sorgen, daß die Militärgeistlichen diese Dienste dankbar erwidern und besonders den Ortspfarrern bei der Seelsorge zu Hilfe kommen.

Wenn ein Militärgeistlicher außerhalb seines Dienstbereiches den seelsorglichen Dienst auch an den ihm nicht unterstehenden Gläubigen leisten will, hat er vom Ortsbischof dazu die Vollmacht zu erbitten.

Artikel 28

Der Militärbischof regelt im Einvernehmen mit den zuständigen Diözesen die Verwendung der Kirchensteuern, die von Gläubigen erhoben werden, die der Jurisdiktion des Militärbischofs unterstehen.

Artikel 29

Sollte bezüglich der Seelsorge oder sonst in einer zum kirchlichen Bereich gehörenden Angelegenheit eine Meinungsverschiedenheit zwischen Militärgeistlichen und Diözesangeistlichen entstehen, so ist sie von den Bischöfen beider Teile nach Güte und Billigkeit beizulegen; falls das nicht zu erreichen ist, kann die Frage dem Apostolischen Stuhl vorgelegt werden.

Artikel 30

Kirchenrechtliche Fragen der Militärseelsorge, die in den vorstehenden Artikeln keine eigene Regelung gefunden haben, sind nach den Bestimmungen des kanonischen Rechts, vornehmlich nach der von der Konsistorialkongregation am 23. April 1951 erlassenen Instructio über die Militärbischöfe „Sollemne semper" (AAS XLIII, 1951, 562 – 565) zu ordnen.

Mit dem Inkrafttreten der vorliegenden Statuten verlieren die durch Motuproprio Papst Pius XI. „Decessores nostros" vom 19. September 1935 erlassenen Statuten (AAS XXVIII, 1935, 367 – 373) ihre Gültigkeit.

Daher billigen Wir aus eigenem Antrieb, in sicherem Wissen und nach reiflicher Überlegung kraft Apostolischer Vollmacht mittels dieses Schreibens obige Bestimmungen „Statuten für die Seelsorge in der Deutschen Bundeswehr" und verleihen ihnen die Kraft Apostolischer Bestätigung, ungeachtet aller gegenteiligen Vorschriften. Dies setzen Wir fest und entscheiden, daß das vorliegende Schreiben rechtskräftig, gültig und wirksam sei und in Zukunft bleibe. Es soll seine vollen und uneingeschränkten Wirkungen erlangen und behalten und jenen, für die es bestimmt ist, in vollem Umfang zugute kommen. In diesem Sinne ist rechtmäßig zu urteilen und zu entscheiden. Von nun an soll ungültig und nichtig werden, wenn irgend etwas anderes von irgendeinem, gleich welcher Autorität, hiergegen wissentlich oder unwissentlich unternommen werden sollte.

Gegeben zu Rom, beim Heiligen Stuhl, mit dem Siegel des Fischerringes, am 31. Juli 1965, im dritten Jahr Unseres Pontifikates.

(L. S.) H. J. Card. Cicognani
a publicis Ecclesiae negotiis

(Mit der oben stehenden deutschen Übersetzung hat sich die Apostolische Nuntiatur in Deutschland mit Schreiben vom 5. August 1965 [N. 9329/II - A - d - 4] einverstanden erklärt.)

7.9 Richtlinien für die Zusammenarbeit der Evangelischen und der Katholischen Militärseelsorge vom 17. März 1980

Präambel

Für die Zusammenarbeit der evangelischen und der katholischen Militärseelsorge haben der Evangelische und der Katholische Militärbischof im April 1967 erstmals Richtlinien vereinbart, die von dem Grundsatz ausgingen, daß die ökumenische Entwicklung im gesamtkirchlichen Raum im Bereich der Militärseelsorge maßgebliche Bedeutung behalten müsse.

Die Neufassung dieser Richtlinien hält an diesem Grundsatz fest. Sie berücksichtigt, daß sich in den Landeskirchen und in den Bistümern seit 1967 – nicht nur in der Bundesrepublik Deutschland – das Bewußtsein ökumenischer Zusammengehörigkeit weiter geklärt und gefestigt hat. Auch die evangelische und die katholische Militärseelsorge in der Deutschen Bundeswehr haben in diesen Jahren in Erfüllung ihres kirchlichen Auftrages Zusammenarbeit mit den Kirchen in den benachbarten Ländern und Zusammenarbeit miteinander praktiziert. Nach wie vor verlangen im Bereich der Militärseelsorge die Berücksichtigung der äußeren Umstände und die Rücksichtnahme auf die Besonderheiten des militärischen Dienstes ständig eine gegenseitige Unterrichtung und Unterstützung und empfehlen die gemeinsame Planung. Bereits für diese Zusammenarbeit blieb die gegenseitige Achtung vor dem Bekenntnis des anderen unerläßliche Voraussetzung. Weder wollte man eine Übereinstimmung dort vortäuschen, wo sie nicht besteht (wie bei der Feier der Eucharistie/des Abendmahls), noch wurde die Zusammenarbeit dort versagt, wo sie ohne Verfälschung des kirchlichen Bekenntnisses möglich ist.

Auch schon der Anschein eines nivellierenden Interkonfessionalismus war zu vermeiden, denn der Weg zur Einheit führt nicht über die Beschränkung auf den kleinsten gemeinsamen Nenner, sondern über die größtmögliche Nähe zum Herrn der Kirche. So wuchs in den beiden Zweigen der Militärseelsorge das Bewußtsein ökumenischer Zusammengehörigkeit, und es konnten Formen entwickelt werden, unter Wahrung der Eigenständigkeit in bestimmten Fällen gemeinsam tätig zu werden.

Im Bewußtsein ihrer Verantwortung für die ökumenische Entwicklung im Bereich der Militärseelsorge haben es der Evangelische und der Katholische Militärbischof daher für sinnvoll gehalten, erneut Richtlinien zu vereinbaren, in denen die gegenwärtigen Möglichkeiten ebenso wie die gegenwärtigen Grenzen für gemeinsame Veranstaltungen der evangelischen und der katholischen Militärseelsorge bekanntgegeben werden.

Der Evangelische und der Katholische Militärbischof sind ferner übereingekommen, diese Bestimmungen in Fortführung der „Würzburger Richtlinien“ vom April 1967 in ihren Organen gleichlautend zu veröffentlichen.

I. Gottesdienste

1. Es ist die gemeinsame kirchliche Überzeugung, daß Gottesdienste, in denen das Wort Gottes ausgelegt und die Sakramente gespendet werden, bekenntnisgebunden sind. Daher halten die Militärgeistlichen regelmäßig Gottesdienste für die Angehörigen ihres Bekenntnisses. Dies gilt an Sonntagen und kirchlichen Feiertagen, aber in der Regel auch für die Gottesdienste bei militärischen Übungen und für die „Standortgottesdienste“.*)

*) In diesem Zusammenhang wird daran erinnert, daß die katholischen Christen zur sonntäglichen Eucharistiefeier verpflichtet sind.

a) Für zeitlich parallele Gottesdienste, z.B. Standortgottesdienste aus Anlaß der Visitationsreisen der Militärbischöfe, Gottesdienste an kirchlichen Feiertagen, die nur für eine Konfession gelten, wird empfohlen, der jeweils anderen Konfession fürbittend zu gedenken.

b) Für zeitlich parallele Gottesdienste aus bestimmten Anlässen kann ein gemeinsames Schriftwort oder Thema für die Predigt vereinbart werden.

c) Es wird angeregt, daß bei besonderem Anlaß – z.B. bei der Einweihung eines Gotteshauses oder bei der Einführung eines Pfarrers – dem Pfarrer der anderen Konfession Gelegenheit zur Fürbitte im Gottesdienst gegeben wird.

2. Ökumenische Wortgottesdienste, in denen das Wort Gottes ausgelegt wird, Christen ihren Glauben gemeinsam bekennen und füreinander, für die Einheit unter den Christen und für alle Menschen beten, sind Ausdruck der Zusammengehörigkeit und vermitteln – wenn sie entsprechend vorbereitet und durchgeführt werden – ökumenische Erfahrungen. In vielen Landeskirchen und Bistümern sind ökumenische Wortgottesdienste fester Bestandteil des liturgischen Lebens der Gemeinden. Ökumenische Wortgottesdienste sollen daher auch in der Militärseelsorge bei entsprechenden Gelegenheiten und Anlässen möglich sein.

   a) Gelegenheiten sind vor allem die jährlichen Gebetswochen für die Einheit im Glauben, aber auch gemeinsame Anliegen, wie z.B. die Sorge um das gerechte Zusammenleben in der Gesellschaft und um den Frieden in der Welt. Anlässe sind gemeinsame Freuden und Nöte, bei denen ein Volk oder eine Gemeinschaft Gott gemeinsam Dank und um seine Hilfe bitten wollen.

   b) Ökumenische Wortgottesdienste sind dann besonders fruchtbar, wenn sie aus einer gemeinsam getragenen Verantwortung und aus einem gemeinsamen Tun erwachsen.

   c) Ökumenische Wortgottesdienste setzen voraus, daß sie durch die Pfarrer beider Kirchen gemeinsam geplant, gemeinsam geleitet und gemeinsam durchgeführt werden.

   d) Verkündigung, Lieder und Gebete sollen auf den ökumenischen Partner und seine Eigenart Rücksicht nehmen, ohne daß dabei der eigene Standpunkt preisgegeben wird. Besonders eignen sich daher die gemeinsamen Lieder, Schriftlesungen und Gebete sowie – wegen des gemeinsamen Wortlauts – das Gebet des Herrn und das Apostolische Glaubensbekenntnis.

II. Gemeinsames Beten

1. Auch in der Bundeswehr fehlt es nicht an Gelegenheiten, bei denen gemeinsames Beten sinnvoll ist.
2. Wo es möglich ist, sollten die guten Formen der Frömmigkeit (z.B. Tischgebet, Morgengebet, Abendsegen im Biwak und dergleichen) gemeinsam gepflegt und gefördert werden; dabei ist auf Andersgläubige und Andersdenkende taktvoll Rücksicht zu nehmen.
3. Unabhängig von den bekenntnisgebundenen Formen der kirchlichen Beisetzung können bei Katastrophenfällen, bei denen Tote verschiedenen Bekenntnisses zu beklagen sind, die Pfarrer der beiden Bekenntnisse an der allgemeinen Trauerfeier teilnehmen, um das Wort Gottes zu verkünden, es auszulegen und ihre Gebete zu sprechen.
4. Den Militärseelsorgen wird eine Hinführung der ihnen anvertrauten Soldaten und Soldatenfamilien zum gemeinsamen Gebet, z.B. zu den ökumenischen Gebetswochen der örtlichen Kirchengemeinden, empfohlen.

III. Der Lebenskundliche Unterricht

Im Lebenskundlichen Unterricht leisten die Kirchen Erwachsenenbildung. Er stellt eine besondere Form kirchlicher Zusammenarbeit dar, sei es, daß die Militärgeistlichen ihn in der Form der gemeinsamen Arbeitsgemeinschaft für Offiziere oder Unteroffiziere halten, sei es, daß sie im zeitlich parallelen, aber nach Konfessionen getrennten Unterricht, die gleiche Thematik behandeln. In beiden Formen wird der Lebenskundliche Unterricht dazu beitragen, vorhandene Gemeinsamkeiten zu entdecken und, wenn unterschiedliche Auffassungen zutage treten, einander kennenzulernen, sich gegenseitig zu achten und einander besser zu verstehen.

IV. Gemeinsame Arbeitstagungen

Sach- und Lebensfragen, die in Beziehung zu Beruf und Auftrag des Soldaten stehen, sollen gelegentlich durch Arbeitstagungen vertieft werden.

Sie werden gemeinsam von der evangelischen und von der katholischen Militärseelsorge entworfen und geleitet. Eine Anlehnung an eine der kirchlichen Akademien kann sich dabei empfehlen.

Hierzu rechnen auch Arbeitstagungen, bei denen Träger einer bestimmten militärischen Funktion (z.B. Kompaniefeldwebel, Einheitsführer) über die Militärseelsorge informiert werden und die Zusammenarbeit der Militärpfarrer mit der Truppe besprochen wird.

V. Tagungen kirchlicher Akademien

Veranstaltungen kirchlicher Akademien über Themen, die auch für beide Zweige der Militärseelsorge von Interesse sind, haben sich bewährt. Die Verantwortung für solche Tagungen liegt jeweils bei der veranstaltenden Akademie, gegebenenfalls zusammen mit der evangelischen oder katholischen Militärseelsorge. Anregungen hierfür werden auch durch die zentralen Dienststellen beider Zweige der Militärseelsorge gegeben.

VI. Rüstzeiten bzw. Exerzitien/Werkwochen

Rüstzeiten bzw. Exerzitien/Werkwochen für Soldaten sind bekenntnisgebunden. Sie sollen vordringlich zur Klarheit im eigenen Bekenntnis verhelfen und den Soldaten in seiner Kirche beheimaten.

Veranstaltungen für Soldatenfamilien, an denen Ehepartner aus konfessionsverschiedenen Ehen teilnehmen, setzen bei allen Teilnehmern die Bereitschaft voraus, die jeweils andere Konfession kennen und verstehen zu lernen. Mit Respekt vor der Kirchenzugehörigkeit der Ehepartner und Taktgefühl sollten aufkommende Fragen sachlich und seelsorgerlich ernst genommen werden.

Bonn, den 17. März 1980

Dr. Sigo Lehming
Evangelischer Militärbischof

† Dr. Elmar Maria Kredel
Erzbischof von Bamberg
Katholischer Militärbischof
für die Deutsche Bundeswehr

7.10 Richtlinien für die Zusammenarbeit (Interoperability) zwischen der evangelischen und der katholischen Militärseelsorge der Bundeswehr im Bereich des Heeres und der Militärseelsorge der US-Army Europe (USAREUR) vom 1. Oktober 1980

Guidelines for Interoperability between Bundeswehr and USAREUR Chaplains

ERSTER TEIL

Allgemeines

1-1. Interoperability: Eine besondere Form der Zusammenarbeit

a) Aus jüdischer wie aus christlicher Sicht ist selbstverständlich, daß auch die Beziehungen zwischen Religionsgemeinschaften und Völkern verbündeter Nationen vom Geiste wirklicher Partnerschaft geleitet werden.

b) Auf Grund des gemeinsamen Auftrages in Zeugnis und Dienst sind alle Militärgeistlichen zu einer besonders engen und umfassenden Zusammenarbeit verpflichtet.

c) Auch die Militärseelsorge der US Army Europe und die evangelische sowie die katholische Militärseelsorge der Bundeswehr sind bemüht, diese Form der Kooperation zu praktizieren. Sie voll-

PART 1

General

1-1. Interoperability: A Special Form of Cooperation

a) From the Judeo-Christian point of view, it is obvious that relationships among religious bodies and peoples of cooperating nations must be animated by the spirit of real partnership.

b) Because military chaplains share the common mission of pastoral service, a particularly close and comprehensive cooperation among them is necessary.

c) The chaplaincy of the US Army and the Protestant and Catholic chaplaincies of the FRG are attempting to practice this cooperation. It consists, among other things, of the exchange of

zieht sich u.a. durch Gedankenaustausch, gemeinsame Planung, gegenseitige Hilfe und kooperative Durchführung pastoraler Aufgaben. Voraussetzung dafür ist ein umfassender und ständiger Informationsaustausch.

ideas, joint planning, mutual assistance and cooperative implementation of pastoral tasks. This presupposes an extensive and continuing exchange of information.

1-2. Einzelheiten der Zusammenarbeit zwischen den beiden Zweigen der Militärseelsorge der Bundeswehr und der Militärseelsorge der US Army Europe sind in den nachfolgenden vorläufigen Richtlinien festgelegt. Sie sind sowohl für den Frieden als auch für den Verteidigungsfall bestimmt.

1-2. Particulars of the cooperation between the two branches of the Bundeswehr chaplaincy and the USAREUR chaplaincy are laid down in the following guidelines. These guidelines apply for peacetime as well as for mobilization.

1-3. Von diesen Richtlinien haben zustimmend Kenntnis genommen:
- der leitende Militärgeistliche der US-Streitkräfte des Heeres
- der Oberkommandierende der US-Streitkräfte des Heeres in Europa
- der deutsche Evangelische Militärbischof
- der deutsche Katholische Militärbischof
- der Inspekteur des Heeres

1-3. The following have given their approval to these guidelines:
- The US Army Chief of Chaplains
- The Commander, US Army Europe
- The Protestant Military Bishop
- The Catholic Military Bishop
- The Chief of the Bundeswehr Army

Militärseelsorge in der Bundeswehr und in der US-Army

Chaplaincy in the Bundeswehr and the US-Army

1-4. Militärseelsorge in der Bundeswehr

a) Die Militärseelsorge als Teil der kirchlichen Arbeit wird im Auftrag und unter der Aufsicht der Kirchen ausgeübt. Der Staat sorgt für ihren organisatorischen Aufbau und trägt ihre Kosten. Die kirchliche Leitung obliegt dem evangelischen und dem katholischen Militärbischof, die in keinem Dienstverhältnis zum Staat stehen.

b) Zentrale Dienststellen der Militärseelsorge sind das Evangelische Kirchenamt für die Bundeswehr und das Katholische Militärbischofsamt, deren Leiter – der evangelische Militärgeneraldekan und der katholische Militärgeneralvikar – in kirchlichen Angelegenheiten dem evangelischen bzw. dem katholischen Militärbischof unterstehen. Soweit sie mit der Militärseelsorge zusammenhängende staatliche Verwaltungsaufgaben wahrnehmen, unterstehen sie dem Bundesministerium der Verteidigung. Militärgeneraldekan und Militärgeneralvikar sind sowohl im Auftrag der Militärbischöfe kirchliche Dienstvorgesetzte der Militärgeistlichen als auch unmittelbare Dienstvorgesetzte der Militärgeistlichen in deren Eigenschaft als Bundesbeamte. Unbeschadet der organisatorischen Trennung der beiden Zweige der Militärseelsorge arbeiten die Militärgeistlichen auf allen Ebenen gleichberechtigt im Geist christlicher Brüderschaft zusammen.

c) Die Militärgeistlichen sind in ihrer Amtsführung gegenüber den militärischen Dienststellen

1-4. The Bundeswehr Chaplaincy

a) Pastoral care for the military is exercised as a part of the work of the churches and is carried out under their supervision. The state provides for the organizational structure of the chaplaincies and bears the costs. The ecclesiastical direction of the chaplaincies is the function of the military bishops, who are not employed by the state.

b) The principal chaplaincy offices are the Protestant Church office for the Bundeswehr and the Catholic Military Bishop's office. The directors of these two institutions – the Protestant Military General Dean and the Catholic Military Vicar General (chiefs of chaplains) – are each subject to their military bishops in ecclesiastical matters. To the extent that they fulfill civil administrative duties, the Chiefs of Chaplains fall under the Ministry of Defense. The Military General Dean and the Military Vicar General representing the Military Bishops are the ecclesiastical superiors of chaplains. They are also the immediate supervisors of chaplains in their role as federal employees. In spite of the organizational separation of the two branches of the chaplaincy, chaplains work together on an equal basis at all levels in the spirit of Christian fraternity.

c) Chaplains are independent of military authorities in carrying out their duties. In their pastoral

selbständig. Bei ihrer seelsorgerlichen Tätigkeit sind sie ausschließlich kirchlichem Recht unterworfen und von staatlichen Weisungen unabhängig. Sie haben zivilen Status, keinen militärischen Rang und stehen in keinem militärischen Vorgesetzten- oder Untergebenenverhältnis. Sie sind militärischen Dienststellen zur Zusammenarbeit zugeordnet. Zuordnung zur Zusammenarbeit ist eine personelle und organisatorische Maßnahme, die die besondere Form der Zusammenarbeit zwischen der Militärseelsorge und den militärischen Dienststellen regelt. Die Militärgeistlichen haben das Recht des unmittelbaren Vortrags beim Leiter ihrer Zuordnungsdienststelle. Sie sind seine ständigen Berater in allen Fragen der Militärseelsorge und in allgemeinkirchlichen Angelegenheiten. Die Militärgeistlichen betreuen die Soldaten im Zuständigkeitsbereich und deren Familienangehörigen, ferner im V-Fall ziviles Personal, soweit es der Truppe folgt.

activity, they are subject to ecclesiastical law exclusively and independent of civil direction. Chaplains have civilian status, no military rank and act as neither military superiors nor subjects. The chaplain is assigned to work with a particular military headquarters. The fact that the chaplain is assigned to a unit a personal and organizational measure which regulates the special form of cooperation (Zuordnung) between the chaplaincy and the various military headquarters. Chaplains have the legal right of direct access to the commander of the unit for which they are designated. They are his regular advisor for all matters of pastoral concern and for all ecclesiastical affairs. Chaplains advise soldiers and their families on matters within their competence. Upon mobilization, they do the same for civilian personnel attached to the unit.

1-5. Militärseelsorge in der US-Army

a) Die Militärgeistlichen in der US-Army aus allen Denominationen gehören zu einer einzigen Militärseelsorge. Aus militärischen und organisatorischen Überlegungen (Aufsicht und Koordination) bekleidet jeder Militärgeistliche einen militärischen Rang. Bei der Ausübung seines geistlichen Amtes ist jeder Pfarrer an sein eigenes Gewissen und an die Lehren seiner eigenen Denomination gebunden. Die Militärseelsorge in der US-Army arbeitet auf allen Ebenen der Organisation in Übereinstimmung mit dem Grundsatz der Kooperation, ohne die Grundsätze der Denominationen preiszugeben.

b) Die US-Militärgeistlichen sind den Stäben der US-Einheitsführer als deren erste Berater auf allen Gebieten der Religion und Ethik zugeteilt. Sie sorgen für das Programm der seelsorgerlichen Betreuung der militärischen Angehörigen, derer Familienangehörigen und des zivilen Gefolges der jeweiligen Einheit. Obwohl sie aus militärischen, organisatorischen und führungsmäßigen Notwendigkeiten den Einheitsführern unterstellt sind, sind die Militärgeistlichen in jedem Fall frei, ihre geistliche Tätigkeit und ihr Amt in aller Freiheit und in Übereinstimmung mit den Geboten des Gewissens und den Grundsätzen ihrer Kirche auszuüben.

1-5. US Army Chaplains

a) The US Army chaplains of all denominations belong to one chaplaincy. For military and organizational reasons (supervision and coordination), every chaplain wears a military rank. In the exercise of his spiritual duties, however, every chaplain is bound by his own conscience and the tenets of his own denomination. US Army chaplains work at every level on the basis of cooperation without sacrificing the principles of their own denominations.

b) The chaplain is always on the staff of the commander as his chief advisor for all matters of religion and ethics. He provides the program of pastoral care for the military members, their families and authorized civilians. Although he is subordinate to his commander because of military, organizational and command necessity, the chaplain is nonetheless free in every case to exercise his spiritual activity and his office in complete freedom and in accordance with the dictates of his conscience and the regulation of his church.

ZWEITER TEIL

Durchführung der Zusammenarbeit

2-1. Die seelsorgliche Betreuung von Verbänden der Bundeswehr und der US-Army Europe wird grundsätzlich durch die jeweilige nationale Militärseelsorge durchgeführt. Wo dies nicht möglich ist,

PART 2

General Norms

2-1. Bundeswehr and US Army commands normally will supply their temporary chaplain requirements from their own chaplain resources. When this is not possible, they will attempt to

soll versucht werden, sie durch Zusammenarbeit nach diesen Richtlinien sicherzustellen. Zu Übungszwecken kann bei geeigneten Gelegenheiten jederzeit danach verfahren werden.

2-2. Militärgeistliche der Bundeswehr und der US-Army Europe arbeiten bei der Wahrnehmung ihres kirchlichen Auftrags gleichberechtigt und in Abstimmung untereinander zusammen.

2-3. Die Zuordnung der Militärgeistlichen der Bundeswehr (1–4. c.) wird durch diese Vereinbarung nicht berührt. Sie gilt sinngemäß auch gegenüber US-Verbänden, wenn deutsche Militärgeistliche dort Dienste verrichten. Auf Militärgeistliche der US-Army Europe, die Dienste bei Verbänden der Bundeswehr verrichten, sind die für deutsche Militärgeistliche geltenden Bestimmungen entsprechend anzuwenden.

2-4. Die logistische Versorgung der Militärgeistlichen richtet sich nach den jeweils geltenden Bestimmungen. Sie wird von den Truppenteilen bereitgestellt, bei denen die seelsorgerlichen Dienste durchgeführt werden.

2-5. Die dienstrechtlichen Zuständigkeiten für die Militärgeistlichen werden durch diese Richtlinien nicht berührt. Notwendige dienstliche Maßnahmen sind entsprechend den geltenden Bestimmungen anzuordnen.

2-6. Anträge auf Zusammenarbeit i.S. dieser Richtlinien sind von US-Verbänden an den zuständigen dienstaufsichtführenden deutschen Militärgeistlichen (im Frieden Wehrbereichsdekan, im V-Fall und bei entsprechenden Übungen Korpsdekan pp) zu richten.

Verbände der Bundeswehr beantragen Dienstleistungen von Militärgeistlichen der US-Army Europe nach Abstimmung mit dem zuständigen dienstaufsichtführenden deutschen Militärgeistlichen beim Kommandeur des entsprechenden US-Verbandes.

gez. *Dr. Sigo Lehming*
Evangelischer Militärbischof

gez. *Dr. Elmar Maria Kredel*
Katholischer Militärbischof

gez. *Poeppel*
Generalleutnant
Inspekteur des Heeres

meet their requirements through cooperation according to these guidelines. These guidelines can be employed even in peacetime situations for the purpose of training in interoperability.

2-2. Bundeswehr and USAREUR chaplains performing their ecclesiastical mission will work together as equals and on the basis of continual coordination.

2-3. The special relationship of German chaplains to the Bundeswehr (Zuordnung) is not altered by this agreement, e.g. when German chaplains provide service to US commands. When US Army chaplains are providing service to the Bundeswehr, they are entitled to the same privileges and subject to the same restrictions in effect for German chaplains.

2-4. Logistical support for chaplains of one nation providing religious coverage to a unit of the other nation will be furnished on a nonreimbursable basis by the command receiving the support.

2-5. Disciplinary jurisdiction of Bundeswehr and US Army chaplains functioning in support of a command of the other nation will be exercised by their own respective ecclesiastical and military authorities.

2-6. Proposals by US commands to practice chaplain interoperability should be addressed to the German supervisory chaplain (in peacetime the Wehrbereichsdekan, in mobilization and mobilization exercises, the Corps Dekan). German commands request service from US Army chaplains from the commander of the US command after consulting the German supervisory chaplain.

gez. *Oris E. Kelly*
Chaplain (MG), USA
Chief of Chaplains, USA

gez. *Frederick J. Kroesen*
General, USA
Commander in Chief, USAREUR

Zur Erprobung im Bereich der Evangelischen Militärseelsorge freigegeben (VOBl. Nr. 37 vom 1. Oktober 1980, S. 1–4).

Pinneberg, den 1. Oktober 1980

gez. *Dr. Sigo Lehming*
Evangelischer Militärbischof

Für den Jurisdiktionsbereich des Katholischen Militärbischofs setze ich diese Richtlinien ad experimentum in Kraft (VOBl. 16 [1980], Nr. 6 vom 3. Oktober 1980, S. 35–38).

Bonn, den 1. Oktober 1980

† Dr. *Elmar Maria Kredel*
Erzbischof von Bamberg
Katholischer Militärbischof
für die Deutsche Bundeswehr

7.11 Evangelische Militärseelsorge

7.11.1 Aufbau, Organe und Amtsstellen der Evangelischen Kirche in Deutschland (EKD)

Die Gliedkirchen der EKD

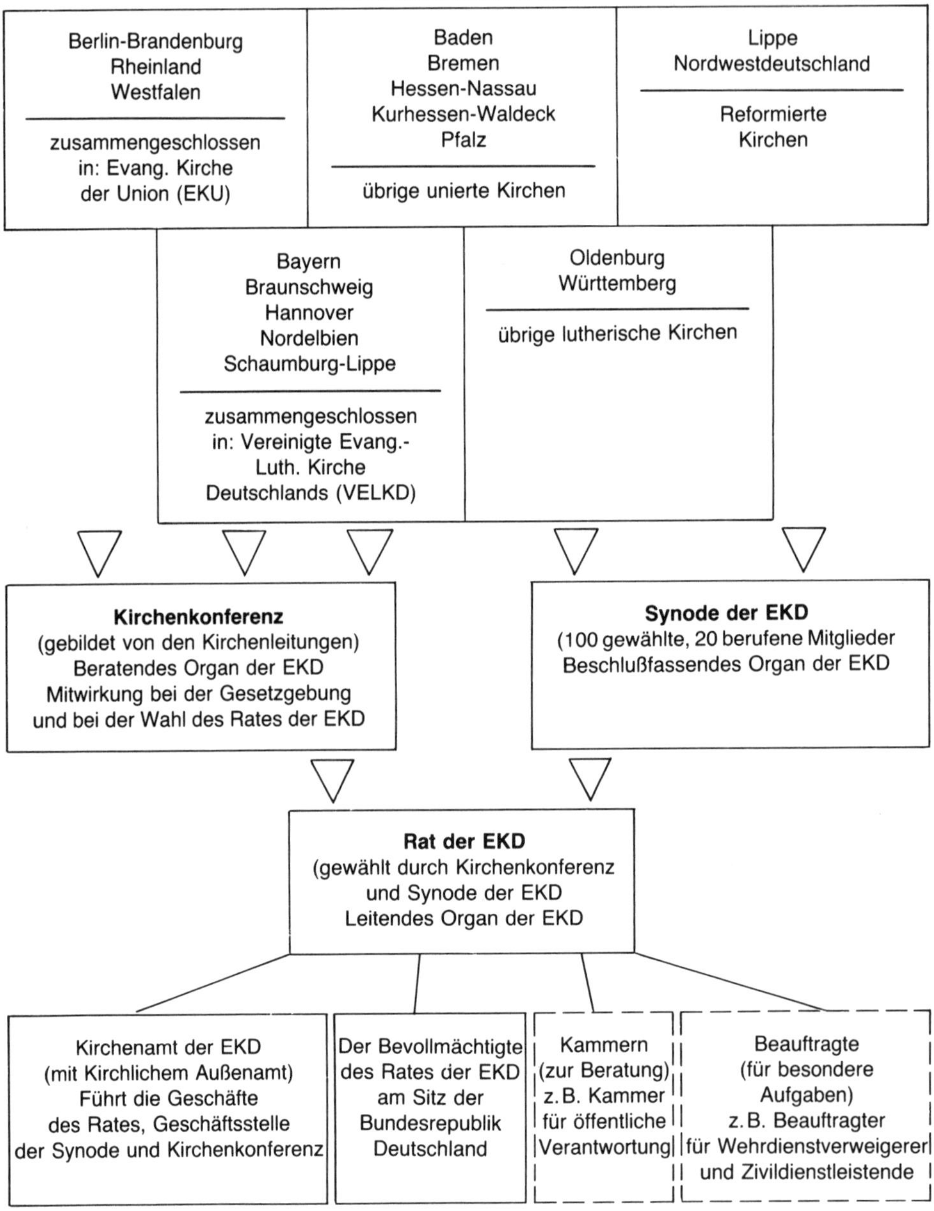

7.11.2 Die Aufgaben der EKD

Die in der *EKD* zusammengeschlossenen Landeskirchen haben die Aufgaben, die sie in der *EKD* gemeinsam wahrnehmen wollen, in der Grundordnung von 1948 festgelegt. Danach soll sich die *EKD* um die Festigung und Vertiefung der Gemeinschaft unter den Gliedkirchen bemühen, ihnen bei der Erfüllung ihres Dienstes helfen und den Austausch ihrer Kräfte und Mittel fördern. Sie soll außerdem darauf hinwirken, daß in den wesentlichen Fragen des kirchlichen Lebens und Handelns nach übereinstimmenden Grundsätzen verfahren wird und daß auch auf allen Gebieten des öffentlichen Lebens ein einheitliches Handeln in der evangelischen Kirche erreicht wird. Vor allem aber soll die *EKD* alle Aktivitäten fördern und unterstützen, die für den ganzen Protestantismus bedeutsam sind – auf dem Gebiet der theologischen Forschung, in der Verantwortung für die deutschsprachigen evangelischen Gemeinden im Ausland und in den Tätigkeitsbereichen von Diakonie und Mission. Schließlich wird von der *EKD* erwartet, daß sie gegenüber den Inhabern öffentlicher Gewalt die gesamtkirchlichen Interessen vertritt. Obwohl die Befugnisse der *EKD* gegenüber den Gliedkirchen nach der Grundordnung begrenzt sind, hat die *EKD* bei der Erfüllung der ihr übertragenen Gemeinschaftsaufgaben auf vielen Gebieten zum Nutzen ihrer Gliedkirchen wirken können. Sie hat sich darüber hinaus durch ihre Kundgebungen und Denkschriften am *Zeitgespräch der Gesellschaft* beteiligt und auf diese Weise einen spezifisch kirchlichen Beitrag geleistet zur Lösung der Probleme, die die ganze Gesellschaft betreffen.

7.11.3 Evangelische Militärseelsorge

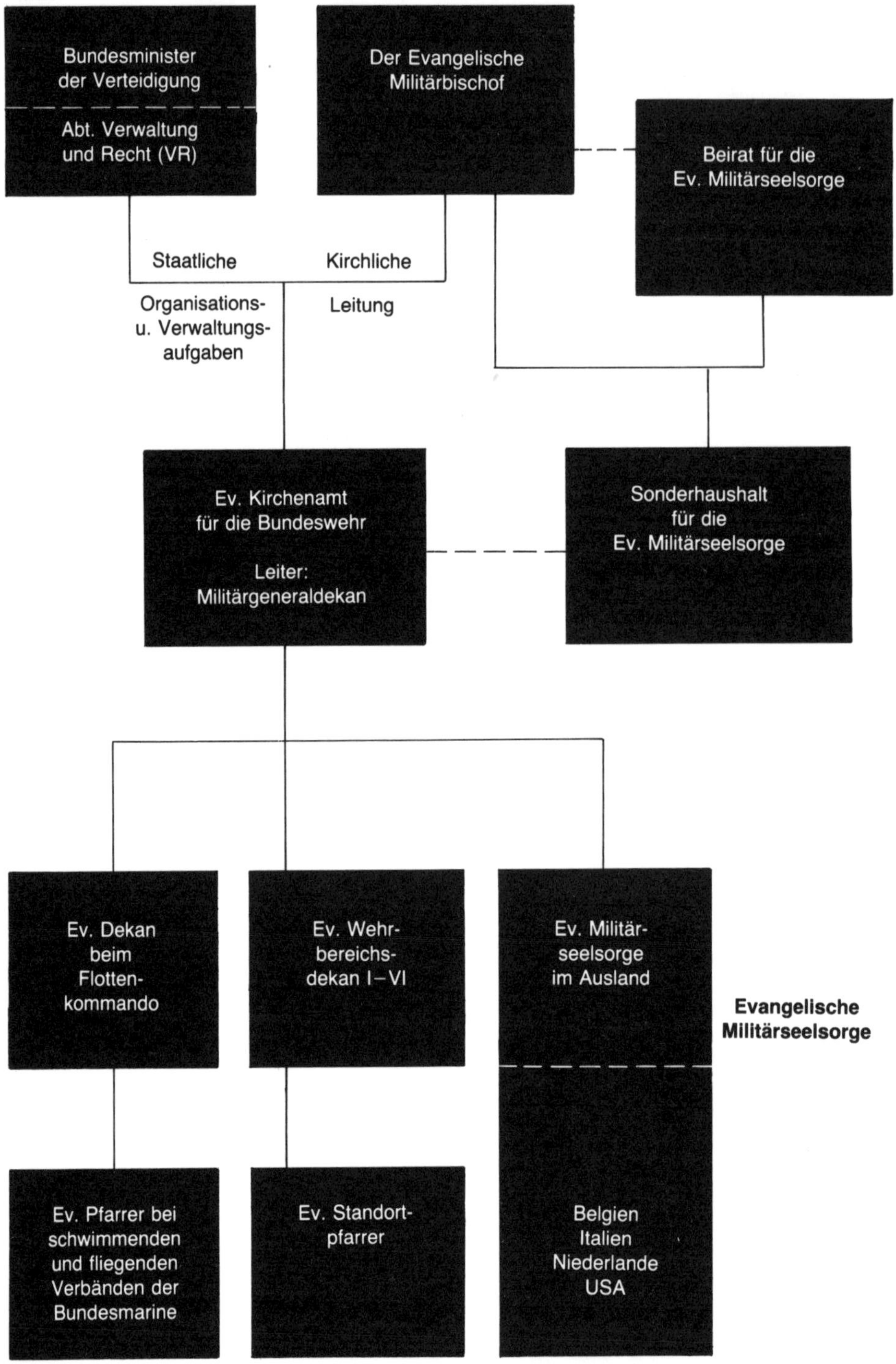

7.11.4 Evangelische Militärseelsorge – Personenregister

Militärbischöfe, Militärgeneraldekane, Referatsleiter
und Wehrbereichsdekane seit 1956

		von		bis
1. Militärbischöfe				
D. Dr. Hermann Kunst D. D. (Bevollmächtigter des Rates der EKD am Sitz der Bundesrepublik Deutschland)		17. 01. 56	–	18. 10. 72
Dr. Sigo Lehming (Propst des Kirchenkreises Pinneberg)		18. 10. 72		
2. Militärgeneraldekane				
Professor Dr. Herbert Krimm		01. 04. 56		30. 09. 56
Friedrich Hofmann †		01. 07. 57	–	16. 06. 65
Albrecht von Mutius †		22. 12. 65	–	30. 04. 73
Reinhard Gramm		16. 11. 73		

3. Evangelisches Kirchenamt für die Bundeswehr / Sitz: Bonn / Referatsleiter

Referat II:	Dr. Johannes Juhnke	Militärdekan	01. 03. 56	–	30. 09. 57
	Hermann Wollschläger	Militärdekan	16. 02. 59	–	30. 09. 73
	Friedrich Karl Scheel	Militärdekan	01. 10. 73		
Referat IV:	Albrecht von Mutius †	Militärdekan	01. 03. 56	–	21. 12. 65
	Hans von Seggern	Militärdekan	01. 03. 66	–	30. 04. 74
	Dr. Armin Boyens	Militärdekan	01. 05. 74		
Referat I:	Gralf Ibbeken	Regierungsdirektor	01. 06. 57	–	30. 09. 70
	Dietrich Hahn	Ltd. Regierungsdirektor	01. 02. 71	–	30. 06. 82
	Dr. Johannes Greve	Regierungsdirektor	20. 09. 82		
Referat V:	Udo Behrens	Militärdekan	01. 03. 66	–	31. 03. 69
	Rolf Wagner	Militärdekan	01. 04. 69		
Referat III:	Johannes Ottemeyer	Militärdekan	01. 07. 76	–	31. 03. 82
	Horst Henninger	Militärdekan	01. 09. 82		
Referat VI:	Werner von Felbert	ROAR	10. 04. 73	–	30. 04. 77
	Gustav Westerhold	ROAR	01. 01. 78	–	30. 04. 83
	Wilhelm Huber	ROAR	01. 10. 83		

4. Wehrbereichsdekane

Wehrbereich I: Sitz: Kiel	Reinfried Claßen	01. 05. 62	–	30. 09. 74
	Hartmut Heinrici	01. 10. 74	–	31. 12. 80
	Helge Adolphsen	01. 05. 81		
Wehrbereich II: Sitz: Hannover	Adalbert Leis	04. 04. 56	–	30. 04. 63
	Wilhelm Gerhold	16. 08. 63	–	30. 09. 78
	Ulrich Jung	01. 10. 78		
Wehrbereich III: Sitz: Düsseldorf	Alwin Albory †	06. 04. 56	–	21. 05. 59
	Wilhelm von Zittwitz	01. 03. 60	–	31. 12. 79
	Reinhard Möller †	01. 01. 80	–	27. 11. 81
	Johannes Ottemeyer	01. 04. 82		
Wehrbereich IV:	Ernst Mittelmann	20. 05. 56	–	31. 03. 79

Sitz: Mainz	Winfried Sixt	01. 04. 79		
Wehrbereich V:	Konrad Weymann	04. 04. 56	–	30. 06. 68
Sitz: Stuttgart	Friedrich Karl Scheel	16. 07. 68	–	30. 09. 73
	Karl Friedrich Becker	01. 10. 73	–	30. 05. 82
	Gottfried Roller	01. 09. 82		
Wehrbereich VI:	Wilhem Grießbach	04. 04. 56	–	30. 09. 72
Sitz: München	Hermann Wagner	01. 12. 72	–	30. 06. 83
	Jürg Diegritz	01. 07. 83		
Dekan beim	Udo Behrens (Ev. ltd. Mil.-Geistl. See)	01. 12. 62	–	28. 02. 66
Flottenkommando:	Hermann Riewerts †	16. 05. 66	–	21. 10. 67
Sitz: Glücksburg	Karl-Heinz Magazin	01. 03. 68		

7.11.5 Regelmäßige Veröffentlichungen der evangelischen Militärseelsorge

1. Verordnungsblatt des Evangelischen Militärbischofs zugleich Amtsblatt des Evangelischen Kirchenamtes für die Bundeswehr, erscheint seit 1. Juli 1960
2. Beiträge aus der evangelischen Militärseelsorge,
   hrsg. vom Evangelischen Kirchenamt für die Bundeswehr, Bonn, erscheint unregelmäßig, etwa viermal im Jahr
3. Heft zum Thema
   Verteilschrift zum Lebenskundlichen Unterricht,
   hrsg. vom Evangelischen Kirchenamt für die Bundeswehr, Bonn, erscheint seit 1962
4. Stundenbild für den Lebenskundlichen Unterricht,
   hrsg. vom Evangelischen Kirchenamt für die Bundeswehr, Bonn, nur für die Hand des Militärpfarrers bestimmt
5. Soldatenjahrbuch der evangelischen Militärseelsorge,
   hrsg. vom Evangelischen Kirchenamt für die Bundeswehr, Bonn
6. Standort – Mitteilungen aus der evangelischen Militärseelsorge,
   hrsg. vom Evangelischen Kirchenamt für die Bundeswehr, Bonn, erscheint vierteljährlich seit 1983
7. Offizierbrief,
   hrsg. im Auftrag der Männerarbeit der EKD, erscheint einmal jährlich
8. depesche,
   hrsg. vom Evangelischen Kirchenamt für die Bundeswehr, Bonn, erscheint einmal jährlich zum Herbstmanöver der Bundeswehr

7.12 Katholische Militärseelsorge

7.12.1 Die römische Kurie

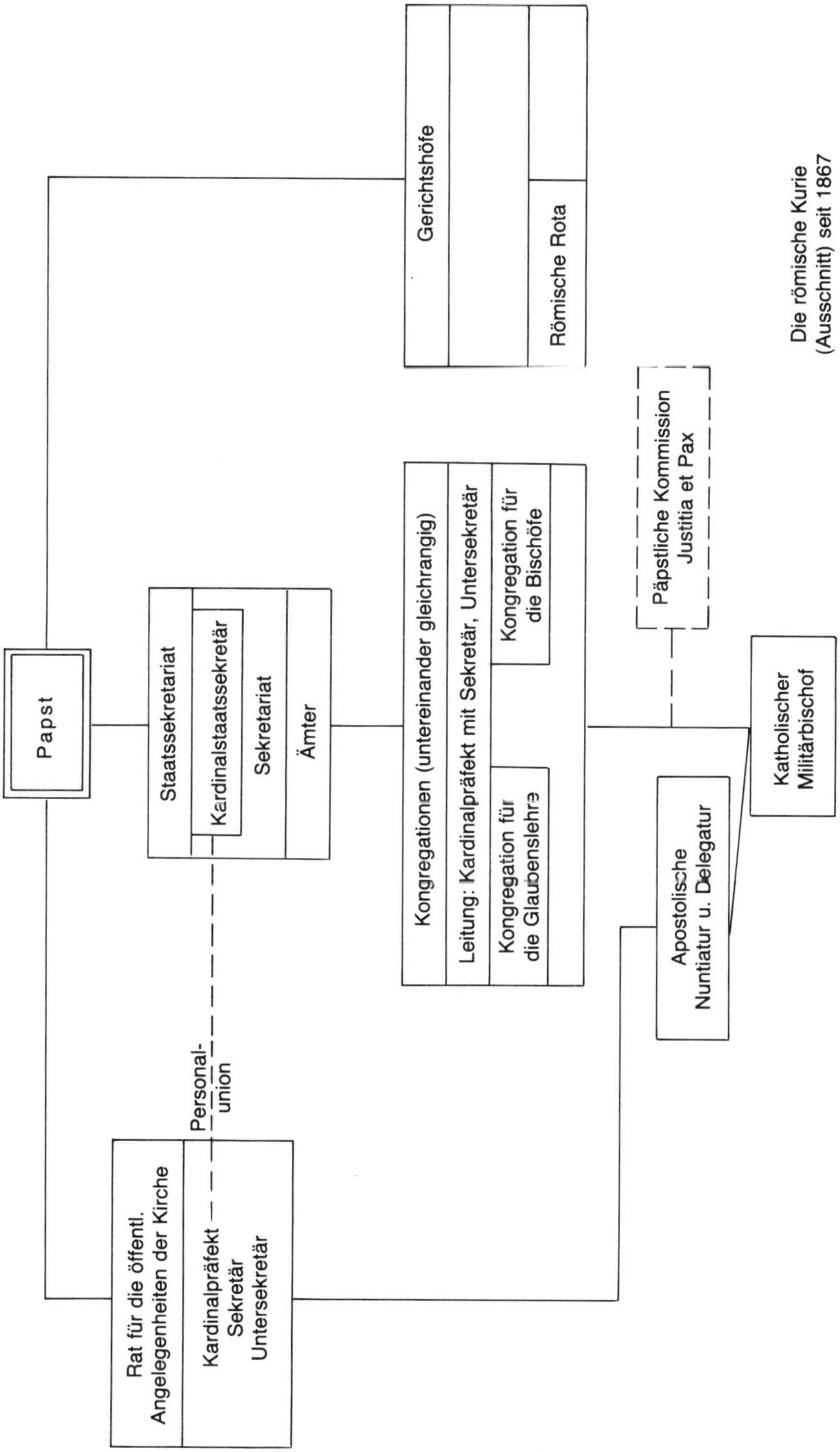

Die römische Kurie (Ausschnitt) seit 1867

7.12.2 Die katholische Militärseelsorge

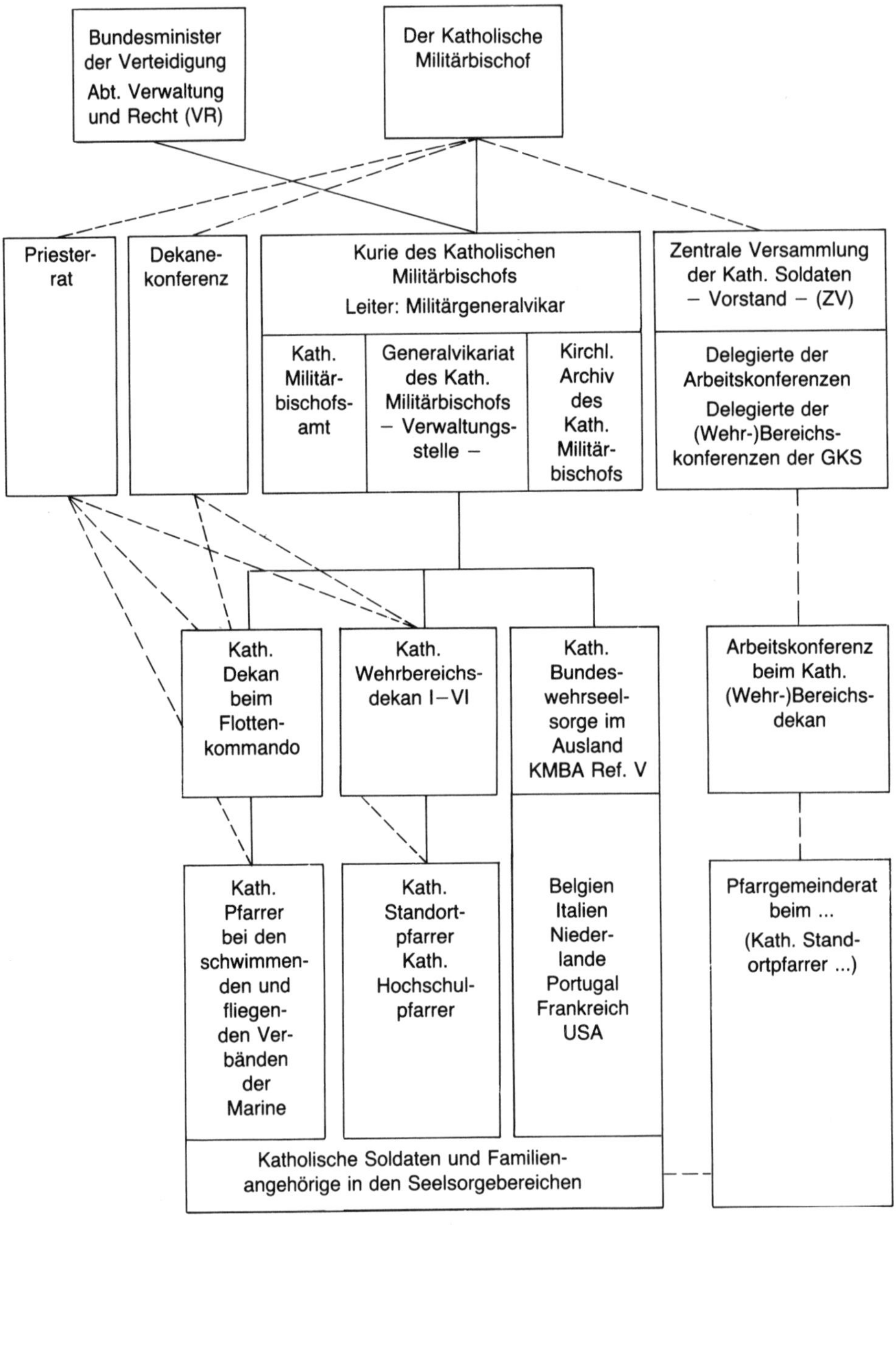

7.12.3 Katholische Militärseelsorge – Personenregister

Militärbischöfe, Militärgeneralvikare, Referatsleiter und (Wehr-) Bereichsdekane seit 1956

1. Militärbischöfe	Ernennung/ Beauftragung		Beendigung/ Eintritt in den Ruhestand
Kardinal Josef Wendel Erzbischof von München und Freising†	04. 02. 56	–	31. 12. 60
Bischof Dr. Franz Hengsbach Bischof von Essen	10. 10. 61	–	26. 05. 78
Erzbischof Dr. Elmar Maria Kredel Erzbischof von Bamberg	26. 05. 78		

2. Militärgeneralvikare			
Apostol. Protonotar Georg Werthmann†	16. 03. 56	–	30. 09. 62
Apostol. Protonotar Dr. Martin Gritz	01. 10. 62	–	10. 09. 81
Prälat Dr. Ernst Niermann	01. 10. 81		

3. Katholisches Militärbischofsamt
Sitz: Bonn
Referatsleiter

Referat II:	Militärdekan Egon Schmitt	05. 04. 56	–	15. 02. 63
	Militärdekan Prälat Heinrich Schneider	16. 08. 64		31. 01. 80
	Militärdekan Prälat Werner Köster	01. 02. 80		
Referat III	Militärdekan Msgr. Dr. Ernst Niermann	13. 07. 76	–	30. 09. 81
	Militärdekan Heinrich Hecker	01. 04. 82		
Referat IV	Militärdekan Prälat Ludwig Steger	04. 04. 56	–	30. 09. 74
	Militärdekan Prälat Karl Heinz Kloidt	01. 02. 75		
Referat V	Militärdekan Msgr. Alfons Mappes	01. 01. 66	–	30. 09. 74
	Militärdekan Msgr. Werner Köster	01. 10. 74	–	31. 01. 80
	Militärdekan Msgr. Walter Theis	01. 03. 81		
Referat VI	ROAR Paul Klaus	01. 07. 71	–	30. 09. 82
	ROAR Rolf Bartscher	01. 11. 82		
Referat Militärseelsorge und Öffentlichkeit	Dipl.-Theol. Harald Oberhem, M.A.	01. 04. 81		
Pers. Referent des Kath. Militärbischofs	RD Dr. Elmar Kammerloher	19. 10. 64	–	30. 06. 70
	RD Georg Weißenfels	01. 07. 70	–	13. 05. 79
	RD Wolfgang Diederich	14. 05. 79		

Justitiar	LRD Heinrich Heilmann	01. 07. 71 – 30. 04. 75
	LRD Dr. Elmar Kammerloher	01. 05. 75 – 31. 12. 78
	LRD Georg Weißenfels	14. 05. 79
Dienstaufsichtführende Militärgeistliche:		
Bereich See Sitz: Glücksburg	Militärdekan Prälat Heinrich Vobbe	01. 04. 61 – 30. 09. 74
	Militärdekan Msgr. Alfons Mappes (beauftragt)	01. 10. 74 – 30. 04. 75
	Militärdekan Msgr. Lic. theol. Hubert Bittorf	01. 05. 75 – 30. 09. 81
	Militärdekan Msgr. Franz Stenzaly (beauftragt)	01. 10. 81 – 30. 09. 82
	Militärdekan Joachim Robrahn	01. 10. 82
Wehrbereich I Sitz: Kiel	Militärdekan Prälat Hans Frense	01. 05. 56 – 30. 09. 74
	Militärdekan Msgr. Alfons Mappes	01. 10. 74 – 30. 04. 75
	Militärdekan Msgr. Franz Stenzaly	01. 05. 75
Wehrbereich II Sitz: Hannover	Militärdekan Prälat Leo Iwansky	10. 04. 56 – 31. 03. 69
	Militärdekan Geistl. Rat P. Dr. Eugen Koep CSSR	01. 06. 69 – 31. 07. 80
	Militärdekan Prälat Dr. Eduard Quiter	01. 08. 80
Wehrbereich III Sitz: Düsseldorf	Militärdekan Msgr. Heinrich Schneider	12. 06. 56 – 15. 08. 64
	Militärdekan Prälat Josef Vennemann	16. 08. 64 – 30. 09. 74
	Militärdekan Msgr. Hermann-Josef Kusen	01. 10. 74
Wehrbereich IV Sitz: Mainz	Pfarrer Anton Rose	02. 05. 56 – 31. 12. 56
	Militärdekan P. Johann Brygier OFM Cap.	08. 04. 57 – 30. 04. 75
	Militärdekan Prälat Alfons Mappes	01. 05. 75 – 30. 09. 81
	Militärdekan Prälat Lic. theol. Hubert Bittorf	01. 10. 81
Wehrbereich V Sitz: Stuttgart	Militärdekan Prälat Martin Zeil	04. 04. 56 – 30. 09. 74
	Militärdekan Prälat Ludwig Steger	01. 10. 74 – 31. 01. 80
	Militärdekan P. Fridolin Lechner SAC	01. 02. 80
Wehrbereich VI Sitz: München	Militärdekan Anton Kuhn†	02. 05. 56 – 30. 06. 64
	Militärdekan Prälat Michael Seitz	01. 07. 64 – 30. 11. 81
	Militärdekan Peter Rafoth	01. 01. 82

7.12.4 Regelmäßige Veröffentlichungen der katholischen Militärseelsorge

1. Verordnungsblatt des Katholischen Militärbischofs für die Deutsche Bundeswehr, erscheint seit Jg. 1, September/1965
2. Pastoralzeitschrift „Militärseelsorge", hg. vom Katholischen Militärbischofsamt (Quartalsschrift in zwei Doppelnummern im Jahr; erscheint seit Jg. 1/1958)
3. „Briefe an Soldaten", hg. vom Katholischen Militärbischofsamt (zehn Ausgaben im Jahr)
4. Materialien zum Lebenskundlichen Unterricht, hg. vom Katholischen Militärbischofsamt (nur zur Information der Militärgeistlichen; i.d.R. zehn Ausgaben im Jahr)
5. Jahrbuch der Katholischen Militärseelsorge, hg. vom Katholischen Militärbischofsamt (erscheint seit 1980)
6. „Kompaß – Soldat in Welt und Kirche" (Beilage zur Zeitschrift „WELTBILD", Winfried-Werk Augsburg), hg. im Auftrag des Katholischen Militärbischofs (erscheint vierzehntägig)
7. „nimm": nachrichten -meinungen-mitteilungen für die katholische Militärseelsorge, hg. vom Persönlichen Sekretariat des Katholischen Militärbischofs, Bamberg/Bonn (wöchentlicher interner Pressespiegel der katholischen Militärseelsorge,
8. Korrespondenz ehemaliger katholischer Militärgeistlicher, hg. im Auftrag des Katholischen Militärbischofs für die Deutsche Bundeswehr

Als Organ des katholischen Verbandes „Gemeinschaft Katholischer Soldaten" erscheint unter dessen redaktioneller Verantwortung:

„auftrag", hg. von der Gemeinschaft Katholischer Soldaten (GKS) (i.d.R. zehn Ausgaben im Jahr; Heft 1/1961 „Königsteiner Offizierbrief", seit Heft 41/1970 als „auftrag").

7.13 **Die Territoriale Organisation**

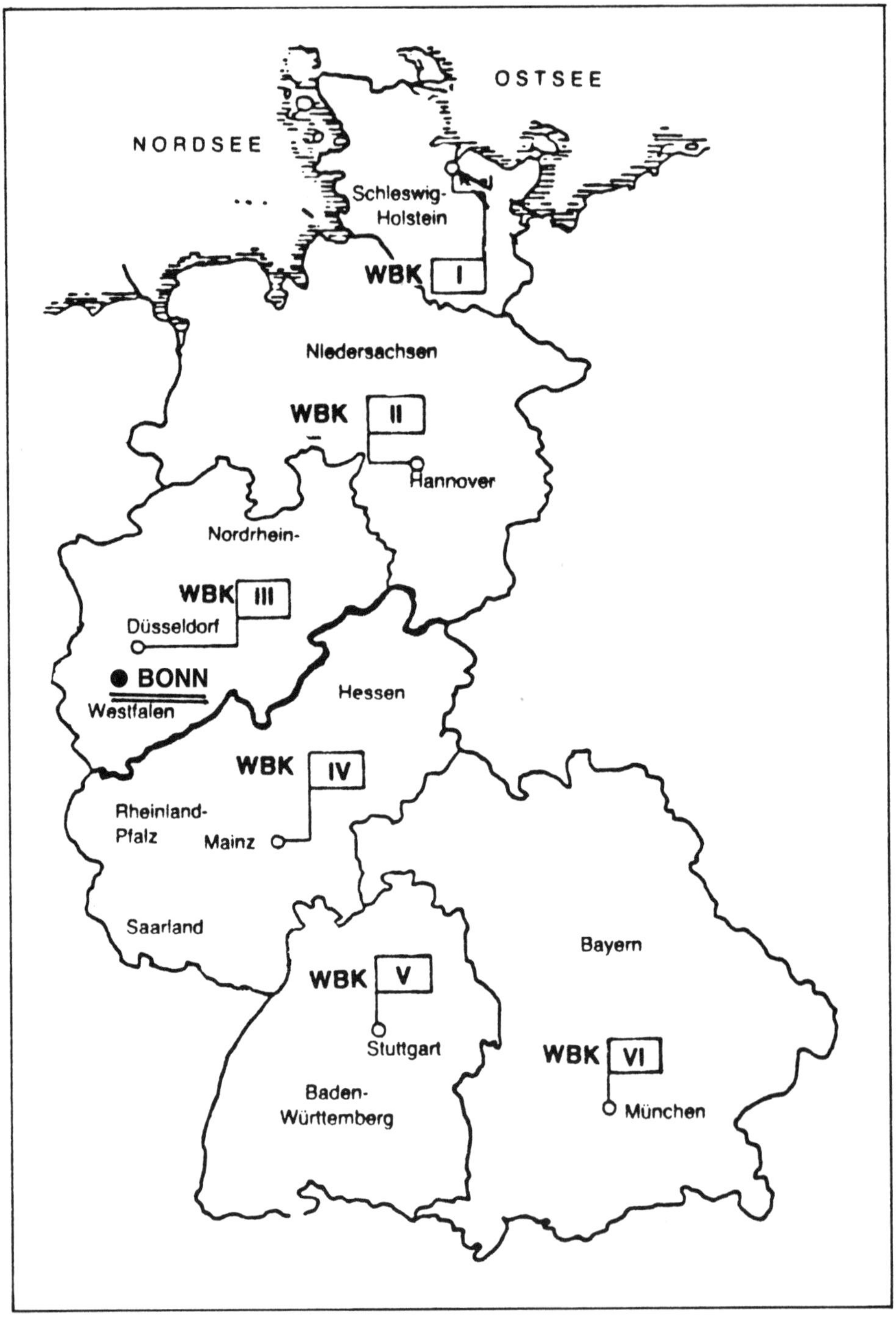

Personenregister

Stichwortverzeichnis *)
(Auswahl)

*) Es sind nur wichtige Fundstellen herausgestellt; unterstrichene Zahlen verweisen auf ausführliche Darstellungen hin.